AF326677

DÉPOT LÉGAL
N° 83
18

SOUVENIRS DE JEUNESSE

DU MÈME AUTEUR

LE MOT ET LA CHOSE, 3e édition. Un volume grand in-18.. 3 fr. 5o

GARE A VOS YEUX, sages conseils donnés par un myope à ses confrères. 1 vol. petit in-16, papier teinté.   2 fr. »»

SAINT-QUENTIN. — IMPRIMERIE JULES MOUREAU ET FILS.

FRANCISQUE SARCEY

SOUVENIRS DE JEUNESSE

PARIS

PAUL OLLENDORFF, ÉDITEUR
28 *bis*, *Rue de Richelieu*, 28 *bis*.

—

1885

—

TOUS DROITS RÉSERVÉS

Il a été tiré de cet ouvrage dix exemplaires sur papier vergé Hollande, numérotés à la presse.

Ma chère Madeleine,

Ton père te dédie ce livre, où il a conté quelques-
uns des souvenirs de sa jeunesse. Tu peux le lire
d'un bout à l'autre sans scrupule. Comme je pensais
à toi en l'écrivant, comme je voyais sur le papier
l'ombre de ta tête penchée sur mon épaule, tu n'y
trouveras aucun récit dont puisse s'effaroucher la
chasteté de tes oreilles de quinze ans.

Tu y verras que ton pauvre père, comme toutes
les créatures humaines, hélas ! a été pétri de mal et de
bien ; qu'à côté de grands et nombreux défauts, il a
eu quelques qualités sérieuses dont la moindre n'est
pas ce goût de sincérité, qui lui a permis de con-
venir, sans fausse pudeur ni ostentation, des uns
aussi bien que des autres.

Il y a une leçon que tu emporteras, je le souhaite
de cette lecture.

J'ai beaucoup travaillé, mon enfant, et je travaille encore énormément. Il faut travailler dans la vie; il n'y a que cela au monde de bon et de vrai. Le travail m'a épargné bien des sottises et m'a consolé de celles que j'avais faites.

Voltaire a enfermé dans un livre, que tu liras plus tard, le mot où se trouve le secret du bonheur : « Il faut cultiver son jardin. »

Oui, cela est vrai : si petit que soit notre jardin, il faut le cultiver...

Je te quitte pour aller ajouter un coup de bêche à tous ceux que j'ai déjà donnés. La vie moderne est ainsi faite que l'on a à peine le temps d'embrasser sa fille entre deux coups de bêche.

FRANCISQUE SARCEY.

SOUVENIRS DE JEUNESSE

I

MES MAITRES DE MUSIQUE

Ce fut, dès le jour où je naquis, l'idée fixe de mon pauvre père de faire de moi un grand artiste. Il n'hésitait que sur le choix de l'art où je devais m'illustrer. Serais-je un peintre, un sculpteur ou un musicien ? Mon père, au fond du cœur, penchait pour la musique. Ce n'est pas qu'il n'admirât sincèrement les portraits de Dubufe, et qu'il ne fût animé pour les compositions de Biard d'un enthousiasme que l'on comprendra aisément quand on saura qu'il avait appris le *b-a-ba* sur les mêmes bancs que le populaire auteur du *Bon gendarme* et des *Comédiens ambulants*. Mais il se sentait un faible pour Delayrac et Nicolo. Il avait, en son enfance, reçu quelques leçons de chant dans une des maîtrises de Lyon ; son éducation musicale se trouva interrompue lorsqu'il lui fallut entrer en apprentissage; il était le onzième enfant d'une famille de canuts lyonnais. Ce n'était pas le tout de chanter, il fallait vivre, et on l'avait mis de bonne heure au métier.

Il avait bravement poussé la navette jusqu'au jour où, s'ennuyant au logis, il s'était engagé par coup de tête. Il avait dix-sept ans et il était horriblement myope. Mais nous étions à la veille de Waterloo, et à cette époque-là on n'y regardait pas de si près.

Il avait, toute sa vie, conservé le goût de la musique, sans avoir jamais eu le temps de l'apprendre.

Il savait par cœur toute la *Clef du Caveau*, et il n'y avait guère d'opéra-comique dont il ne chantât tous les morceaux. Ah! Martin! ah! Elleviou! quels hommes! et il disait tout leur répertoire. Je le vois encore me prenant sur ses genoux et me chantant:

> Apollon toujours préside
> Au choix de mes voyageurs,

des *Voitures versées*, ou

> C'était bien du chambertin!

du *Nouveau Seigneur du village;* et moi, ravi, j'écoutais de toutes mes oreilles et lui disais: — Encore, père, encore!

Je n'eus pas atteint ma septième année, qu'il fut avéré que je ne serais jamais peintre. Mon père s'aperçut avec chagrin que j'étais encore plus myope que lui. Il avait d'énormes lunettes d'argent qu'il ne quittait jamais. Il paraît qu'un matin, en jouant, je les lui ôtai de dessus le nez et les chaussai sur le mien. Je poussai un cri d'étonnement et de joie. Je voyais ! Cette découverte désola mon père, qui avait beaucoup souffert de sa myopie et qui prévoyait pour moi les mêmes ennuis. Il fallut bien se rabattre sur la musique, car, le premier outil du peintre, c'est l'œil.

J'avais la voix juste ; c'était déjà quelque chose. Il s'agissait de me trouver un maître, de développer chez moi les heureuses dispositions que mon père se plaisait à y supposer. Mon père était maître de pension à Dourdan. Dourdan est une agréable petite ville qui n'est guère qu'à quarante-six kilomètres de Paris. C'était en ce temps-là, je ne dirai pas un pays sauvage, mais un pays perdu. Il n'y avait de voiture pour aller à Paris que de deux jours l'un : une vieille diligence, peinte en jaune, qui abattait ses douze lieues en six heures et débarquait son monde rue Coq-Héron. Vous pensez si, dans cette contrée hyperboréenne, on trouvait aisément des professeurs de musique. Mon père m'eût bien donné les premières leçons, car il lisait à peu près en clef de *sol* et en clef de *fa*. Mais il était terriblement occupé et n'avait le loisir de songer à nos études que le soir, après tous ses élèves couchés et endormis.

Il me remit donc aux mains du père Pecquo.

Le père Pecquo était un grand vieux, très chauve, qui remplissait à l'église les fonctions de chantre en chef au lutrin. On aurait eu d'autant moins bonne grâce à lui contester ce titre de chanteur en chef qu'il était tout seul, ayant d'ailleurs sous ses ordres une demi-douzaine de petits polissons qui faisaient office d'enfants de chœur. Je ne saurais trop rien dire du talent de père Pecquo, que nous appelions, nous autres latinistes, le père *Je pêche*. Mon père m'a conté, depuis, que ce vieux bonhomme, jadis élève d'une des premières maîtrises du Midi, était la musique en personne ; que, poussé par les hasards de la vie, il était venu s'échouer à Dourdan, où il était tombé, comme le bon grain de l'Évangile, sur la pierre sèche.

Cette première éducation a laissé peu de traces dans ma mémoire. Tout ce dont je me souviens, c'est que je m'en allais trois fois par semaine, en rechignant, chez le père Pecquo, qui m'installait devant le solfège de Rodolphe, placé sur un gros pupitre. Connaissez-vous le solfège de Rodolphe ? S'en sert-on encore dans les classes ? Je ne l'ai, pour moi, jamais retrouvé depuis tantôt quarante ans. Je me rappelle que c'était un grand diable de volume cartonné de vert, dont les pages étaient collées par le bas les unes contre les autres à force d'avoir été frottées par des pouces humides. J'avais plaisir à voir le large pouce du père Pecquó, consciencieusement passé sur la langue, s'abattre sur le feuillet récalcitrant et lutter avec lui pour le retourner. C'était toujours quelques secondes de gagnées. Un jour même, j'imprégnai deux feuilles de colle à bouche et les joignis hermétiquement. Le père Pecquo, après avoir sacré, comme s'il n'eût jamais été chantre de cathédrale, ouvrit les deux pages par le haut, y glissa son index, coupa d'un mouvement sec, et déchira les deux feuillets, dont les fragments sautèrent hors du livre et s'envolèrent en tourbillonnant.

Le bonhomme me jeta un regard soupçonneux; mais j'étais déjà endurci dans le crime. Je ne sourcillai pas.

Le solfège de Rodolphe (dont je ne conteste aucunement le mérite) avait pour moi un grand inconvénient: Il était trop haut pour qu'avec mes yeux je pusse en lire autre chose que le bas des pages. Toutes les portées du haut et même du milieu m'échappaient absolument. Le père Pecquo, lui, qui était presbyte plus encore que je n'étais myope, se reculait de quatre pas pour lire pardessus ma tête et ne s'apercevait point que je ne regardais jamais le volume. Il déchiffrait le morceau qui servait de texte à la leçon, et je chantais d'après lui, sans me soucier du grimoire où il lisait.

. Au bout de trois ou quatre jours, je savais par cœur l'exercice et le répétais comme un serin en cage à qui l'on a appris un air. Avec cette méthode, j'aurais pu rester dix ans sur le solfège sans pouvoir seulement lire la gamme.

De temps en temps mon père, afin de s'assurer de mes progrès, m'ouvrait le volume au hasard et me disait : « Allons ! petit, solfie pour voir ! — Donne-moi le ton », disais-je. Mon père chantait la première mesure, et je partais avec aplomb. Mon père écoutait en extase. « Sa voix a gagné une note », disait-il à ma mère ; et il me renvoyait chez le père Pecquo avec toute sorte de compliments pour le maître.

L'estimable chantre, pour se faire honneur de son élève, eut l'idée de me produire à l'église un jour de fête carillonnée.

Il choisit un *O salutaris* à deux voix et fit venir chez lui un enfant de chœur pour l'apprendre avec moi. Il y avait naturellement deux parties, l'une de chant, l'autre d'accompagnement, et c'était à chacun son tour de faire le chant, tandis que l'autre accompagnait. J'appris assez vite la mélodie ; mais impossible de me fourrer l'accompagnement dans la mémoire.

Nous répétâmes bien durant six semaines ce malheureux *O salutaris*, au grand ennui de mon compagnon d'infortune, qui avait su sa partie dès le second jour.

Il était convenu que ce serait une surprise faite à mon père. Au moment de l'élévation, un enfant de chœur vint me chercher parmi les élèves de la pension. Mon père fit semblant d'être étonné et me dit tout bas : « Qu'est-ce qu'on te veut donc?» Je passai d'un air mystérieux et fier, serrant mon papier à musique dans mon livre de messe.

C'était moi qui ouvrais le chant; tout alla donc bien jusqu'à la reprise, car je chantais juste et j'avais une petite voix clairette qui n'était pas plus désagréable qu'une autre. Mais, à la reprise, quand ce fut mon tour d'accompagner, j'oubliai ma partie, et le duo se tourna en un déplorable unisson. Le père Pecquo, désolé, jeta un coup d'œil suppliant à mon camarade, qui reprit aussitôt la partie d'accompagnement, en sorte que l'*O salutaris* s'acheva à la satisfaction générale et que mon amour-propre fut sauvé.

Mon père me combla de compliments et de caresses. Le père Pecquo ne jugea pas à propos de le détromper; mais il ne recommença pas l'expérience et ne me donna plus mes leçons que mollement, pour gagner ses cachets. Tantôt c'était lui qui était absent, tantôt c'était moi qui faisais l'école buissonnière ; .il semblait qu'il y eût entre nous deux une entente tacite, l'un à qui enseignerait, l'autre à qui apprendrait le moins possible.

Cependant l'étude de la musique vocale ne suffisait point à l'ambition paternelle de l'auteur de mes jours. Il rêvait de me mettre aux mains un instrument moins fragile que la voix. Ah ! qu'il eût souhaité pour moi la gloire des Liszt et des Thalberg !

Mais il n'y fallait pas songer. Un piano était un meuble beaucoup trop cher pour sa maigre bourse ; le piano n'était pas alors aussi commun qu'il est devenu depuis. Je ne sais si, dans toute la ville, on en eût trouvé deux en état.

Un violon coûte moins, et le violon est encore un bel instrument. Paganini n'est plus là pour le dire, mais le nom de Paganini flamboyait aux yeux éblouis de cette génération. En fait de professeur de violon, il n'y avait à Dourdan qu'un maître de flûte. C'était un vieux soldat de l'empire, qui, de son nom, s'appelait Turgart. Il avait fait en qualité de flûtiste toutes les campagnes de Napoléon, et le plus souvent il avait échangé sa flûte contre cette clarinette à cinq pieds dont la musique égaye les jours de bataille. Mon père lui proposa de me donner des leçons de violon, en vertu de cet axiome célèbre que qui peut le moins peut le plus. Quand on sait un peu de flûte, on doit savoir beaucoup de violon : tous les arts sont frères.

On m'acheta donc un violon d'enfant et nous fûmes mis, mon instrument et moi, entre les mains du susdit Turgart, lequel était un vieux dur à cuire et n'entendait pas raillerie. Oh ! que de calottes j'ai reçues avant d'avoir appris à exécuter proprement une gamme sur le violon ! Comme je regrettais le père Pecquo, qui oncques ne m'avait touché du bout du doigt ! L'impitoyable Turgart croyait toujours avoir affaire à une recrue, et il m'inculquait la musique à grands coups d'archet renforcés d'abominables jurons, qu'il grommelait entre ses lèvres hérissées d'une furieuse paire de moustaches.

Je fus délivré de ses leçons par un incident que je ne puis me rappeler sans pouffer de rire. Nous avions à Dourdan, pour voisin et pour ami, celui qu'on appelait le Mamelouk de l'empereur, Roustan, qui s'était retiré chez nous pour y vivre en paix d'une fortune assez considérable amassée au service de Napoléon. Peut-être ne vous rappelez-vous plus (car tous ces souvenirs sont bien vieux) que tous les fanatiques de l'empereur accusaient Roustan de trahison. On contait qu'à Fontaine-bleau, lors du départ pour l'île d'Elbe, Napoléon avait proposé à son fidèle mamelouk de le suivre et que le fidèle mamelouk avait préféré rester dans sa famille. C'était là un crime impardonnable. Le farouche Turgart, pour qui le petit caporal était resté un dieu, ne pouvait passer à côté de Roustan sans que la colère empourprât son visage. Les yeux lui sortaient de la tête et il murmurait à mi-voix, mâchant ses mots, mais de façon à être entendu : « Traître à l'empereur, traître à son pays, renégat ! »

Et autres aménités de ce genre.

C'était un fort bon homme que ce Roustan, bon comme ces énormes chiens qui regardent avec une méprisante indifférence un méchant roquet leur aboyer aux jambes. Il était taillé en hercule, et il en aurait d'une bouchée avalé quatre comme Turgart. Il passait toujours son chemin sans répondre à ses provocations. Mais sa canne lui démangeait parfois dans la main ; et quelle canne, mes amis ! Elle m'apparaît, dans mes souvenirs d'enfant, démesurément grosse, noueuse avec une tête de nègre au bout ; après dîner — il dînait solidement, le terrible mamelouk, — il laissait sur cette tête de nègre tomber son menton et s'endormait d'un sommeil puissant : c'est ce qu'on a appelé depuis casser sa canne.

La sienne n'eût pas cassé pour si peu. Il fallut que Turgart poussât à bout ce Turc plein de longanimité. Un beau jour, Roustan, ennuyé de s'entendre toujours appeler traître et renégat, em-

poigna mon maître de musique par le collet de
son habit, sa canne par l'autre extrémité, et dé-
chargea sur le dos du grognard de la flûte un furieux coup de la tête du nègre. Un homme de
notre temps eût été assommé. Mais les soldats du
premier empire étaient bâtis à chaux et à sable.
Ce fut la tête du nègre qui éclata. Le mamelouk,
consterné, ramassa les morceaux de sa canne, et
Turgart profita de ce moment de répit pour se
sauver en se frottant les reins.

J'entends encore le papa Roustan nous conter
sa mésaventure.

— Une canne, nous disait-il, une canne qui
m'avait été donnée par l'empereur ! une superbe
canne ! cassée en deux, mon bon ami, perdue,
déshonorée ! Le gredin ! l'animal ! Si je l'y re-
prends !

On ne l'y reprit plus. Ce pauvre Turgart avait
été si cruellement accommodé pour une première
fois qu'il n'osa plus s'exposer à une nouvelle al-
garade. Il connaissait les intentions du mamelouk
de l'empereur à son égard, et on lui avait rapporté,
en les amplifiant, les horribles menaces proférées
contre lui. Il ne sortait plus que le soir, rasant
les murs et jetant autour de lui des regards effa-
rés. Cette vie de transes continuelles lui devint
insupportable, et il quitta Dourdan sans esprit
de retour. C'est ainsi que je fus délivré de mon

deuxième maître de musique et qu'au grand chagrin de mon père je remisai mon violon désormais inutile.

Il est bien probable que j'en serais resté la de mes essais si M. Ducroq n'était pas venu se retirer à Dourdan.

M. Ducroq était un de ces vieux musiciens qui aiment leur art avec passion sans en avoir jamais rien obtenu, ni fortune, ni gloire, comme on aime toute sa vie une belle maîtresse qui ne vous a jamais accordé d'autre faveur que le plaisir de la voir. Ces gens là naissent dans la peau d'un futur grand homme et meurent dans celle d'un pauvre diable, épuisés et finis. Il avait été, s'il m'en souvient bien, premier violon à Marseille, puis chef de chœurs à l'Opéra-Comique, puis chef d'orchestre à l'Odéon, alors théâtre d'opéra, et il avait contribué au gain de ces grandes batailles : *Robin des bois*, *le Barbier*, etc., que livrait en ce temps-là le drôle de corps qui avait nom Castil-Blaze. Il jouait de tous les instruments connus, depuis le trombone et la contre-basse jusqu'à la clarinette et au chapeau chinois. Il apportait des coffres pleins de sa musique, qui avait été jouée un peu partout sans que son nom eût percé nulle part. Il n'y a qu'heur et malheur en ce monde. Enfin il était venu, las, vieilli, désabusé, prendre avec une très petite aisance ses quartiers de vieillesse dans une très petite ville, bien résolu à ne plus jamais s'occuper d'un art où il n'avait trouvé que déceptions.

Serment d'ivrogne : qui a bu boira. Trois mois après son arrivée, Dourdan était en révolution. Il sembla que la ville fût tout entière piquée de la tarentule de la musique. Il n'y eut pas un bourgeois se respectant un peu qui n'apprît à jouer de quelque instrument : l'un râclait du boyau, l'autre soufflait dans du bois ou du cuivre; c'était un délire. En moins d'un an, le père Ducroq organisa un orchestre militaire, puis une société philharmonique où l'on écorchait, sous sa direction, tantôt des ouvertures d'opéra, et, d'autres fois, des morceaux symphoniques avec chœur.

Mon père entra dans le corps des basses-tailles, et il me présenta au maître, le priant de s'occuper de moi. Mais le grand homme avait tant d'affaires en tête qu'il ne pouvait donner de leçons particulières. Il me colloqua dans les soprani, et, sur la parole de mon père, qui lui conta mes prouesses passées, il me nomma chef d'attaque des seconds dessus. Moi, chef d'attaque! Je ne ressemblais pas mal à ce capitaine qui, courant derrière ses soldats en fuite, répondait naïvement : « Je suis leur commandant, il faut bien que je les suive. » Mais le secret de mon insuffisance n'éclata pas tout d'abord.

La Société philharmonique avait décrété en séance solennelle qu'il fallait s'affirmer. Elle résolut donc, sur la proposition du père Ducroq, de célébrer par un festival monstre la fête de la rosière.

Les Parisiens ne peuvent pas se figurer qu'il y ait des rosières ailleurs qu'à Nanterre et à l'Opéra-Comique. Il est bien vrai que les rosières sont rares partout ; mais enfin Dourdan trouve encore chaque année une honnête fille, ou soi-disant telle, à qui donner six cents francs et un brevet de vertu. Les six cents francs l'aident à se marier. C'est la fondation pieuse d'un avocat nommé Michel, qui avait, sans doute, sur la conscience quelques gredins sauvés du bagne.

Ah ! quelle imposante cérémonie que ce festival ! Le ban et l'arrière-ban de tout ce qui ne chantait pas absolument faux dans la ville, de tout ce qui produisait du bruit par un moyen quelconque, était là, en ordre de bataille, prêt à donner en chœur au signal redouté du chef d'orchestre. Non, mes amis, non, vous n'imaginerez jamais le magnifique tapage, la tempête d'harmonie qui se déchaîna sous les voûtes de l'église lorsque, au moment où la dame couronnante posait sur le front de la jeune fille la symbolique couronne de roses blanches, nous entonnâmes tous ensemble :

> En ce jour une aimable dame
> Vient ici couronner la candeur ;
> Doux accords, arrivez à son âme (*bis*),
> Et chantez (*ter*) la beauté de son cœur.

Nous chantions la beauté de son cœur sur le fameux air d'*Il buondo cani* du *Calife de Bagdad*. Un amateur de l'endroit, vétérinaire de son état et qui se piquait de poésie, avait mis sous cette musique des vers de sa façon. Je me rappelle que nous demandions avec une ingénuité de soprani aigus :

> Mais quel fut le fondateur
> De cette fête si belle ?

Et nos pères, avec un formidable ensemble de basses-tailles, sous un tonnerre d'ophicléides, nous répondaient :

> Feu — l'a — vocat — Michel!

Le succès fut immense. On en parle encore à Dourdan. Les natifs n'exprimèrent qu'un regret : celui de n'avoir pas assez entendu les paroles. Je dois avouer que je n'eus qu'une part médiocre à ce triomphe. On se plaignit des seconds dessus. Le chef d'orchestre déclara qu'il ne les avait pas entendus. Je baissai la tête et n'osai pas avouer que ma petite troupe, au lieu de donner dans la grande bataille, était restée sous sa tente, à peu près muette, derrière son chef. Mais ce léger mécompte disparut dans la gloire de cette belle journée, et ma réputation de second dessus sortit intacte de l'épreuve.

Une autre lui était réservée, bien plus douloureuse, et qui fut définitive. Ambition ! fatale ambition ! c'est toi qui me perdis pour toujours. .

Mon père aurait bien voulu me voir faire partie de l'orchestre militaire qui servait de musique à la garde nationale. Le malheur est que je ne savais jouer d'aucun instrument. Il vint à vaquer dans la batterie de cuisine une place de triangle. Mon père la sollicita pour son fils. Il se flattait qu'au moins là je formerais mon oreille à la mesure et que, plongé dans ce milieu artistique, je m'imprégnerais d'harmonie. Il avait de l'influence, car c'était dans sa petite ville un personnage considérable que mon père : il obtint pour moi ce qu'il demandait.

La batterie de cuisine avait alors pour chef de file une espèce de colosse aux robustes épaules, aux larges mains, forgeron de son état, timbalier par amour de l'art, et qui portait avec aisance, sur la caisse de son ventre, une de ces caisses monumentales d'autrefois. Le maître et l'instrument avaient chacun leur petit défaut : l'un n'était jamais au pas, l'autre n'était jamais en mesure. On n'est pas parfait. Je me souviens des terribles colères du père Ducroq. Il avait un petit bâton d'ébène qui était garni d'ivoire aux deux bouts. Un jour que le damné forgeron avait trois fois de suite manqué sa rentrée, le père Ducroq s'avança sur lui, flamboyant, son bâton à la main, fit mine d'en décharger un coup sur la tête du délinquant et, se ravisant, frappa violemment le pupitre à côté. Il se fit un grand silence : le bâton avait volé en éclats ! Ce bâton eut un successeur que je regardai toujours depuis lors avec un respectueux éloignement.

Un simple triangle n'a pas grande responsabilité. Je marchais derrière la grosse caisse, à côté du chapeau chinois. Quand je voyais l'un lever le bras et l'autre agiter ses sonnettes, je tapais sur mon instrument, et je n'aurais jamais mérité que des éloges pour mon assiduité à faire mon petit bruit, si le destin ne se fût avisé d'inspirer à un dilettante dourdannais l'idée de célébrer la Sainte-Cécile.

Il fut convenu qu'on exécuterait une messe en musique de la composition de notre chef d'orchestre. Le plus beau morceau, le plus bruyant tout au moins, était le *Domine salvum*, et le plus bel endroit de ce plus beau morceau, l'endroit capital — préparez-vous à recevoir un coup ! — c'était un solo de triangle ! Tandis que les basses et les ophicléides imitaient le sourd murmure d'une foule qui prie, par-dessus ce pieux bourdonnement, tout à coup se détachait une voix grêle et joyeuse, une petite voix de clochette qui semblait porter au ciel, sur une mesure à deux temps, les vœux et les prières des fidèles. C'était la voix de mon triangle. Mon père tressaillit de joie en apprenant que j'allais enfin débuter et jouer un rôle digne de moi. Tous les soirs, il me prenait entre ses jambes et me faisait sur un vieil air, que je me rappellerai toute ma vie, répéter mon solo. C'était un mouvement de valse, et il avait pris dans la *Clef du Caveau* un antique couplet de vaudeville qu'il me chantait tandis que je devais battre la mesure sur mon triangle :

> Un Français, un jeune officier
> Perce les rangs, s'élance.
> Sur sa poitrine on voit briller
> La croix d'honneur de France !
> Battons, dit-il, les ennemis,
> Et déjouons leurs trames ;
> Mais épargnons, ô mes amis,
> Les enfants et les femmes !

Il s'aperçut alors, non sans dépit, que la mesure à deux temps avait pour moi cette ressemblance avec les autres mesures : c'est que je ne pourrais jamais l'attraper. Il lui en coûtait pourtant de renoncer à ses illusions, et il mit tant de patience à m'apprendre ma leçon que je la possédais parfaitement, j'ose le dire, quand arriva le grand jour.

Mais un artiste, le soir de son début, n'est jamais en possession de tous ses moyens. Je sentais vivement la terrible responsabilité qui pesait sur moi et je serrais mon instrument d'une main frémissante. Je tenais mes yeux fixés sur le chef d'orchestre et j'attendais le signal avec une émotion que comprendront sans peine tous ceux qui ont eu l'honneur de jouer un solo de triangle. Enfin, le moment vint; je vis s'abaisser le redoutable petit bâton; il me passa un frisson dans le dos, j'eus comme un éblouissement, je perdis la tête et je me mis à taper impétueusement à tort et à travers, avec un affreux mélange de toutes les mesures. Le père Ducroq me lança un regard si furieux que je m'arrêtai net au milieu du solo, et les prières des fidèles montèrent au ciel comme elles purent.

Il me redemanda, le soir même, ce triangle qu'il m'avait confié et dont je m'étais montré si indigne. Je le lui rendis bien penaud, et il me dit en le reprenant :

— Si jamais tu deviens musicien, toi, il fera chaud !

Cette dernière mésaventure ne laissa point d'ébranler la confiance que mon pauvre père avait encore gardée intacte, jusque-là, dans mon avenir musical. Il est bien entendu que je n'avais pas osé lui répéter la prophétie terrible lancée contre moi par le maître : *Si jamais tu deviens musicien, toi, il fera chaud !* Je l'avais ensevelie discrètement au plus profond de mon cœur. Je n'avais pas même eu le courage de lui avouer qu'on m'avait retiré mon triangle des mains. J'étais si humilié de cette destitution ! je sentais si douloureusement qu'elle porterait un coup sensible à l'auteur de mes jours !

Il finit bien par l'apprendre, car je ne reçus plus de lettres de convocation pour les réunions de la garde nationale. Il ne m'en parla jamais; la blessure saigna en dedans. Il est fort probable même qu'il eût pour jamais, dès ce moment, dit adieu au rêve si longtemps caressé de faire de moi un musicien illustre, sans un incident qui raviva toutes ses espérances et lui permit de me donner un nouveau maître et un nouvel instrument.

Dourdan possède un jardin public dont les indigènes sont très fiers, bien qu'ils ne s'y promènent presque jamais; on l'appelle *le Parterre.* Il se termine par une vaste plate-forme où l'on avait autrefois, je veux dire il y a près de quarante ans, l'habitude de danser en plein air comme au village. Les grisettes de la ville s'y rendaient le dimanche soir, pendant l'été, et s'en donnaient là à cœur-joie de sauter et de rire avec leurs amoureux, sous l'œil indulgent des pères et mères de famille, qui s'asseyaient en bordure sur un large parapet. Les bourgeois de la ville venaient volontiers se ragaillardir le cœur et se récréer les yeux au spectacle de cette jeunesse. Tout près, il y avait un petit bois mystérieux où les couples se dérobaient parfois après la contredanse. On les voyait passer deux à deux, comme des ombres, serrés l'un contre l'autre, se chuchotant tout bas à l'oreille des mots d'amour, dans la grande allée qui avait reçu le nom significatif d'*Allée des soupirs*. Honni soit qui mal y pense ! Il s'est conclu là bien des mariages, qui n'en furent après ni moins honnêtes ni moins heureux. Les serments échangés à la lueur des étoiles s'en allaient plus tard demander la consécration du maire et la bénédiction du curé. Tout est bien qui finit bien.

Au centre de la plate-forme se dressait une estrade sur laquelle trois musiciens prenaient place : un violon, une basse et une petite flûte. Ce n'était pas, comme vous pensez bien, des artistes de premier ordre ; mais on ne leur demandait que d'aller en mesure. On était content pourvu qu'ils marquassent le rythme. Le violon, je me le rappelle bien celui-là, c'était un brave homme, cordonnier de son état, dont la grand'mère avait été danseuse. La bonne femme avait rêvé dans le temps de faire de son petit-fils un maître de danse ; elle lui avait donc mis aux mains une pochette, et il avait ainsi appris les quelques airs qu'il lui fallait jouer durant ses leçons. Mais le père avait jugé que c'était là un métier de fainéant ; il avait voulu donner à son garçon un état solide et l'avait fourré dans le cuir. Tout en maniant l'alène, le jeune homme avait gardé le goût de l'archet ; il taillait le cuir six jours de la semaine, et faisait, le dimanche, sauter la belle jeunesse. Cordonnier et ménétrier tout ensemble, il avait, comme il le disait lui-même avec un fin sourire, deux cordes à son arc et quatre à son violon. C'est lui qui m'a donné mes premières leçons de danse. Je le vois encore, sa pochette au menton, grave comme un professeur, exécutant des *assemblés* et des *jetés-battus* que nous répétions après lui. Dire que j'ai fait des jetés-battus ! Oh ! mon Dieu ! que tout cela est loin !

C'était pour mon père une distraction que de s'en aller le dimanche soir écouter cet orchestre qui faisait rage. Ce trio de grincements lui donnait l'illusion de la musique comme une feuille sèche retrouvée dans un livre rend à une âme tendre ses longues promenades à travers les sentiers ombreux.

Vous imaginez son saisissement, lorsqu'un jour, comme il venait d'entrer au Parterre, il entendit de loin, par-dessus les voix criardes des trois musiciens accoutumés, se détacher et s'envoler dans les airs des notes éclatantes, des notes d'une justesse irréprochable et d'une enivrante douceur, les notes d'un cornet à pistons. Ne souriez pas ; ne haussez point les épaules : ce n'était qu'un cornet à pistons, mais quel cornet à pistons ! Oncques à Dourdan, ville dénuée d'idéal, n'avait-on rêvé un si suave cornet à pistons.

Mon père pressa le pas, me tirant par la main. Il arriva près de l'estrade et regarda longuement l'artiste mystérieux qui se révélait ainsi dans un bastringue. Il ne le connaissait point, lui à qui tous les visages dourdannais étaient familiers. C'était un jeune homme de vingt-cinq à vingt-six ans, beau garçon, la physionomie ouverte et gaie, et qui paraissait s'amuser pour son propre compte de la joie qu'il donnait aux autres.

Mon père se pencha sur un des barreaux de l'estrade, et, avec cette bonhomie de manières qui était un des signes caractéristiques de la petite bourgeoisie d'alors, il fit compliment au musicien de son talent et lui demanda qui il était.

L'autre éclata de rire :

— Vous ne me reconnaissez pas ? dit-il à mon père. Mais j'ai appris à lire chez vous. C'est moi le petit Benoist, vous savez bien.

Il se mit alors à conter brièvement sa vie. Il avait été pris à vingt ans par la conscription et il était parti pour l'armée de la guerre. Là, le chef de musique du régiment avait été frappé de ses dispositions et l'avait demandé au colonel pour l'y incorporer. Il avait ainsi appris le cornet à pistons. Il venait d'achever sa sixième année, il n'en avait plus qu'une à faire. Il avait obtenu un congé de trois mois et il en avait profité pour venir à Dourdan dire un petit bonjour à sa vieille mère et aux amis. Son histoire était bien simple. Il espérait que ce congé de trois mois serait prolongé jusqu'au jour de sa libération définitive. En attendant, il appartenait à l'armée et ne pouvait s'établir. Il avait accepté de renforcer l'orchestre du père Jousse, par amitié pour le bonhomme, et puis parce que c'était une occasion de renouer connaissance avec les jolies filles du pays.

Mon père avait écouté tout ce récit avec un air de rêverie profonde.

— Viens avec moi, me dit-il aussitôt que le quadrille, qui reprenait, eût rappelé le cornet à pistons à son pupitre.

Et, comme je m'étonnais de nous voir quitter sitôt la danse :

— Il faut que nous allions chez le père Ducroq, me dit-il.

Je frémis de la tête aux pieds. Depuis l'aventure du triangle rendu, mon père avait battu froid au vieux maître. Il ne le voyait plus qu'en public, les jours de cérémonie, ce qui m'arrangeait assez. Car la fameuse phrase : *Si jamais tu deviens musicien, toi, il fera chaud*, me flamboyait devant les yeux, et j'avais une peur horrible que le père

Ducroq n'y fit allusion. Qu'est-ce que mon père pouvait bien avoir à dire au père Ducroq?

J'interrogeais son visage tandis que nous marchions rapidement et en silence : ce visage ne me disait rien de bon. Il était plein d'agitation. Évidemment mon père méditait quelque chose d'important. Mais quoi ?

II

Je ne tardai pas à savoir quel était le projet que
mon père roulait dans sa cervelle, derrière ses
grosses lunettes d'argent. Il avait jadis médité d'organiser dans son école, dans la *maison de son pensionnat*, comme disaient les prospectus, une fanfare d'élèves. Ce rêve ne s'était jamais réalisé. Il
venait de vendre sa maison pour se retirer dans un
modeste emploi de greffier au tribunal de commerce ; mais il n'en restait pas moins attaché de
cœur à cette institution, où il avait enfoui quelques
années de son travail, et son cœur avait bondi dans
sa poitrine en songeant que, grâce à cette bonne
fortune inespérée d'un cornet à pistons tombant
ainsi du ciel, il pourrait un jour entendre et la
Marseillaise et le *Chant du départ* soufflés à plein
cuivre par les élèves de la pension Sarcey. Le père

Ducroq n'avait qu'à mettre la chose en branle, à en surveiller l'exécution : Benoist dirigerait la fanfare en sous-ordre. Ce brave garçon ne demanderait assurément pas mieux que de passer chef de musique, dût-il n'être qu'en second.

M. Ducroq écouta mon père exposer son idée.

— Et qu'est-ce que nous ferons de ce petit gaillard-là ? demanda-t-il en me regardant d'un air qui me parut terriblement ironique. Un triangle ?

Mon père répondit qu'il s'en rapportait à la sagesse du maître pour le choix d'un instrument à me confier. Le maître me fit exhiber mes lèvres :

— Nous ferons de lui un bugle, dit-il.

Et il ajouta avec condescendance :

— Un grand bugle.

D'où je conclus qu'il y avait des petits et des grands bugles. Je n'en savais pas la différence ; je n'en fus pas moins extrêmement flatté dans mon amour-propre d'avoir été jugé digne du grand bugle. Je n'aurais osé espérer une faveur si glorieuse après ma mésaventure du triangle.

Trois jours après, on nous avait distribué à tous, non pas des instruments, mais les embouchures des cornets à pistons, des cors, des trombones, sans oublier les bugles (grands et petits), en nous recommandant de souffler dedans tout le jour pour nous rompre les lèvres. Et dam ! nous soufflions ! nous soufflions ! Ah ! c'était un joli charivari.

Mon père avait pris Benoist à part et lui avait demandé s'il voudrait bien me donner des leçons particulières sur le bugle d'abord (le grand bugle !) puis et par surcroît, sur le cornet à pistons.

Quand il s'agit d'établir le prix du cachet, Benoist ne voulut entendre à rien :

— Écoutez, dit-il à mon père, j'aurai besoin, dans le métier que je compte prendre, de savoir la tenue des livres en partie double, et j'en ignore les premiers éléments. Leçon pour leçon, si vous voulez. Après déjeûner, je viendrai jouer du cornet avec votre fils ; le soir, vous m'enseignerez les règles de la comptabilité.

Mon père trouva la proposition de son goût. Il ne se doutait guère des ennuis qu'il se préparait en acceptant ce marché. Ah ! si une main prophétique eut déchiré devant ses yeux le voile de l'avenir, il eût reculé d'horreur, le pauvre père ! Mais nous marchons à tâtons vers des lendemains inconnus et nous ne savons jamais si c'est féconde pluie ou grêle malfaisante que recèle en ses flancs la nuée noire qui pend sur nos têtes.

Il faut, pour bien comprendre ce qui va suivre, se reporter au temps où se passe cette histoire et aux mœurs de la petite bourgeoisie provinciale d'alors. Mon père avait beau être un des gros bonnets de sa petite ville, conseiller municipal, adjoint au maire et, sur toutes les questions d'enseignement, l'oracle de ses concitoyens qui l'écoutaient bouche béante, il n'en vivait pas moins d'une vie très étroite et il était obligé, pour joindre les deux bouts, à des prodiges d'économie quotidienne. Ma mère, qui faisait tout par elle-même et de ses mains, même la cuisine, n'avait pour l'aider qu'une méchante petite bonne de rien du tout, qu'elle tarabustait sans cesse tout en la gâtant comme si c'eût été sa propre fille. Elle était trop occupée aux soins journaliers du ménage pour avoir le temps de raccommoder tout le linge de la famille ; on prenait donc une couturière à la journée, qui passait quelquefois quinze jours et plus à la maison, mangeant, comme c'était l'usage, à la table des maîtres et vivant avec eux sur un pied de familiarité respectueuse.

C'étaient les bonnes vieilles coutumes d'autrefois et j'en ai retrouvé avec plaisir comme un écho affaibli dans l'*André* de Mme Sand. La couturière, tant qu'elle travaillait au logis du bourgeois, était considérée comme faisant partie de la famille ; le soir, la maîtresse, la bonne se réunissaient autour de la table à ouvrage, sous l'abat-jour d'une lampe commune ; tout ce monde tirait l'aiguille de compagnie, et les langues allaient leur train, à moins que ma mère, n'interpellant mon père qui somnolait non loin de là, derrière son journal, ne l'éveillât de sa rêverie et ne lui dit :

— Voyons ! monsieur Sarcey, lis-nous donc quelque chose.

— Oh ! oui, monsieur Sarcey, répétaient en chœur et la bonne et la couturière et parfois même quelque amie qui avait apporté son tricot, lisez-nous donc quelque chose.

Et l'une des personnes présentes ajoutait toujours :

— Vous lisez si bien !

Le fait est que mon père se piquait de bien lire, et il me sera permis, j'imagine, de lui rendre cette justice que, depuis, ayant été à même d'entendre à Paris les liseurs les plus renommés, je n'en ai point connu qui lussent avec tant de force, de grâce et de bonne humeur. C'était chez lui un don naturel, car il n'avait point fait d'études particulières. Il était très fier de ce talent, qu'il ne déployait d'ailleurs, l'excellent homme, que dans l'intimité, pour les trois ou quatre personnes qui partageaient la veillée de sa femme.

Il adorait le théâtre et c'était presque toujours une œuvre dramatique qu'il choisissait. Il lisait volontiers les pièces de Scribe, alors dans la fleur de leur nouveauté, et dont il savait quelques-unes par cœur ; mais il revenait sans cesse et avec passion au répertoire classique. Il goûtait peu Corneille ; mais Racine, mais Molière, mais Regnard, mais Beaumarchais..., Molière surtout ! Il y avait telle comédie que ce petit monde avait déjà deux ou trois fois entendue et qu'il écoutait une fois de plus quand il plaisait à mon père de la lui lire : c'est qu'il lisait si bien, M. Sarcey !

Je vois encore dans mes souvenirs d'enfant cet humble et aimable tableau de famille. C'était presque toujours dans la chambre à coucher que l'on travaillait, pour faire l'économie d'un feu à entretenir dans une autre pièce. Au fond, dans une alcôve, deux lits jumeaux, séparés du reste de la chambre par un grand rideau de perse claire dont les deux pans se relevaient à droite et à gauche sur des pitons de cuivre. Sur la cheminée, où couvait dans un énorme tas de cendres un doux et lent feu de bois, la pendule surmontée d'une tête d'Hippocrate et recouverte d'un globe ; de chaque côté, deux bouquets de fleurs artificielles sous des verres. Une table ronde d'acajou et, autour, des chaises de paille ; un seul fauteuil, éternellement couvert de sa housse, et qui était réservé à mon père. Rien de plus simple et de plus patriarcal que cet ameublement, qui me semblait être, à moi, le dernier degré du luxe. Il s'harmonisait avec la pauvre chère maison et les bonnes gens qui en étaient les hôtes. Je doute que l'on retrouvât aisément aujourd'hui, même en province, ces intérieurs si modestes, si calmes et si gais de la petite bourgeoisie de 1830.

J'ai ainsi, grâce à ces traditions domestiques, fait connaissance avec une bonne partie de notre vieux théâtre avant d'avoir pu ouvrir un des volumes dont il se compose. La chambre où je couchais n'était séparée de celle où se tenait la veillée que par un corridor. Aussitôt qu'on m'avait mis au lit, en me recommandant de bien dormir, je me coulais doucement et nu-pieds, retenant mon haleine, le long de cet étroit boyau ; je franchissais trois marches, et, une fois dans le sanctuaire, j'allais, rasant le mur du fond, me blottir dans le lit de ma mère, d'où je pouvais entendre la lecture. Je m'en retournais par la même route et avec les mêmes précautions quand la pièce tirait à sa fin : on feignait de ne pas s'apercevoir de mon manège. Je me rappelle l'embarras où je mis une fois mon pauvre père. C'était précisément le jour où Benoist était venu, le matin, donner sa première leçon, et prendre la sienne dans la soirée. Il s'était joint au groupe de famille et mon père, pour célébrer cet anniversaire, avait fait venir une assiette d'échaudés et une bouteille de je ne sais quel vin sucré. J'avais eu vent des préparatifs de cette fête et j'avais demandé à en prendre ma part, pensant bien qu'on lirait ensuite. Mais il paraît que je m'étais rendu coupable d'un grave petit méfait d'écolier, et mon père avait refusé. Il ne m'était plus resté que la ressource de me glisser sournoisement à mon observatoire habituel, d'où je pourrais humer le parfum des échaudés et la prose de Molière.

Ce fut en effet *le Médecin malgré lui* qui fit les frais de la soirée. J'écoutais de toutes mes oreilles, comprimant de toutes mes forces les envies de rire qui me secouaient malgré moi dans ma cachette. Mais, au moment où Sganarelle débite son latin de cuisine, je n'y pus tenir plus longtemps, et une fusée de rire, jeune, frais et sonore, partit tout à coup de dessous les courtines de l'alcôve et emplit la chambre de ses éclats. Mon pauvre père eut beau forcer la voix pour couvrir ce déplorable bruit qui trahissait ma désobéissance : il n'y eut pas moyen de feindre que l'on n'entendait pas.

— Qu'est-ce donc? demanda-t-il d'une voix sévère, en posant le livre sur la table.

Il se fit un grand silence. Je ne riais plus. J'attendais avec une inexprimable angoisse ce qu'on allait décider de mon sort.

— C'est moi, dit ma mère, qui ai permis à Francisque de se coucher dans mon lit pour entendre la lecture.

Ma brave femme de mère, qui avait cependant horreur du mensonge, prenait sur elle, par dévouement, la faute que j'avais commise. Je ne le pus souffrir et je me jetai impétueusement à bas du lit :

— Non, c'est moi, m'écriai-je, qui, sans rien dire à personne, suis venu me cacher dans l'alcôve !

Ce brusque mouvement de franchise plaida mieux en ma faveur que n'eussent fait des supplications et des larmes.

— Tu as eu tort, dit mon père en essayant de prendre un ton grondeur.

Mais il avait ôté ses lunettes, soufflé dessus, et les essuyait avec un bout de sa bretelle. Je connaissais déjà ce geste, qui marquait chez lui une grande émotion.

— Allons ! prends cet échaudé, ajouta-t-il, et va te recoucher dans le lit de ta mère ; mais ne recommence plus.

Dix minutes après, je dormais à poings fermés, et je ne jurerais pas que mon père, qui avait repris sa lecture, ne se soit pas senti plus piqué du sommeil de son fils qu'il ne l'avait été de sa désobéissance.

Benoist prit l'habitude de venir tous les jours, à dix heures du matin pour jouer du bugle avec moi, à sept heures du soir pour aligner des chiffres avec mon père.

— Vraiment ! disait mon père avec admiration, ce garçon-là est d'une merveilleuse exactitude ! Jamais il ne manque ; il ne veut pas même profiter des congés que je lui offre.

Il y avait, nous le vîmes plus tard, de bonnes raisons pour cela, et un homme moins naïf que n'était mon père les eût tout de suite devinées. Justement, à cette époque, ma mère avait à la maison, *en journée* (c'était l'expression consacrée), une jeune couturière de dix-huit à vingt ans qui était jolie comme un cœur : un visage d'un ovale très fin et très pur, des cheveux d'un blond cendré tout à fait idéal, des yeux d'un bleu céleste, qui brillaient doucement derrière de longues paupières à demi entr'ouvertes, un petit air de madone recueillie et pensive ; une voix harmonieuse, le parler rare et discret, comme d'une personne qui se sent au-dessus de la profession qu'elle exerce ; des manières chastes, pudiques et engageantes tout ensemble. C'était à coup sûr une des plus aimables filles du pays, et, si les garçons ne tournaient point autour d'elle, c'est que, par la sévérité de son accueil, elle les avait découragés tous. Elle n'allait que dans les maisons où sa réputation ne pouvait même être effleurée d'une ombre de doute. Mon père qui ne haïssait pas la bonne gaudriole du vieux temps, n'aurait jamais dit un mot plus haut que l'autre devant cette jeunesse. Il avait l'habitude dans le train de la vie quotidienne, de fredonner (en tout bien, tout honneur ! mon Dieu !) toutes sortes de refrains égrillards dont les lambeaux me remontent encore par-ci par-là à la mémoire. Il bridait sa langue de son mieux quand Madeleine était à la maison. Elle s'appelait Madeleine et elle était orpheline de père et de mère. Elle n'avait d'autre bras pour la protéger que celui d'une vieille tante aveugle, qu'elle nourrissait de son travail.

La chambre où Benoist me donnait sa leçon communiquait de plain-pied avec le jardin où travaillaient ces dames, car c'était l'été et il faisait beau. Aussi tenions-nous la fenêtre ouverte. Chose bizarre et qui paraissait merveilleuse à mon père ; Benoist tous les jours, après m'avoir consciencieusement, pendant une demi-heure, la demi-heure à laquelle j'avais droit, enseigné à souffler dans mon bugle, prenait son cornet à pistons, et alors, afin sans doute d'échauffer mon goût pour la musique, il se mettait à jouer avec un entrain singulier les plus beaux morceaux de son répertoire.

Ce que c'est pourtant que la ténacité des souvenirs d'enfance ! Il y a des airs que je me rappelle encore de ce temps-là, moi qui n'ai aucune mémoire des mélodies. Ils se sont fixés dans mon cerveau, et rien n'a pu les en effacer. L'autre jour, à un café-concert, je ne sais comment, l'orchestre a attaqué le vieil air : *O pescatore dell' onde*. C'était un de ceux que Benoist exécutait avec force traits et fioritures. Toute mon enfance m'a aussitôt remonté devant mes yeux qui se sont emplis de larmes.

Cet excellent Benoist ! Je ne me doutais guère que, comme le rossignol qui déploie, pour charmer son amoureuse, toutes les richesses de son gosier, c'était pour plaire à Madeleine qu'il exécutait tous les jours, sur le cornet à pistons, ses variations brillantes. Il choisissait les morceaux les plus tendres, les plus propres à exprimer sa passion. Je me souviens que dans l'air d'*O pescatore* il y avait, sur la syllabe *dell' onde*, un trille d'une séduction irrésistible, qui avait pour but mystérieux et dernier de porter le ravage dans l'âme poétique de la sensible couturière. Oh ! ce trille ! Je cherchais, une fois seul et dans le silence du cabinet, à le reproduire tel que je l'avais entendu. Mais je n'étais ni musicien ni amoureux ! et puis rien de moins donjuanesque que le grand bugle ! Le grand bugle est au cornet à pistons ce que la clarinette est à la petite flûte. Ah ! si j'avais eu un cornet à pistons ! Heureux un cornet à pistons !...

> Il ne s'inquiète pas
> Si c'est pluie ou gravier dont s'attarde son pas !

Trois fois par semaine, Benoist venait à la pension donner des leçons aux membres de la fanfare et leur faire répéter les morceaux d'ensemble. Je n'ai pas besoin de dire que j'étais l'objet d'une attention particulière et que je prenais, avec mon grand bugle, des airs d'importance tout à fait risibles. Benoist s'arrangeait toujours pour que, dans le morceau à l'étude, j'eusse ma partie de chant, ce qui flattait singulièrement mon amour-propre. Ainsi, dans le *Chant du départ*, c'est moi qui disais :

Tyrans, descendez au cercueil!

Et je repartais, de concert cette fois avec la clarinette et le cornet à pistons :

La République nous appelle!

J'y allais de tous mes poumons, et c'était à qui de nous ferait le plus de bruit. Un seul détail me tracassait : au milieu des instruments à vent se dresse une sorte de petite lyre, dans laquelle on encastre le carton où est écrite la partie que le musicien doit lire. Ce carton était trop éloigné de mes yeux pour que je pusse, avec mon extrême myopie, en voir une note. J'étais donc obligé d'apprendre, avec une peine infinie, ma partie par cœur. Tout allait à merveille quand j'étais en possession de mes moyens; mais il suffisait du moindre trouble pour me faire perdre à la fois l'esprit et la mémoire. Quand le père Ducroq, une fois tous les quinze jours à peu près, venait nous rendre visite et s'assurer de nos progrès, il me prenait un tel tremblement que j'oubliais tout, et le chant, et la basse, et les silences, et les rentrées. J'étais si sûr de jeter le désordre dans les rangs que je préférais me taire; j'avais l'air de souffler dans mon instrument, mais je me gardais d'en tirer aucun son.

— Très bien ! disait le vieux maître; ils vont très bien, vos élèves, Benoist ; Francisque surtout ! presque aussi fort sur le bugle que sur le triangle !

Ah ! si j'avais pu le lui décharger sur la tête, ce bugle de malheur ! Le jeudi et le dimanche, toute la pension sortait en promenade, musique en tête, et traversai fièrement la ville en marquant le pas. Nous jouions les morceaux appris dans la semaine, et Benoist, qui nous conduisait, affectait de garder son instrument pendu au bras, pour ne pas nous ravir une parcelle de notre gloire Il ne faisait guère d'exception à cette règle que lorsque nous passions devant la rue Crusteau. Il portait alors son embouchure aux lèvres, comme pour nous soutenir, et lançait dans les airs, aux fenêtres ouvertes et peuplées de visages curieux, quelques fioritures éclatantes. Un jour même, il donna ordre qu'on fît halte à l'entrée de la rue, que l'on formât le cercle, et nous décernâmes une aubade... à qui ? Le premier adjoint, qui demeurait non loin, la prit à son compte ; mais c'est monsieur le maire qui n'était pas content, le lendemain, quand il apprit l'aventure! Aucun des deux ne soupçonnait qu'il pût y avoir un troisième larron, un larron en cornette.

Nos succès éveillèrent l'idée de célébrer encore une fois la fête de la rosière par quelque manifestation musicale qui ne fût pas indigne de la première. Ce nouveau projet, dont mon père se fit le défenseur ardent, ne tarda pas à échauffer tous les esprits. Il faut dire que mon père avait une arrière-pensée en organisant ce nouveau festival. Il avait été fort touché de la modestie, de la grâce de Madeleine, et aussi peut-être un peu de son assiduité à venir le soir écouter les lectures faites en commun. Car elle avait fini par être presque de la famille, et, alors même qu'elle était allée en journée dans d'autres maisons, elle arrivait le soir, son ouvrage à la main, ou, si elle n'en avait point apporté, elle en demandait un à ma mère et se mettait à tirer l'aiguille en attendant que mon père en eût fini avec Benoist.

Benoist aurait pu, au sortir de sa leçon, filer vite, afin de s'amuser avec ses camarades. Mais non! l'honnête, le sage, le sérieux, l'estimable Benoist préférait aux divertissements, où donnent avec intempérance les jeunes gens de son âge une bonne petite soirée, en compagnie de Racine ou de Molière. Il s'asseyait à côté de ma mère, en face de Madeleine, et, tout en écoutant, il fabriquait de ses mains, qu'il avait très adroites, de menus jouets pour son élève. Aussitôt la lecture finie, il prenait congé, dix minutes après, Madeleine serrait ses affaires et disait adieu. Parfois mon père offrait de la reconduire, car il était tard (dix heures, dans une petite ville de province, c'est une heure indue), et elle eût pu faire quelque vilaine rencontre. Elle refusait d'un air de candeur si confiante, les paupières si chastement baissées, que toute crainte s'enfuyait à voir ce calme et pudique visage : la vertu rayonnait autour d'elle et lui était une suffisante égide.

— Écoutez, mon enfant, lui dit un soir mon père, au moment où elle se disposait à partir. J'ai l'intention de vous proposer cette année pour être rosière. Vous êtes pauvre, sage, laborieuse et, ce qui ne gâte rien, très jolie : vous méritez d'être nommée ; vous le serez, j'en fais mon affaire.

Madeleine rougit beaucoup et, après avoir remercié mon père de l'intérêt qu'il voulait bien lui porter, elle s'excusa de ne pouvoir accepter cette offre obligeante. Elle allégua qu'une de ses amies, couturière comme elle, avait l'intention de poser sa candidature, et qu'elle préférait lui céder le tour et ajourner ses espérances.

— Ta, ta, ta, dit mon père. La fête, cette année, sera célébrée avec un éclat exceptionnel. On choisira donc pour dame couronnante une personne très riche. Le cadeau fait à la rosière sera plus considérable. Il n'y a pas de raison pour que vous vous effaciez devant votre amie ; vos droits sont meilleurs que les siens, car vous avez une tante à votre charge, et elle vit chez ses parents. Et puis la nature l'a dotée d'un visage qui lui rend la vertu plus facile. Vous serez charmante et tout à fait décorative, sous le voile blanc des rosières.

Et comme elle faisait mine de répliquer :

— Allons ! voilà qui est entendu, dit-il d'un ton bref, et dès demain je me mettrai en campagne.

A Dourdan, le choix de la rosière est dévolu à une commission particulière de quinze membres, qui furent désignés à l'origine par le fondateur et qui, depuis, se recrutent eux mêmes par voie d'élection, tout comme l'Académie. Le maire et le curé sont les seuls qui en fassent partie de droit, ce qui porte à dix-sept le nombre des *rosiéristes*. Mais ils ne sont jamais plus d'une douzaine au jour du vote.

C'étaient, chaque année, de terribles luttes d'influences, des intrigues sans fin autour de cette élection. Les deux ou trois gros bonnets du pays avaient chacun leur candidate et ils la défendaient avec cet incroyable acharnement de passion que l'on a coutume de porter en province aux menus objets de la vie quotidienne.

Mon père était un homme considérable et fort écouté : car, outre qu'il possédait une instruction au-dessus de la moyenne et qu'il s'exprimait avec facilité, il comptait parmi les Dourdannais bon nombre de jeunes gens dont il avait été le maître et qui avaient gardé pour lui une vive estime, une sorte de respectueux attachement. Il s'en alla voir l'un après l'autre chacun des rosiéristes et ne tarda pas à s'apercevoir que la chose serait plus difficile à emporter qu'il ne l'avait supposé d'abord.

Le personnage qui avait le plus d'influence en cette affaire et menait généralement l'élection était un vieux juge de paix, M. de Saint-Venant, bon gentilhomme, comme son nom l'indiquait, fils du pays, et qui avait cet avantage, c'est qu'il tutoyait la plupart de ses justiciables, qui l'appelaient M. de Saint-Venant gros comme le bras. Il n'en était guère qu'il n'eût régalé au temps jadis d'une petite tape sur la joue. Il avait du sens, de l'esprit et quelque fortune, ce qui ajoutait encore à la considération dont il jouissait à Dourdan. Or il s'était prononcé pour l'amie de Madeleine.

En d'autres temps, mon père n'aurait osé entrer en lutte. Mais le besoin qu'on avait, cette fois, de son concours pour organiser la partie musicale de la fête était pour lui un accroissement d'influence. D'ailleurs, il se piqua au jeu. Tous les soirs, il revenait à la maison, contait ses pas et démarches les promesses qu'on lui avait faites, les raisons qu'on lui avait opposées, la façon victorieuse dont il avait pulvérisé ses contradicteurs.

Madeleine écoutait, l'œil uniformément baissé sur son ouvrage, de son petit air indifférent et triste.

— Je vous en prie, monsieur Sarcey, disait-elle de sa voix harmonieuse, ne vous occupez pas de cela, vous prenez vraiment trop de peine ; je suis honteuse.

— Mais comprends-tu cette obstination ? s'écriait mon père s'adressant à Benoist. Pourquoi ne veut-elle pas être rosière ?

— Dam ! si c'est son idée comme cela !

— Mais non ; cela est insensé ; il s'agit d'un billet de mille francs, je veux qu'elle soit rosière, et elle le sera.

Madeleine soupirait longuement et ne soufflait mot. Je me souviens qu'un jour, comme ils étaient par hasard restés tous les deux seuls, Madeleine et Benoist, je survins à l'improviste, et que j'entendis ce fragment de dialogue :

— Comment faire ? demandait Madeleine.

— Qu'est-ce que tu veux ? répondait l'autre ; il a le diable au corps.

Je demeurai longtemps songeur, ruminant dans ma petite cervelle d'enfant de qui l'on pouvait bien dire dans la maison qu'il avait le diable au corps.

Et cependant mon père multipliait les démarches. Il n'avait jamais été si affairé de sa vie ni si échauffé. Il avait fait de cette nomination une question personnelle. Il ne pouvait rencontrer un électeur dans la rue sans l'arrêter, et, le prenant par le bouton de son habit, il lui remontrait longuement et avec chaleur les mérites de sa candidate. Son grand, son dernier, son suprême argument, c'est qu'une cérémonie, qui devait être si imposante cette fois et rehaussée par un superbe festival, exigeait impérieusement que la rosière fût une beauté, qu'elle fît honneur et à la dame couronnante, et à la ville, et à l'art. Sur ce thème, il ne tarissait point.

Et en même temps, il se démenait pour organiser la fête avec plus d'éclat. Il avait été décidé que cette fois on chanterait une cantate, dont les récitatifs devaient être dits par mon père. Il avait consenti à se charger de cette partie du programme, à la condition qu'à la poésie du vétérinaire il pourrait substituer des vers de sa façon. La musique de la garde nationale devait ouvrir la séance, et c'est notre fanfare qui avait reçu mission d'exprimer, à grand renfort de cuivres, la joie qui devait éclater dans le chœur des anges quand la rosière inclinerait son chaste front sous la couronne de roses blanches.

J'ignore si je dois vous le confesser : j'avais

encore un solo là-dedans. Que voulez-vous? c'était
une maladie, la maladie du solo. Un solo de quelques mesures seulement, mais un solo. Et quel
solo!... Du diable si je sais pourquoi je m'écrie :
Et quel solo! car celui-là, je n'en ai pas conservé
mémoire. Tout ce que je me rappelle, c'est que je
l'étudiais tous les jours avec Benoist, et qu'il avait
été convenu entre nous deux, mais secrètement,
que si par hasard, au moment décisif, je me sentais interloqué, il se tiendrait prêt à tout événement et lancerait, à ma place, sur son cornet à
piston, le fameux solo. Cet arrangement me tran-
quillisait et me donnait confiance en moi-même.
La certitude d'être soutenu empêchait que je n'en
sentisse trop vivement le besoin.

Le jour vint enfin où l'assemblée des électeurs
se réunit pour nommer définitivement une rosière.
Mon père eut le chagrin d'être battu. Il dut son
échec à M. le curé, qui se rangea du côté de M. de
Saint-Venant.

— Croyez-moi, lui dit le bonhomme, croyez-
moi, monsieur Sarcey, ne soyez pas plus royaliste
que le roi ; si elle ne veut pas être élue, si elle
vous a prié de ne pas la proposer, c'est apparem-
ment qu'elle a ses raisons.

Elle avait, en effet, ses raisons, et j'ai hâte d'arriver au dénouement de cette affligeante histoire.

Le matin de la cérémonie, mon père, rasé de

frais et beau comme un astre sous un habit tout battant neuf, se dirigea vers l'église. Je le suivais *haud passibus æquis*, mon bugle pendu au bras. Il avait été convenu que nous retrouverions Benoist dans la nef.

Quand nous arrivâmes sous le porche, mon père vit avec surprise tous les regards se tourner railleusement vers lui :

— Eh bien ! lui dit avec un gros rire le père Ducrocq, vous avez la main heureuse, vous, avec vos rosières ! C'est à vous que nous nous adresserons maintenant pour avoir des rosières.

Ce fut une avalanche de mauvaises plaisanteries. Mon père en était abasourdi, atterré !

Hélas ! tandis qu'on allait couronner son amie, Madeleine donnait à Benoist un gros garçon, et Benoist, qui veillait près d'elle, avait fait dire qu'il lui était impossible de paraître au rendez-vous promis.

Je ne comprenais pas fort bien tous les propos qui s'entrecroisaient par dessus ma tête ; mais, ce qui me frappa le plus dans toute cette histoire, c'est que, Benoist n'étant plus là, j'allais rester sans guide, sans appui, livré à moi-même.

— Et qui donc va nous conduire ? demandai-je, tremblant comme la feuille.

— Ce sera moi, si tu veux bien le permettre, répondit le père Ducroq.

Oh ! dam ! à ce mot, la mésaventure de mon solo de triangle passa comme un trait devant mes yeux éperdus. Je sentis mon cœur qui s'en allait, et je devins tout pâle, si pâle que mon père me dit :

— Qu'as-tu donc, petit ? tu te trouves mal ?

— Oui, je ne suis pas bien, répondis-je.

Et le fait est que j'allais m'évanouir.

Mon père saisit la balle au bond. Il était de fort méchante humeur et ne savait plus quelle contenance garder.

— Pardon ! messieurs, dit-il, mais il faut que je ramène Francisque à la maison. Ne comptez plus sur moi.

— Vous aurez plus de chance l'année prochaine, lui cria une voix gouailleuse.

— Soyez tranquille ! lui cria une autre, c'est vous désormais que nous chargerons de choisir nos rosières. Vous y avez la main !

Nous rentrâmes à la maison. Benoist nous y attendait.

— Au moins tu vas l'épouser, lui dit mon père, du plus loin qu'il l'aperçut.

— J'ai reçu hier mon congé de libération ; j'épouse dans trois semaines et je viens vous prier d'être de la noce.

— Et du baptême, gredin !

Benoist, moitié confus, moitié riant, reprit :

— Et du baptême ! nous en ferons un musicien, comme Francisque.

Il faut croire que la chute d'une illusion entraîne toutes les autres ; car mon père me regarda un instant et d'un air d'ironie mêlée de résignation :

— Comme Francisque ! Ah ! bien, si Francisque devient jamais musicien, il fera chaud !

Tout comme le père Ducroq, hélas ! Mon arrêt était porté. Je remisai dès lors dans un coin mon bugle devenu inutile. A quelques mois de là je partis pour Paris, où j'allais faire mes études, et je fus près de vingt ans sans m'occuper de musique.

Le hasard fit que plus tard, bien plus tard, quand j'avais déjà quitté le professorat pour entrer dans le journalisme, je m'attachai à un nouveau maître, le bon, l'aimable M. Chevé. Mais c'est une autre histoire que je réserve pour un autre chapitre. Toute cette famille des Chevé est assez intéressante pour qu'un homme qui l'a beaucoup connue et beaucoup aimée la présente au public.

III

ÉMILE CHEVÉ

« Toi, si jamais tu deviens musicien, il fera chaud ? » Il y avait tantôt dix huit ans que s'était abattue sur ma tête la sinistre prédiction du père Ducrocq, quand le hasard me fit rencontrer celui qui devait être mon dernier maître du musique, M. Émile Chevé.

Parmi les étés qui s'étaient durant ce long espace de temps succédé l'un à l'autre, quelques-uns cependant m'avaient paru être terriblement chauds. Il faut croire qu'aucun d'eux ne l'avait été encore assez pour que la prophétie trouvât son accomplissement ; car j'étais, dans cet intervalle, demeuré aussi étranger à la musique que si je n'eusse de ma vie touché un triangle ou soufflé dans un grand bugle.

D'autres soins avaient absorbé les forces de mon

esprit. J'avais achevé mes études, traversé l'École normale, conquis tous mes grades universitaires, et j'étais ensuite parti, comme les camarades, pour la province, ma nomination de professeur en poche. Ce n'était plus de chansons qu'alors il s'agissait ! Il fallait surveiller sa classe, donner des répétitions, préparer ses thèses. Tout cela n'est pas très musical. Mon pauvre père lui-même avait renoncé à l'espoir, si chèrement caressé par lui, de faire de moi un Mozart. Mais j'eusse été Mozart en personne, que je ne sais si dans les villes où mon méchant destin m'a promené tour à tour : Chaumont, Lesneven, Rodez, je ne me fusse pas laissé gagner à l'indifférence de la population pour tout ce qui tient à un art quelconque.

Il est bien probable qu'à cette heure la musicomanie, cette maladie de notre époque, sévit dans ces localités longtemps réfractaires comme dans le reste de la France. On ne l'y connaissait point en 1855, ou, si elle existait déjà, c'était, comme disent MM. les docteurs ès sciences médicales, à l'état latent. De tous les chefs-lieux de préfecture où il me fut donné et ordonné de colporter ma misérable industrie de professeur, Grenoble est le seul où j'aie entendu parler de musique, où la bonne compagnie — la *société*, comme disent les gens de là-bas — parût la goûter sérieusement.

C'est là que j'ai fait, sans me douter qu'elles me

serviraient plus tard, mes premières études sur le théâtre et le public de province.

Nous avions une salle de spectacle qui était fort convenable, et le directeur, qui recevait de la municipalité une assez maigre subvention, était, de par le cahier des charges, tenu de tout jouer : le grand opéra, l'opéra-comique, la comédie, le drame ; l'opérette n'était pas encore inventée. La comédie et le drame n'étaient guère mentionnés que pour mémoire sur le contrat passé entre la ville et l'impresario ; car on ne les jouait presque jamais que le dimanche, et le beau monde n'y allait pas, la chose n'étant pas comme il faut. Le grand opéra et l'opéra-comique seuls étaient regardés comme de bon ton. Il est vrai de dire que le beau monde n'y allait pas davantage. Quand on lui donnait de l'Auber ou du Boïeldieu, il affirmait d'un air de dédain que ce n'était pas de la musique et restait au coin de son feu, à tisonner. Si par hasard — mais le cas était beaucoup plus rare — on lui montait un opéra de Meyerbeer ou d'Halévy, il déclarait que ce n'était pas la peine d'entendre sabrer par des infirmes un chef-d'œuvre qu'il avait vu dix fois déjà, infiniment mieux joué, dans la capitale, et il se renfonçait dans sa robe de chambre : mélomane enragé d'ailleurs, et qui se plaignait avec amertume de l'*ut* de tête du ténor ou des roulades insuffisantes de la prima dona. — Il était vraiment incroyable qu'on osât lui produire sur la scène d'aussi déplorables mazettes ; à quoi pensait la direction ?

Hélas ! la direction ne pensait généralement qu'à l'inévitable faillite. La *société* était bonne là, de lui demander des Roger et des Damoreau-Cinti. Pour trente pauvres billets de mille francs qu'on lui allouait de subvention ! Et jamais une recette passable. Toujours un premier rang de loges vides ; quelques officiers et quelques fonctionnaires épars au balcon ; un orchestre semé de trous noirs.

C'était entre les habitants et le directeur un échange incessant de récriminations désagréables.

— Servez-nous mieux, disaient les uns, et nous irons au théâtre.

— Venez au théâtre, répondait l'autre, et je pourrai mieux vous servir.

On tournait perpétuellement dans ce cercle vicieux.

Hélas ! on y tourne encore, et non seulement à Grenoble, mais dans les trois quarts des grandes villes de France, et c'est ce qui explique comment le théâtre de province a presque partout passé de vie à trépas. Il n'est sous-préfecture qui ne veuille avoir sa salle de spectacle ; Dunkerque vient, cette année même, de s'en bâtir une à grands frais. Qu'en fera-t-il ? Ce sera, comme dit le poète, une cage sans oiseaux, une ruche sans abeilles, une cloche sans battant.

J'étais un des assidus du théâtre de Grenoble, mais je ne comptais point parmi les amateurs. C'est presque une fonction en province d'être amateur de musique. Ils étaient là une demi-douzaine de dilettanti forcenés, qui savaient toutes les partitions par cœur et qui n'auraient point souffert qu'on en passât une note. Vous vous rappelez l'anecdote célèbre du Marseillais qui, au moment où le chef d'orchestre donnait à un chœur de Turcs le signal de partir, arrêta net le chant par ce cri devenu légendaire : *Manque un Teur !* Ils étaient de cette force à Grenoble. Il y en avait un surtout, je le vois encore : grand, sec, la figure étonnamment pâle; et au milieu un nez énorme, du plus bel écarlate. Je ne sais au prix de quels sacrifices il était arrivé à le colorer d'un vermillon si intense ; mais oncques n'admira-t-on sur un visage de dilettante un nez plus rubicond et plus expressif en même temps. On eût dit, à voir ce nez se dresser vers la cantatrice, qu'il aspirait, qu'il humait les mélodies tombées de sa bouche, tant ses ailes s'écartaient avec concupiscence, comme pour engouffrer plus de sons à la fois. Souvent, le propriétaire de ce nez phénomal, succombant à son émotion, se prenait la tête à deux mains et fourrageait ses cheveux : on voyait alors le nez éclater au travers, tout rutilant d'enthousiasme ; et quand notre homme, haletant d'admiration et de joie, se précipitait dans les couloirs sombres pour féliciter la diva, son nez le précédait, luisant dans l'ombre comme un flambeau porté avec pompe devant un ambassadeur chargé de compliments.

Il n'y a rien de parfait en ce monde. Ce nez n'avait qu'un défaut. mais un défaut bien cruel chez un amateur d'opéra ; il était tumultueux. Il éternuait avec fracas, et toujours à contre-temps. La musique que son maître en tirait à l'aide d'un mouchoir ne peut se comparer qu'aux accents des trompettes qui firent tomber les murs de Jéricho. Qu'il se mouchât en majeur ou en mineur, clef de *sol* ou clef de *fa*, le public. tout entier tressaillait quand de cette rouge et vaste trompe, vigoureusement pressée, s'échappait une formidable cascade de sons qui se prolongeait sur une tenue démesurée. La dernière note s'était à peine éteinte, à peine commençait-on de pousser un soupir de délivrance, qu'une reprise éclatait, soudaine, imprévue, qui faisait sursauter à nouveau toute la salle. Ah ! il avait le *da capo* terrible !

Comme il s'appelait de son nom de famille M. Bruyant, et que, s'étant anobli de sa grâce, il signait de Pombèze, on ne manquait jamais de dire en parlant de lui : *M. le marquis de Pombèze, né bruyant.* Cette plaisanterie facile a déjà fait la joie de deux ou trois générations. Elle en égayera vraisemblablement quelques autres : la province vit cinquante ans sur un bon mot.

On avait beau rire sous cape et de son nez et de ses prétentions, il n'en était pas moins écouté comme un oracle dans les choses de la musique et du théâtre. Il manquait de prestige, non d'autorité, ni d'influence. Malheur à l'artiste qui n'avait pas eu l'heur de lui plaire à ses débuts ! Il était particulièrement intraitable sur l'article des Dugazon. Il lui fallait une Dugazon faite d'un certain modèle, l'œil fripon, la bouche rieuse, la taille rondelette, le sein appétissant, une Dugazon pour lui. Il lui faisait grâce de la voix. Non, mes amis, vous ne saurez jamais combien de fois j'ai entendu chanter d'une voix vinaigrée et fausse, dans *les Dragons de Villars*, l'air fameux du bon ermite :

> Il sonne, il sonne, il sonne,
> Il sonne et carillonne.

Notre homme en était quitte pour renforcer philosophiquement dans ses deux oreilles les boules de coton qu'il en avait ôtées avec dévotion afin de mieux pomper les roulades et les trilles de la première chanteuse. Personne n'eût osé réclamer ; au théâtre, il était chez lui ; il y tracassait, comme dans sa chambre ; il s'entremettait dans les engagements, indiquait les pièces à monter, distribuait les rôles, grondait le directeur, écrivait des lettres aux journaux, fatiguait le conseil municipal de ses plaintes et lui arrachait des suppléments de subvention ; insupportable, indécrottable — d'autant plus écouté.

Il donnait des soirées artistiques. Quand, par hasard, un chanteur en réputation passait par Grenoble, il l'invitait à prendre le thé ; et, dès le matin, il se lançait en course. On le voyait à la fois aux quatre coins de la ville, affairé, hagard, portant ses invitations lui-même ; il crevait, dans sa peau, de bonheur et d'orgueil. Le soir venu, il exultait, il serrait avec effusion les mains de tout son monde ; avant même que le piano s'ouvrît, il se pâmait de tendresse, il débordait de lyrisme. Pour un peu, il se fût jeté dans les bras de son hôte, de son illustre ami — tous les musiciens étaient ses amis, comme il était l'ami de tous les musiciens. Ah ! ce n'est pas lui qui eût lésiné sur la louange. Il se rattrapait sur les petits gâteaux, qui étaient secs et rares. L'illustre ami faisait office de plat de résistance, et il offrait cet avantage de ne rien coûter. L'amour de l'art peut s'allier, surtout dans les départements, avec un goût de sage économie.

J'étais, comme on pense bien, trop petit garçon, moi, simple professeur, pour qu'un personnage

si important fît la moindre attention à mon humble personne. Il me regardait du haut de son nez
et me trouvait très heureux d'être convié à ses
raouts. Je me consolais de ses mépris en écoutant
de l'excellente musique que nous faisait un autre
amateur, un vrai, celui-là; car il y en a de tels
dans les petites villes, et beaucoup, qui cherchent
dans le culte désintéressé et solitaire de l'art une
distraction à l'effroyable ennui de la vie de province. C'était un employé à la préfecture, qui avait
rêvé jadis d être une des gloires du piano contemporain. Ses parents, braves bourgeois qui n'en-
tendaient pas de cette oreille et tenaient tout artiste pour un propre à rien, l'avaient acheminé
par les épaules vers les fonctions publiques. Il
s'était laissé faire, moitié persuasion, moitié défiance de lui-même. Le cours paisible de l'avancement sur place l'avait porté, sans secousse, à un
poste de chef de bureau dans une préfecture. Il
avait en chemin perdu ses illusions, il s'était ar-
rangé pour vivre sans bruit, sans désirs, je ne dirai pas sans regrets (car il y avait chez lui un fond
de mélancolie grognonne), sur le petit coin de
rive où l'avait mollement déposé le destin.

Le soir, quand nous étions là, trois ou quatre
intimes, il se mettait à son cher piano et nous
jouait tout ce que nous lui demandions, du Cho-
pin de préférence ou du Beethoven. On médit de

la vie de province et je crois bien que, moi aussi,
il m'est arrivé, comme aux camarades, de la tourner en ridicule, tranchons le mot, de la *blaguer*.
Il s'y rencontre pourtant de bonnes heures, où
l'on jouit avec plus de recueillement du bonheur
d'être au monde. Ne nous moquons pas trop, ô
Parisiens, mes frères, des petites villes de quinze
à vingt mille âmes. Ne prenons pas trop en pitié
ceux qui les habitent. Ils goûtent, pour peu qu'ils
soient philosophes et qu'ils aiment l'art, une joie
plus calme, plus tendre, plus *accoisée* — un joli
mot de la langue de nos pères, que nous avons
perdu comme tant d'autres et que nous n'avons
pas remplacé. On y voit plus aisément, plus fami-
lièrement ses amis ; l'intimité y est plus chaude et
plus pénétrante. On sent le besoin de se serrer les
uns contre les autres, de s'entr'aider contre l'ennemi commun, qui est l'ennui. La paix de la rue
passe à l'âme ; l'impression qu'on emporte d'une
mélodie écoutée entre amis, à travers la fumée des
cigares, dans un silence ému, ne se dissipe point
aux bruits du dehors ; on la garde toute parfumée
au fond de l'âme comme une fleur précieusement
entourée de mousse dans un vase. C'est un genre
particulier de béatitude que j'ai senti très vivement, à cette époque de ma jeunesse où, croyant
n'en connaître jamais d'autre, j'en avais fait l'u-
nique but et le seul espoir de ma vie. Je retrouve

encore dans les vieux papiers que je compulse en écrivant ces souvenirs une pièce de vers. Et mon Dieu ! oui, de vers, ne souriez pas ; j'ai fait des vers, comme tout le monde, et par milliers ! Quel est l'homme qui peut se flatter de savoir la langue de la prose s'il n'a pas longtemps pratiqué l'autre ? On n'apprend l'heureux choix des mots, le nombre de la phrase et la grâce de bien dire, qu'en forgeant son style sur la pénible enclume de l'alexandrin.

C'était sans doute (car je ne me rappelle plus précisément) au sortir d'une de ces soirées aimables que je les avais composés. J'y chantais la province et terminais ainsi, après avoir dit leur fait à ceux qui la dénigraient :

Moi, je t'aime : habitant d'une petite ville,
J'aime le demi-jour de son bonheur tranquille.
C'est là qu'on sent la paix, comme un brouillard du soir,
Sur le cœur goutte à goutte et jour à jour pleuvoir.
Ce calme de la rue où rêve le silence,
Où marche à pas plus lents le promeneur qui pense,
Ces visages connus qu'on rencontre en chemin,
Qu'on salue en passant d'un geste de la main,
Ces groupes qui, le soir, au pas de chaque porte,
Respirant les parfums que le vent leur apporte,
Laissent indolemment, et sans même songer,
Fuir le temps qui pour eux court d'un pied plus léger ;
Cette vie où s'en va l'heure à l'heure semblable,
Comme on voit dans un fleuve endormi sur le sable
S'en aller lentement, à la pente des lieux,
Le flot toujours poussé du flot silencieux ;
Ces grands monts aux flancs verts, dont la neige éternelle
Aux lueurs du couchant, blanche et rose, étincelle ;

Tout dans ce séjour calme et des vents abrité,
Parle d'oubli, de paix et de sérénité ;
Et, sans bruit, doucement, plein d'une molle flamme,
Comme la lune aux cieux, le bonheur monte à l'âme,
Qui sous les doux rayons de l'astre au front d'argent
Se recueille immobile et s'endort en songeant.

Je ne m'écrierai pas ici, comme Jean-Jacques ou Chateaubriand, ces menteurs éloquents dont l'imagination s'échauffe volontiers d'une sensibilité factice : « Ah ! que n'ai-je enseveli dans cette obscure et douce retraite les jours qui me restaient à vivre ! — Ma foi ! non, je suis ravi, au contraire, que le hasard m'ait tiré de ce *kief* provincial où les forces de l'homme finissent presque toujours par s'engourdir et se dissoudre. C'est le hasard qui, plus énergique et plus raisonnable que moi, me jeta un beau matin sur le pavé de Paris, étonné, sans un sou, mais fier et ouvrant de larges ailes à l'espérance.

Du diable si à ce moment-là je pensais à la musique et aux musiciens ! J'avais, sauf votre respect, d'autres chiens à fouetter. Ce n'était pas une petite affaire, pour un professeur en rupture de province et d'Université, de se débrouiller vite à travers les dédales de la vie parisienne, qui lui était absolument inconnue. Non, je ne savais rien de Paris ; j'avais donc tout à apprendre en même temps, et vous imaginez bien que ce n'est pas à la musique que je pouvais songer tout d'abord.

Et cependant, voyez comme les choses tournent, comme on est peu maître de sa destinée ! ce fut la musique qui me reprit la première, et je me trouvai, par aventure, je ne sais comment, rengagé de plus belle dans l'étude d'un art qui m'avait si peu réussi jusqu'alors. Il ne faisait pourtant pas cette annéelà plus chaud qu'à l'ordinaire ! Mais c'était écrit.

J'avais retrouvé à Paris mon camarade de collège et d'école, Edmond About, qui était déjà dans le plein de sa renommée. Il était fort répandu dans tous les mondes et connaissait dieux et déesses. Il avait eu occasion de rencontrer M. Chevé, qui, après dix ans de luttes obscures dans une cave, s'était mis à tirer, par le soupirail, des coups de pistolet dans la rue. Cette figure originale l'avait séduit ; il m'en parla un jour. Nous habitions le même logis, et nous nous contions, le soir venu, notre journée.

— Tu devrais, me dit-il, aller entendre une de ses leçons de musique. C'est un type curieux d'inventeur. Tu rapporterais de là quelques articles amusants, et tu rendrais service à un honnête homme, qui a besoin et soif de publicité.

A quoi tiennent les choses ! Il est bien probable que je n'aurais pas ramassé ce propos en l'air et que je ne vous conterais pas aujourd'hui cette histoire, sans un incident imprévu qui me remit en mémoire le conseil d'About et m'engagea à le

suivre. J'allais en ce temps-là tous les jours passer
deux heures au musée du Louvre, pour y combler une des lacunes de mon éducation première.
Je m'y rendis, comme à l'ordinaire, le lendemain
de cette conversation. C'était un lundi. Je n'y avais
pas pris garde. Le Louvre était fermé aux visi-
teurs. Je ne savais plus où occuper mon temps
dans ce quartier.

— Parbleu! me dis-je, le cours de ce M. Chevé
se fait tout près d'ici. Voici l'heure. Si j'y allais
écouter la leçon !

Me voilà parti de mon pied léger. C'était rue
des Marais-Saint-Germain, une rue qui a changé
de nom, comme tant d'autres. Elle s'appelle aujourd'hui rue Visconti. J'entrai dans une vieille
maison, d'aspect misérable et triste. Je montai par
un de ces larges escaliers d'autrefois, au second
étage, et j'entrai dans une vaste salle, où se trouvait déjà beaucoup de monde. On me remit un
programme : j'étais tombé heureusement. Le professeur commençait un nouveau cours, et c'était
le cours de la première série.

Une porte s'ouvrit derrière l'estrade ; M. Chevé
parut. Il promena ses yeux sur toute l'assistance,
sourit à quelques personnes qu'il reconnaissait, et,
s'armant d'un grand morceau de craie, le corps
effacé de trois quarts devant un tableau noir, il
prit la parole.

Je vivrais des siècles qu'il me serait impossible d'oublier et cette leçon et l'effet prodigieux qu'il fit sur moi. J'avais, en ma vie, entendu beaucoup de professeurs, m'étant, dès mon jeune âge, destiné à l'enseignement. J'avais été professeur moi-même et, je puis le dire sans trop de vanité, excellent professeur. Je crois me connaître aux choses de la pédagogie. J'en ai toujours eu le goût, ce n'est pas assez dire : la passion. Eh bien! je n'avais jamais rien vu de pareil, et je ne pense pas que jamais rien de pareil se soit vu au monde.

Ce diable d'homme, je le vois encore : grand, maigre, de longs cheveux tombant sur les épaules; un visage d'illuminé, des yeux d'une douceur extrême, mais pleins de feu ; une bouche aimable, bien que dégarnie, et dont le sourire était d'une séduction irrésistible. Des habits trop larges flottaient sur ce corps émacié, et de ses manches d'habit toujours trop courtes jaillissaient des bras qui n'en finissaient point et s'allongeaient encore d'une baguette pour la démonstration. Il tenait à la fois de l'apôtre et du charlatan : de l'un, il avait l'air de conviction profonde, la chaleur du regard, l'énergie de l'accent et cet emportement d'allures où se reconnaît l'homme intérieurement brûlé d'une flamme divine ; de l'autre, il gardait le geste exubérant, un certain tour emphatique de langage et des soubresauts de sensibilité légèrement factice. Ce qui surnageait encore, c'était dans sa physionomie, dans toute sa personne, un je ne sais quoi d'attirant et d'impérieux tout ensemble. De ce personnage hoffmannesque il se dégageait une force et un charme. Il avait un don de fascination tout à fait singulier.

La voix était d'une grâce inexprimable : chaude, caressante, qui chatouillait l'attention et lui commandait à la fois. Ce n'est pas assez dire qu'il faisait comprendre un raisonnement : il le faisait sentir. On était encore plus séduit et plus charmé que convaincu par sa dialectique. Quand son bras s'allongeait vers le tableau noir et y traçait les chiffres nécessaires à une démonstration, était-ce l'effet d'un pouvoir occulte qui tenait de la magie? mais il semblait que les caractères s'animassent, qu'ils prissent en quelque sorte chair et couleur ; je les voyais distinctement qui se détachaient du bois en bandes serrées et lumineuses, qui flamboyaient aux yeux et rendaient la démonstration visible et vivante.

J'ai beau chercher des mots pour traduire l'impression que je sentis, que sentirent, comme moi, tous ceux qui ont suivi ses cours : je n'en puis trouver. C'est qu'à vrai dire le secret de l'influence qu'il exerçait sur ses élèves échappe à mon entendement. C'était quelque chose de mystérieux, une subtile émanation de cette âme, comme un parfum puissant et doux, qui ne laisse pas de porter à la tête bien qu'il soit réfractaire à toute analyse.

Quand la leçon fut terminée, j'allai lui faire mes compliments. Je lui promis de conter au public ce que je venais de voir.

— Non, me dit-il, je tiens à ce que vous sachiez mieux ce que nous sommes. Revenez, je vous en prie. Et d'ailleurs ne serez-vous pas bien aise de savoir la musique ?

Et, comme je hochais la tête d'un air de doute au souvenir de la prédiction terrible : « Toi, si tu deviens jamais musicien, il fera chaud ! » :

— Je vous en réponds, me dit il avec chaleur. Avec notre méthode, il suffit de quinze leçons pour apprendre ce qui demande avec l'enseignement d'autrefois dix ans d'études...

Sur ce chapitre, il était intarissable. On ne pouvait compter le nombre d'intelligences qu'il avait ouvertes à la musique ; il en parlait avec une conviction, avec une chaleur, avec un emportement de gestes et d'expressions qui éblouissait, qui aveuglait, comme une pluie d'orage fouettée dans le visage par un vent impétueux. Était-ce saint Paul ? était-ce Mangin ? j'aurais été fort en peine de le dire. C'était *quelqu'un,* à coup sûr, et je ne le quittai pas sans lui promettre de venir encore une fois m'asseoir sur les bancs de ses élèves.

Vous me croirez si vous voulez, mais ce ne fut

pas une fois que je revins; je revins quatre fois par semaine. Dieu sait pourtant qu'à cette époque-là je n'avais pas de temps à perdre ! J'étais peu connu du public, je ne plaçais qu'à grand'peine de côté et d'autre des articles maigrement payés; je traversais ces années de début qui sont si douteuses et si âpres à l'homme de lettres. J'avais certes bien d'autres soucis en tête que celui d'étudier le solfège : l'irrésistible séduction de cet homme fut la plus forte. Quatre fois par semaine, je quittais mes travaux commencés, je traversais les ponts et j'arrivais, tout courant, rue des Marais-Saint-Germain, écouter la leçon du maître. Un regard tombé sur moi me payait de ma peine.

Plus je le voyais, plus je m'attachais à lui.

Ses élèves (je m'étais lié avec quelques uns) ne parlaient de lui qu'avec une vénération mêlée d'enthousiasme. Si j'avais à chercher en ces souvenirs l'exactitude de l'histoire, je pourrais conter sa vie, mais la légende m'a toujours paru plus vraie que la vérité; car c'est la vérité accrue de l'effet qu'elle a produit sur l'imagination des hommes.

M. Chevé ou le père Chevé, comme nous l'appelions avec une familiarité plus tendre, était né en Bretagne, et le fait est qu'il avait du Breton bretonnant l'esprit d'invincible obstination. Sa famille l'avait destiné à la marine, et il avait fait ses études pour être nommé chirurgien. A seize ans, il était entré dans les hôpitaux de la marine à Brest, et telles étaient son ardeur au travail et l'austérité de ses mœurs, que ses camarades lui avaient donné le sobriquet de *Caton*. Une fois en possession de tous ses grades, il avait voyagé sur divers navires où son service l'appelait. Le seul souvenir qui fût resté de ses caravanes, c'était celui du séjour qu'il fit au Sénégal. La fièvre jaune y éclata comme il venait d'y arriver. Il déploya un courage et une énergie indomptables : « J'étais là, nous disait-il, comme un soldat sur le champ de bataille, attendant sans cesse la balle qui devait me tuer et n'en prenant aucun souci. » Il fut atteint lui-même de *vomito negro*, et il eut le bonheur d'en réchapper. C'est là qu'il obtint la croix d'honneur, dont il était d'ailleurs très fier et à juste titre.

Plus tard, le gouvernement l'envoya dans je ne sais quel endroit où le choléra décimait la population. Il y courut et se dévoua à ses malades avec la même ardeur de zèle. Il y avait chez cet homme singulier un extraordinaire besoin de sacrifice, mais de sacrifice théâtral, bruyant. Peu lui importait de mourir, mais il eût souhaité une mort retentissante. Il était de ces héros dont les vertus rayonnent autour d'eux et leur font une auréole qui se voit de loin et dont ils ne cherchent point à amortir l'éclat.

Paris l'attirait. Il donna sa démission, alléguant, ce qui était vrai, qu'il n'avait jamais pu supporter la mer. Depuis la première minute d'une traversée jusqu'à la dernière, il était horriblement malade. Il se fit recevoir docteur en médecine et il paraît que sa thèse, sur la fièvre jaune, fut très remarquée à l'époque. Il ne lui eût pas été facile de se constituer une clientèle : il ouvrit des cours libres d'anatomie et de pathologie, et, ce qui est plus bizarre, de mathématiques.

L'instinct obscur qui le guidait lui avait découvert sa voie. Je ne sais que par oui-dire les succès qu'il obtint en qualité de professeur ; mais, si j'en crois les fidèles de sa petite église, ils furent prodigieux : tous les étudiants en médecine se pressèrent autour de cette chaire nouvelle, d'où tombait l'enseignement le plus solide et le plus lumineux qui fut jamais. Je dois dire que j'ai rencontré, depuis, un médecin qui avait assisté à ses leçons, qui m'en parlait avec une admiration que trente ans écoulés n'avaient pu affaiblir.

— Quel dommage, me disait-il, que M. Chevé ait un beau jour tourné du côté de la musique ! Il eût, chez nous, renouvelé l'enseignement de la médecine : c'est le plus merveilleux *exposant* que j'aie jamais connu.

L'esprit souffle où il veut, comme dit l'Écriture. M. Émile Chevé trouva son chemin de Damas. Un soir, il entra distraitement, et par simple curiosité, dans la salle où M. Pâris, qui s'était voué à la propagation de l'enseignement de la musique par la méthode de Galin, faisait son cours et exposait la doctrine du maître. Il sortit de là, frappé comme d'un coup de foudre de la grâce. Jamais jusqu'à ce jour il ne s'était occupé ni préoccupé de musique ; il n'avait pas la voix juste et ne chantait pas ; il n'avait pas même de goût pour cet art, et je ne sais s'il avait jamais mis le pied à l'Opéra. Mais une vérité avait soudainement éclaté à ses yeux, une vérité méconnue, une vérité raillée, méprisée, à terre. L'instinct de *combativité*, qui était la caractéristique de sa nature, s'éveilla aussitôt. Il lui sembla qu'une voix l'appelait.

Il n'hésita pas : il dit adieu à ses élèves, brûla ses livres, renonça à ses cours et à ses espérances de fortune et de gloire ; il quitta tout pour s'attacher à ce nouveau maître, sur les pas de qui le hasard l'avait jeté. Il se voua tout entier, corps et âme, à la propagande de la méthode de Galin.

Je n'ai pas à exposer ici cette méthode, ni à m'expliquer sur ses mérites. Ce n'est qu'une étude psychologique que je prétends faire. Je ne veux que vous peindre une physionomie éminemment curieuse, dont les traits déjà affaiblis par le temps finiraient par s'effacer entièrement de la mémoire des hommes, si je ne les fixais sur le papier.

Sa vie dès lors ne fut plus qu'une longue lutte, une lutte acharnée, sans trêve ni merci, toute pleine de violences, d'injures, de coups donnés et reçus, une lutte inexpiable et dont rien ne saurait donner l'idée à ceux qui n'y ont pas été mêlés, qui n'en ont pas senti les ardeurs.

Une lutte contre qui ? m'allez-vous demander ; une lutte contre quoi ? car enfin, de quoi s'agissait-il ? de substituer dans la musique aux vieux et ordinaires procédés d'enseignement une nouvelle méthode que ses inventeurs déclaraient être plus facile et plus expéditive : il n'y avait pas tant là de quoi s'irriter, prendre les armes ; et, tantôt se livrer à des combats à ciel ouvert, comme les héros de l'*Iliade* qui s'accablaient réciproquement d'invectives avant d'en venir aux mains ; tantôt se surprendre à l'improviste, dans l'ombre, comme dans une guerre de Mohicans.

Ah ! mes amis, que vous connaissez mal les musiciens ! On assure que la musique adoucit les mœurs ; au moins n'adoucit-elle pas toujours les mœurs de ceux qui la servent. C'est une remarque que vous avez pu faire comme moi si vous avez coudoyé dans le monde les amants de la mélodie et les fanatiques du contrepoint : nombre d'entre eux n'ont jamais pu s'accorder que sous le bâton d'un chef d'orchestre. Vous les trouverez presque tous, et parfois même les plus grands, entêtés de leurs idées, qui ne sont le plus souvent que les préjugés d'une vieille routine ; prompts à la colère, prodigues d'épithètes méprisantes, incapables de discuter posément même un point de doctrine ou de se rendre à une bonne raison.

Leur art est tout de sentiment, et le sentiment, vous le savez, n'a rien à voir avec la logique, ni avec le sens commun. Il est individuel ; il est exclusif ; il est irritable. La musique, qui ne vise que les nerfs, a le don de rendre ceux des musiciens plus sensibles, même dans le train ordinaire de la vie et plus excitables. Deux hommes de lettres qui causent d'un ouvrage peuvent encore s'entendre alors qu'ils ne sont pas du même avis. Ils ont des points communs de discussion ; ils savent pourquoi ils diffèrent d'opinion et se pardonnent aisément, comprenant les raisons l'un de l'autre, d'avoir chacun la sienne. Deux musiciens ne discutent pas ; ils se disputent, ils s'invectivent ; pour un rien, ils se prendraient aux cheveux.

Il n'était pourtant pas là question de musique, à proprement parler, mais bien de pédagogie musicale et, partant, de philosophie, de mathématiques. Il semblait qu'un débat sérieux pût s'engager et se poursuivre, sans haine ni fureur, sur ce terrain solide de la science pure. Mais, une fois que l'on s'est habitué à juger des choses de son art par sentiment, c'est comme un pli dont l'esprit ne peut plus se défaire. Pédagogie, philosophie, mathématiques, tous ces grands mots sonnent creux à l'oreille des musiciens. Ils voyaient tout simplement qu'un brouillon venait troubler la routine de leur enseignement, qu'un téméraire iconoclaste prétendait déchirer leur vieux et cher grimoire ; c'était là une insupportable outrecuidance ; ils poussèrent des cris d'orfraie blessée ; on eût dit que le feu était à la musique.

C'est un fait aussi positif qu'inexplicable : dans une bataille, l'ardeur des combattants est d'autant plus enragée que l'objet de la lutte est plus mesquin, plus futile. On est trop disposé à croire que la vivacité de la passion est en rapport avec l'importance de l'intérêt débattu : point du tout, et c'est le contraire qui est la vérité. Les grandes causes ont ce privilège d'enlever dans des régions plus hautes et d'atmosphère plus sereine, où les adversaires en présence sentent leur poitrine s'élargir, leurs nerfs se détendre, et s'apaiser leurs colères.

Deux fourmis, aux prises sur un fétu qu'elles se disputent, ne le lâchent point que l'une n'ait dévoré la tête de l'autre. Ainsi des hommes, sur une question étroite qui les divise. Ils se butent, ils s'exaspèrent, ils s'emportent à des férocités inouïes. Des fleuves de sang ont coulé sur l'*i* de l'hérétique *Homoiousios.*

Pauvre père .Chevé ! Que de fureurs se déchaînèrent de toutes parts contre le fougueux apôtre de ce nouvel enseignement ! Des avalanches de railleries et de gros mots lui tombèrent sur la tête, comme ardoises et tuiles un jour de tempête. Il n'y eut si mince organe de la musique traditionnelle qui ne le criblât d'injures et d'épigrammes. Les grands journaux mêmes s'émurent au bruit et donnèrent de tout leur poids contre le novateur. Il eût été l'antechrist en personne, qu'on ne l'eût pas maudit, vilipendé, piétiné avec plus d'acharnement.

Et lui... oh ! mon Dieu, lui ! je ne serais pas étonné qu'au fond il ne fût enchanté de tout ce bruit. Il était de ces violents dont parle saint Paul, qui aiment mieux ravir le ciel que de le gagner doucement. Il aimait le combat ; il possédait ce don, qui est particulier à de certains hommes nés pour la lutte, de susciter des adversaires et de les irriter par un air de provocation hautaine, de traîner derrière lui leur meute hurlante comme un sanglier. De temps à autre, il faisait tête, en éventrait deux ou trois d'un coup de boutoir et repartait de plus belle, suivi de leurs aboiements furieux.

Il y avait déjà bien longtemps que la Méthode (la Méthode avec une M majuscule, la vraie méthode, la grande, l'unique, la Méthode enfin), il y avait donc longtemps déjà que la Méthode était enseignée en France ; elle l'avait été par Galin d'abord, le premier fondateur, puis par M. Pâris, qui l'avait promenée de ville en ville, faisant des cours là où les municipalités l'appelaient, et l'avait enfin établie à Paris. Elle n'avait jusqu'alors rencontré que des oppositions discrètes, polies : il s'était sans doute élevé autour d'elle de nombreuses discussions, mais qui avaient gardé un caractère de courtoisie conciliante. Il est vrai qu'en revanche elle n'avait groupé autour d'elle que des adeptes sans ferveur : c'étaient, si vous voulez, des croyants, mais ces croyants-là ressemblaient aux tièdes que Dieu, selon le mot de l'Écriture sainte, vomit de sa bouche.

M. Chevé vint et tout changea de face.

Ce n'était pas un inventeur : il n'a rien ajouté à la Méthode, conçue par Galin, perfectionnée par Aimé Pâris. Il la prit telle quelle de leurs mains ; et comme l'apôtre saint Paul, il se donna la mission de prêcher la bonne nouvelle aux Gentils. Il y a des hommes qui portent en eux un si brûlant foyer de conviction que, lorsqu'ils entrent dans une salle il semble que la température ambiante s'y élève de dix degrés. Il était de ceux-là. Si les inimitiés surgirent de tous côtés, ardentes et furieuses, un petit groupe de fidèles se forma dès l'abord autour du professeur, et quels fidèles ! Il n'en fut jamais, dans aucune église, de plus fervents, de plus dévoués, tranchons le mot, de plus fanatiques.

Oui, de plus fanatiques. Il vous paraîtra, j imagine, hors de toute raison que le fanatisme s'applique à une méthode d'enseignement musical, mais aussi le fanatisme n'a-t-il rien à voir avec la raison pure. Le fanatisme, c'est l'idée fixe s'exaspérant jusqu'à la passion, et n'y a-t il pas toujours dans l'exclusivisme de l'idée fixe un grain de folie ?

Eh bien, oui ; il y avait un peu de folie dans leur affaire — dans la nôtre, car j'étais de la bande.

Un des derniers venus ! je n'avais pas vu naître la petite église, alors que l'humble troupeau des catéchumènes se réunissait secrètement dans une salle de la rue Saint-Merry, comme autrefois les chrétiens dans les catacombes, pour y jurer tout bas une haine invincible au *grimoire*. On appelait de ce nom odieux l'écriture de la musique en notes sur la portée de cinq lignes. Mais on m'a cent fois conté toute cette histoire.

J'ai eu l'occasion de me lier avec un violoniste de beaucoup de talent, qui, après avoir fait ses études au Conservatoire et après y avoir même emporté un premier prix s'était laissé prendre par le père Chevé et avait, sur la parole du maître, brûlé ses anciens dieux. Il avait été, lui, de la primitive Église. Quand je le rencontrai, bien des années le séparaient déjà de l'époque où il s'était affilié à cette manière de religion. Il ne m'en parlait néanmoins qu'avec une émotion ardente, tant ces jours de foi exaltée avaient laissé dans son âme des impressions vivaces et profondes.

— Nous n'étions alors qu'un petit nombre, me disait-il, mais tous des illuminés. Le croiriez-vous? Après un chœur enlevé à première vue on fondait en larmes, on s'embrassait les uns les autres, on criait de rage et d'horreur contre une administration routinière, qui refusait d'ouvrir à la Méthode les écoles de la ville et de l'État. Le père Chevé nous exposait ses démarches incessantes. Il avait fatigué de ses suppliques et de ses visites préfet, recteur, ministres, partout rebuté, jamais découragé. C'était, chez nous, des transports de fureur contre ces monstres d'imbécillité et d'obstination ; nous serrions les poings, et je crois que si le Vieux de la Montagne eût fait un signe, nous les eussions hachés, flambés, comme de simples hérétiques, sur un bûcher de partitions. Il provoquait les musiciens de la vieille école à des joutes de lecture à première vue et d'écriture sous la dictée. Les musiciens faisaient la sourde oreille, et nous, enragés contre la méprisante insolence de ce mutisme, nous nous en donnions à cœur joie de les vouer aux dieux infernaux. Nous apportions, le soir, à la classe, les journaux qui déblatéraient contre la Méthode ou qui la tournaient en ridicule. Le père Chevé nous les lisait tout haut, et c'étaient, quand il arrivait aux passages violents, des cris étouffés ou des révoltes ouvertes : « Ça n'est pas vrai, s'écriait-on, ça n'est pas vrai ! » Et nous nous levions tous, la main tendue, lançant des imprécations furibondes aux journalistes absents.

« Et quand M. Chevé sortait de la classe pour rentrer à la maison, nous nous mettions toujours à trois ou quatre pour l'escorter jusque chez lui. Nous avions peur, mais sérieusement peur, qu'on n'en finît avec son opposition par quelque mauvais coup. Quand je vous dis que nous étions quelque peu fous, en ce temps-là ! »

« Vous êtes des tièdes, vous ! » ajoutait ce néophyte de la première heure.

Il est certain que les fidèles, à mesure qu'ils. étaient devenus plus nombreux, avaient vu diminuer chez eux la ferveur d'autrefois. C'est une loi sans exception, que les sentiments humains perdent en énergie ce qu'ils gagnent en étendue. Et cependant, même en ces temps de lassitude morale où j'ai connu la Méthode, loin, bien loin de la grande époque héroïque de la rue Saint-Merry, que d'enthousiasme encore ! quelle chaleur de cœur ! que de scènes curieuses auxquelles j'ai assisté, dont 'ai pr is ma part et gardé un émouvant souvenir !

IV

MADAME CHEVÉ

C'étaient les musiciens de profession, compositeurs ou artistes, que le père Chevé tenait surtout
à convaincre. Nous en avions pour nous quelques uns, qui avaient consenti à faire partie d'un
comité d'honneur. C'est là, notamment, que j'ai
connu Félicien David, ce doux rêveur entêté, et
M. Membrée et M. Gevaert, qui s'étaient hautement déclarés les partisans et les protecteurs de la
Méthode. D'autres étaient enragés contre elle, et
c'est à ces derniers que le père Chevé envoyait
cartels sur cartels.

Des cartels, entendons-nous : il ne s'agissait pas
de se battre à l'épée ni au pistolet. Il leur disait :
« Venez chez nous, et proposez à notre société chorale telle lecture à livre ouvert, telle dictée qu'il

vous plaira. Nous ne sommes pas, nous, des élèves du Conservatoire ; nous ne sommes que des ouvriers, qui ne pouvons donner à l'étude de la musique qu'un petit nombre d'heures par semaine ; et cependant telle est l'efficacité de la Méthode, que ces ignorants résoudront, haut la main, ces difficultés contre lesquelles échoueraient vos jeunes gens, élevés dans la serre chaude de l'enseignement classique. »

La plupart de ces cartels étaient restés sans réponse. Mais le père Chevé avait eu l'heureuse chance de conquérir à sa Méthode M. Ernest de Lépine, un des secrétaires de M. de Morny ; et M. Ernest de Lépine avait à son tour réussi à persuader son patron, M. de Morny, qui se piquait de se connaître en musique comme dans tous les autres arts, qui avait l'esprit ouvert et hardi, qui ne haïssait pas les aventures. Il fallait, bon gré, mal gré, compter avec un homme qui avait l'oreille de l'empereur. On ne se permit plus de répondre au père Chevé par de dédaigneuses fins de non-recevoir ; les hauts barons de la musique consentirent à s'émouvoir et à l'écouter.

Je me rappellerai toujours la visite de Berlioz à la salle du lycée Louis-le-Grand, où nous l'avions convoqué et provoqué, le sommant de nous soumettre à toutes les épreuves qu'il lui plairait nous imposer. Quand je dis : *nous*, vous entendez bien que je n'étais pas si osé que de prendre place dans la sainte phalange des exécutants. Je me tenais à côté d'eux (comme bien d'autres), les encourageant du cœur et de la voix.

Et avec quelle émotion je suivais les exercices : comme le cœur me battait à chaque épreuve nouvelle! comme j'éclatais en applaudissements furieux, quand nos amis en étaient sortis vainqueurs!

Berlioz avait apporté un chœur à trois parties, qui était tout hérissé de casse-cou musicaux. Il en donna le manuscrit au père Chevé, qui, séance tenante, le fit traduire en chiffres sur le tableau noir. Il leva son bâton de chef d'orchestre, et la société chorale partit ; elle arriva au bout sans broncher ; ce fut dans toute la salle une longue acclamation.

Berlioz, après quelques compliments présentés d'un air hautain et presque grognon, fit observer qu'à un certain endroit le chœur n'avait pas diésé la note.

Un nuage de consternation passa sur tous nos visages et les rembrunit :

— Ah! mon Dieu! quel malheur! ils ont oublié un dièse!

Ce dièse omis était pour nous tous un coup de massue. Nous étions désespérés. Mais le père Chevé, calme et serein comme un Dieu de l'Olympe, se reporta au texte donné par le compositeur lui-même et, lui mettant le passage sous les yeux :

— C'est vous, lui dit-il, qui avez commis l'erreur ; la note n'est pas diésée sur le texte.

Nous vîmes le ciel s'ouvrir. Un poids énorme nous tombait de la poitrine. Nous battîmes des mains avec fureur.

Deux jours après, Berlioz écrivait dans les *Débats* un article moitié figue, moitié raisin, où, tout en rendant justice au talent de professeur de M. Chevé, il affirmait qu'il n'y avait rien de si extraordinaire dans les résultats ; qu'on les obtiendrait tout pareils à l'aide des anciennes méthodes, si l'on possédait un maître de talent égal.

Le père Chevé nous l'apporta à la séance du lendemain et nous le lut à haute voix, tout bouillant d'indignation. Non, j'aurais voulu que vous nous vissiez l'écoutant : nous étions secoués sur nos bancs de soubresauts furieux ; nous ne nous connaissions plus, nous eussions écartelé Berlioz si nous l'avions tenu entre nos mains ; je jurai solennellement, le bras étendu, de répliquer à Berlioz et de le confondre...

Et de fait, vous prendrez la chose comme il vous plaira, je le confondis le lendemain dans mon journal.

Je me sens un peu confondu à cette heure, en y pensant. O fanatisme ! voilà de tes coups !

Une autre fois... C'était à l'époque où l'on montait à l'Opéra, par ordre de l'empereur, le *Tannhauser* du maître allemand. Wagner dirigeait les répétitions. Il se répandait en plaintes sur les choristes de l'Opéra, qui ne pouvaient venir à bout de chanter convenablement un de ses chœurs.

Et comme, un soir, au sortir d'une répétition, il s'en expliquait en termes amers à M. Ernest de Lépine, lui disant que les Français étaient une nation antimusicale :

— Voulez-vous, lui dit M. de Lépine, venir avec moi dans une réunion d'ouvriers ? Vous verrez là si nos Français sont aussi dénués d'éducation musicale que vous le croyez. Ceux que je vais vous présenter ne sont que des amateurs, et quels amateurs ! de simples ouvriers ! Ils vous enlèveront votre chœur à première vue.

— A première vue ?

— C'est comme j'ai l'honneur de vous le dire.

La curiosité de M. Wagner était piquée. Il suivit M. de Lépine et donna son texte à M. Chevé, qui le fit traduire tout aussitôt.

— Et maintenant, dit le père Chevé au maître, non sans une pointe d'orgueilleuse malice, veuillez conduire vous-même.

Wagner, un peu étonné, donna le signal. Le chœur fut enlevé. M. de Lépine jouissait de sa surprise.

— On n'en ferait pas autant en Allemagne, dit le maître allemand avec beaucoup de courtoisie.

Et, le lendemain, le père Chevé contait l'histoire à tous les échos ; mais les échos se faisaient sourds à sa voix. La presse demeurait muette ou hostile. Il n'avait guère pour lui, dans le journalisme, qu'Azevedo et moi : Azevedo, qui passait pour un toqué, et moi dont l'opinion ne comptait pas. J'étais en musique un ignorant trop avéré.

— Savez-vous, me dit un jour le père Chevé, que vous allez très bien ; vous avez la voix juste. Mme Chevé se ferait un plaisir de vous donner des leçons particulières.

A cette ouverture, je frémis de la tête aux pieds. Je perdais déjà tant d'heures chaque semaine autour de cette satanée musique ! Le nombre en allait-il croître encore ? Je me sentais pourtant incapable de résister à un désir exprimé par le père Chevé.

J'alléguai la prédiction faite sur moi par le vieux maestro et confirmée par mon père : « Toi, si jamais tu deviens musicien, il fera chaud ! » Rien n'y fit ; M. Chevé insista avec une bonne grâce si impérieuse, que je me vis contraint de céder.

Je fus présenté à Mme Chevé.

Je suis très aise aujourd'hui d'avoir fait la sottise (c'en était une) de me rendre et d'accepter ;

car j'ai pu, grâce à cette faiblesse, étudier de plus
près les plus singuliers originaux qu'il m'ait été
donné de rencontrer dans ma vie. Mais ce ne fut
pas, en ce temps-là, sans une secrète appréhen-
sion, que je me rangeai sous la férule de cette petite vieille.

Mme Chevé était, en effet, une petite vieille,
maigre, ratatinée, ridée, presque diaphane ; on
eût dit que l'âme, après avoir dévoré le corps, n'en
avait gardé que juste ce qu'il lui fallait pour s'y
loger à l'étroit. Elle avait des gestes courts, les
mouvements rares, un œil vitreux d'où tombait
un regard froid et glauque. Et cependant, je ne
sais comment ni pourquoi, de cette frêle enve-
loppe glacée par l'âge émanait une force que l'on
sentait indomptable.

M. Chevé l'avait jadis épousée parce qu'elle
était la sœur de M. Aimé Pâris, pour l'amour de
la Méthode. Et il semblait qu'elle fût elle-même
une personnification sèche, énergique et ardente
de cette Méthode. Ces deux époux bizarres s'é-
taient aimés et embrassés à travers la Méthode,
dans la Méthode, pour la Méthode. Ils n'avaient
eu d'autre enfant que la Méthode, et je jurerais
presque qu'ils n'avaient jamais songé à s'en donner d'autre. C'étaient de purs esprits, l'un le génie,
l'autre la fée de la Méthode.

Je la vois encore, tandis qu'elle me donnait des

leçons. Je tâchais de me mettre dans la mémoire les intervalles : *ut, ré, mi ; ut, mi ; ut, ré, mi, fa ; ut, fa ; ut, ré, mi, fa, sol ; ut, sol.* Elle écoutait avec une patience inaltérable, ne me donnant jamais l'intonation, ce qui eût été contraire au système, me la laissant chercher moi-même et attendant jusqu'à ce que je l'eusse trouvée. Et parfois, honteux d'hésiter si longtemps, de la tenir, elle dont les heures étaient si précieuses, cinq ou six minutes sur un intervalle qu'il m'était impossible de franchir, je m'excusais de l'ennui que je devais lui causer :

— Mais non, me dit-elle un jour paisiblement, c'est moi, au contraire, qui vous dois beaucoup ; car vous aurez contribué pour votre part à l'achèvement de la Méthode.

Et comme je la regardais avec un air d'interrogation étonnée :

— Eh ! sans doute, reprit-elle. En musique, les gens qui sont doués devinent tout ce qu'on croit leur enseigner. Pour eux, il n'y a pas besoin, pour ainsi dire, de méthode ni de maître. Ils savent tout d'instinct. Les intervalles les plus difficiles ne sont qu'un jeu pour ces natures exceptionnelles. Les méthodes sont faites pour les organisations moyennes et surtout pour les organisations rebelles.

« Je n'en ai jamais vu de plus récalcitrante que

la vôtre. Vous possédez en revanche une capacité d'attention, une force de volonté et une ténacité de caractère qui sont extrêmement rares. Quand vous ne pouvez pas vous emparer d'un intervalle, c'est que l'escalier qui vous y conduit n'est pas assez commode, et ce m'est un avertissement que j'en dois chercher un autre ; mais où vous arrivez, tout autre est inexcusable de demeurer en arrière ; car, parmi les déshérités de la musique, il n'y en a pas de plus authentique ni de plus complet que vous.

« Vous voyez donc bien que vous m'êtes très utile : c'est sur vous que j'éprouve l'efficacité d'un procédé. S'il vous laisse en chemin, c'est qu'il faut le changer ; car personne n'apportera jamais à l'étude une obstination plus énergique et plus patiente ; s'il vous conduit au but, je le regarde comme définitivement acquis ; car où est l'homme à qui serait impraticable la voie par où vous avez passé ? »

C'était de son air tranquille, de sa voix indifférente, qu'elle me donnait cette explication, ne se doutant pas qu'elle m'enfonçait un poignard dans le cœur. Ainsi donc, l'affreuse prédiction me suivrait toute la vie ! Ainsi donc il ne ferait jamais assez chaud pour que je devinsse musicien !

Je finis cependant, grâce à cette incomparable méthode et à ce professeur merveilleux, par me rendre maître de l'intonation ; j'en vins à lire à peu près à livre ouvert la musique écrite en chiffres, pourvu que le morceau ne fût pas trop difficile, ni trop hérissé de modulations. Mais ce ne fut pas encore là le meilleur profit que j'emportai de cet enseignement. J'y pris en outre une sérieuse leçon de pédagogie pratique, dont j'eus l'occasion de me souvenir plus tard, beaucoup plus tard dans une circonstance que je vais vous dire.

C'est une histoire qui n'a qu'un rapport indirect avec le sujet que je traite. Mais je cause avec vous à bâtons rompus. Vous me permettrez bien de la conter. Elle intéressera tous ceux qui se sont, ne fût-ce qu'une fois en leur vie, occupés d'éducation.

C'était quelques années plus tard. Émile Augier venait de donner à la Comédie-Française sa comédie de *Maître Guérin*. Je ne sais si vous vous rappelez qu'il s'y trouvait un rôle d'inventeur qui avait nom Duronceret. Ce personnage avait été copié sur nature. Émile Augier, au temps de sa jeunesse, avait connu chez son père un homme de beaucoup de mérite, qui se vantait d'avoir trouvé une méthode nouvelle à l'aide de laquelle on apprendrait à lire, en quelques leçons, aux esprits les plus fermés. Il s'appelait Laffore, et il avait désigné sa méthode du nom de *méthode lafforienne*.

Il avait pris un brevet pour l'exploitation de sa

méthode ; il avait échauffé la cervelle de tous ses
amis et camarades, les avait mis dans l'affaire : ils
s'étaient partagé la France et chacun d'eux, selon
la somme qu'il avait donnée, avait droit à un plus
ou moins grand nombre de départements. Le père
d'Augier ne réussit point, comme cela était facile à
prévoir, s'entêta et perdit une bonne partie de sa
fortune.

Cette histoire était restée sur le cœur ou plutôt
dans la mémoire du fils, qui crut bien faire de
transporter sur la scène ce type original d'inventeur pris sur le vif de la réalité. C'était une façon,
pour lui, de rentrer dans les débours paternels.

M. Laffore avait laissé un fils, qui avait gardé
pour la gloire de son père un respect pieux. Ce
fils était un médecin qui possédait la manie d'é-
crire et qui expédiait, entre deux ordonnances, un
drame en cinq actes et quatorze tableaux. Il avait
son tiroir tout plein de pièces de théâtre. Il profita de l'occasion pour en apporter quelques-unes
à Émile Augier, qui recula d'horreur et lui donna
avec une perfide bonhomie ce conseil insidieux :

— Il n'y a qu'un homme à Paris capable de
s'intéresser à la découverte de votre père, qui est
une question pédagogique ; et il se trouve, par
bonheur pour vous, que cet homme a la passion
du théâtre. Portez-lui la méthode lafforienne et vos
œuvres dramatiques.

Je vis donc, un beau matin, débarquer chez moi, muni d'un mot de recommandation d'Augier, le fils de l'inventeur de la méthode lafforienne, chargé des reliques de son père et portant en outre sous le bras les enfants de sa muse, un paquet de manuscrits.

Il y avait des œuvres en prose ; il y en avait en vers ; il me les lut toutes avec une impartialité bien rare dans notre siècle de fer. Mais je ne fus pas en reste et déployai une impartialité au moins égale à n'écouter ni les unes ni les autres. La méthode, en revanche, m intéressa ; j'en compris en quelques minutes le mécanisme, qui était très simple et très ingénieux. Mon homme voulait qu'aussitôt je partisse en guerre, que j'allasse voir les ministres et leur mettre tout de suite la méthode sous la gorge.

— Écoutez ! lui dis-je, il est impossible de savoir au juste ce que vaut une méthode d'enseignement, si on ne la connaît que par l'exposition théorique. Laissez-moi expérimenter la vôtre. Je la jugerai sur ses résultats.

Et me voilà en quête d'élèves adultes ! car le beau de la méthode, au dire de l'inventeur, c'était qu'en huit jours, un homme fait pouvait, grâce à elle, apprendre à lire couramment la lettre moulée.

A la campagne, je n'aurais eu que l'embarras

du choix ; à Paris, il n'était pas commode de se procurer des jeunes gens de l'un ou de l'autre sexe ignorant l'*a b c d* et curieux de se familiariser avec lui. Un de mes amis, qui demeurait près de moi, me prêta son domestique : c'était un grand garçon de vingt-cinq ans, qui avait la dignité correcte d'un valet de chambre de bonne maison, au visage engageant, au sourire affable, l'air onctueux et bête J'avais toujours, quand il entrait dans ma chambre, le matin, à cinq heures, et quand il me souhaitait poliment le bonjour de son maître, des velléités de lui tirer ma plus belle révérence comme à un attaché d'ambassade.

Oncques n'eut on la tête si dure que ce Frontin. Je le mis à l'alphabet lafforien. L'inventeur m'avait assuré qu'en deux leçons, de vingt minutes chacune, l'élève le plus rétif devait le savoir et commencer à épeler. Nous étions loin de compte. Le malheureux ne pouvait encore, au bout de huit jours, appliquer le son juste sur les divers signes qui le représentaient. Et ce n'était pourtant pas chez lui faute d'attention où légèreté d'esprit. Je voyais distinctement les veines de son front se gonfler sous l'effort d'un travail de pensée intense ; nous étions en hiver, au coin d'un feu qu'on venait d'allumer, et la sueur lui coulait du visage.

Parfois il se dépitait contre lui-même, et, se

tournant vers moi d'un air navré, il s'excusait du temps qu'il prenait à mes travaux.

Il ne se doutait guère que la sympathie qu'il m'avait inspirée croissait au spectacle de son impuissance.

— Tout comme moi ! me disais-je tout bas, voilà comme j'étais dimanche !

Et, le coude appuyé sur le bras de mon fauteuil, le menton dans la main, avec cette inaltérable patience que j'avais vu déployer à Mme Chevé, je l'écoutais cherchant, à mesure qu'un groupe de lettres passait sous ses yeux, le son afférent, son qu'il devait, par un procédé particulier à la méthode lafforienne, retrouver de lui-même et sans indication du maître.

Le pauvre diable n'apprit jamais à lire ; mais je m'instruisis à son école d'une foule de choses que je n'avais fait qu'entrevoir aux leçons de Mme Chevé: j'y compris que, passé un certain âge, le cerveau de l'homme est irrémédiablement fermé à tout enseignement nouveau ; que, s'il est facile d'éveiller dans les esprits des germes d'idées qui s'y trouvaient déjà, les révolutionnaires s'abusent étrangement de croire qu'ils y feront pénétrer une parcelle de vérité neuve ; qu'il est inutile de discuter avec les gens, car on ne persuadera jamais que ceux qui sont déjà convaincus par avance ; que le plus sage et le plus court est de s'accommoder aux mœurs et aux préjugés de la génération à laquelle on appartient, car on n'y pourra rien changer, et rien, comme dit l'autre, c'est rien ou peu de chose.

Peut-être serez-vous curieux de savoir comment se terminèrent les leçons que j'avais entrepris de donner à cet imbécile. Ne croyez point que ce fut moi qui me rebutai. Son maître vint un beau matin à la maison me prier de les suspendre.

— Si vous continuez, me dit-il, vous me le rendrez idiot ou fou. Vous soumettez sa pauvre cervelle à une gymnastique si épuisante, qu'il sort de chez vous abruti et ne sachant plus ce qu'il fait. Vous verrez qu'il tombera malade.

Je m'imaginai qu'il exagérait : point du tout. J'appris bientôt que mon élève s'était mis au lit. Il faut croire que la méthode lafforienne lui monta au cerveau : une fièvre cérébrale l'emporta en quelques jours. Il me semble que, de la façon dont se sont passées les choses, je ne dois point avoir cette mort-là sur la conscience. C'est tout au plus M. Laffore qui pourrait en être comptable. Il est médecin ; il porte sans doute assez légèrement ces sortes de responsabilités.

J'avais par bonheur l'esprit plus robuste et mieux équilibré que le pauvre garçon. J'étais aussi plus philosophe, et, tout en m'acharnant à la musique, je m'intéressais au spectacle de cette passion, qu'il m'était permis d'observer ainsi de près.

Il m'arrivait parfois, quand Mme Chevé m'avait donné, d'après les principes de la Méthode, la solution pratique d'un petit problème de pédagogie musicale, de me récrier avec admiration sur la simplicité ingénieuse du procédé.

Tout aussitôt Mme Chevé se redressait, comme si elle eût reçu en pleine poitrine une décharge électrique : cette petite vieille, enveloppée de silence et de froideur, tressaillait sur sa chaise, l'œil étincelant, les narines ouvertes, la voix frémissante ; de son poing fermé, elle frappait rageusement la table :

— Eh bien ! monsieur, criait-elle, ils n'ont pas voulu comprendre cela ! Non, ils n'ont pas voulu !

Ils, c'étaient les adversaires de la Méthode, les seuls ennemis qu'elle connût au monde. Quand elle en parlait, tout son être était secoué d'un grand tremblement de colère, et puis c'étaient des éclats soudains de fureur, des révoltes d'indignation, un je ne sais quoi d'amer, de méprisant, d'emporté, tout gros de menaces sombres, et elle répétait, baissant le ton à chaque fois, modulant du majeur au mineur :

— Ils n'ont pas voulu ! ils n'ont pas voulu !

Et quand, par aventure, je me divertissais à la pousser un peu.... — Non, j'ai tort de dire que je

me divertissais à cela ; si grande est la puissance
de contagion d'un fanatisme vrai, que j'étais ému
comme elle, que je prenais ma part de ses colères
et que je m'écriais de bonne foi, avec un étonnement douloureux :

— Cela est-il possible ? ils n'ont pas voulu ! —

Elle me regardait comme si j'eusse été moi-
même un de ces sauvages imbéciles ; il est évident
qu'elle croyait, grâce à l'illusion de l'idée fixe, en
avoir un, juste en face d'elle, et c'était sur lui
qu'elle dardait l'éclair de ses yeux soudainement
allumés :

— Non, monsieur, ils n'ont pas voulu ! Ce n'est
pas faute qu'Émile leur ait expliqué... Tenez...,
l'autre jour...

Mais elle sentait la colère lui monter à la gorge
et la lui serrer ; elle suffoquait, les mots se pres-
saient en tumulte sur ses lèvres et n'en pouvaient
sortir ; et, se voyant incapable de donner elle-
même les explications dont j'avais besoin :

— Aimé, criait-elle d'une voix étranglée, Aimé,
viens !

Aimé Pâris, c'était son frère, le premier disciple de Galin, le premier maître de Chevé. Il travaillait toujours dans une chambre à côté. A
l'appel de sa sœur, il accourait. Je voyais paraître,
dans l'entre-bâillement de la porte, une trogne d'un
rouge vif, sous des mèches de cheveux blancs en-

volés au hasard ; l'œil égaré, comme d'un chien qui cherche son maître ; une bouche ouverte et sans dents. Il avait l'air de se demander : « Qu'y a-t-il donc ? »

Il entrait, parfois en bras de chemise, le plus souvent une vieille houppelande roulée autour de son corps ; le pantalon, trop haut d'un côté, tombait de l'autre, la bretelle s'étant cassée ou défaite. Ses pieds nageaient dans des chaussons de lisière. Tout cela plein de trous, constellé de taches d'encre ou de graisse. Un personnage échappé des *Contes* d'Hoffmann. Son ventre pyriforme, ses bras courts et désordonnés, ses jambes toujours en mouvement complétaient la ressemblance avec un de ces mystérieux et grotesques fantoches que le romancier allemand se plaît à mettre en scène.

On ne riait pas de lui : nous savions que sous ces cheveux bizarrement ébouriffés bouillonnait et fumait d'idées nouvelles un des cerveaux les plus encyclopédiques qu'ait jamais formé la nature. Ce teint de brique, plaqué de vermillon par endroits, il le devait à l'échauffement d'un sang constamment brûlé de travail. Cette négligence de l'habillement marquait moins chez lui l'incurie de l'homme qui s'abandonne, que la préoccupation du savant et de l'inventeur absorbé par des soins plus nobles. Ce regard même, ce regard effaré qui donnait à sa physionomie un aspect si étrange, c'était celui du mathématicien en quête de solu-tions élégantes et les cherchant dans les espaces.

C'est que M. Pâris n'était pas seulement un puits de science ; ou plutôt, si l'on veut s'en tenir à cette vieille comparaison, c'était un puits arté-sien, d'où jaillissaient et dégorgaient pêle-mêle tout ce qu'avait su l'humanité jusqu'à lui et tout ce qu'il y ajoutait sans cesse, par un esprit d'invention qui ne se reposait jamais.

M. Aimé Pâris est un des hommes les plus extraordinaires que j'aie jamais connus. Il était doué d'une prodigieuse mémoire qu'il avait encore accrue, jusqu'à un point qui paraîtrait fabuleux, grâce à l'application constante de sa méthode de mnémotechnie. Il savait tout, et c'était une vivante bibliothèque de dictionnaires : dictionnaire d'histoire, dictionnaire de science, dictionnaire de statistique..., oui, de statistique. J'en ai fait dix fois l'épreuve. On avait besoin d'un chiffre dans n'importe quel ordre d'idées, le chiffre des divers chapitres du budget, par exemple, en telle année : M. Aimé Pâris le tirait aussitôt des profondeurs de sa mémoire, où il savait toujours retrouver juste à sa place ce qu'il y avait emmagasiné avec méthode.

Et, ce qu'il y a de plus inouï, c'est que sous cet effroyable amas de connaissances l'esprit d'invention n'avait pas été étouffé chez lui. M. Azevedo,

6

qui l'a beaucoup connu et plus pratiqué que je n'ai fait, a pu écrire un volume sous ce titre : *les Inventions de M. Aimé Pâris*. C'est que M. Aimé Pâris en a fait dans tous les genres, mais surtout en pédagogie. Il n'y a point, dans l'ordre de l'éducation, de problème auquel, s'y étant appliqué, il n'ait trouvé des solutions nouvelles et ingénieuses. Sa *mnémotechnie* est un outil de travail dont la puissance est merveilleuse. Azevedo, qui avait eu la curiosité d'en apprendre le mécanisme, s'était à cinquante ans passés, donné artificiellement une mémoire sans égale. Mais c'est surtout au perfectionnement de la méthode Galin que M. Aimé Pâris avait consacré toutes les forces de son esprit. Galin n'avait fait que poser les principes : c'est M. Pâris qui a trouvé les procédés d'enseignement pratique ; c'est à lui que nous devons la langue des durées, le système des *mutations*. Mais je me laisse entraîner ; ce n'est pas de la Méthode que j'ai à parler ici, et j'oublie que j'ai laissé M. Aimé Pâris debout, au milieu de la chambre, comme il venait de se rendre à l'appel de sa sœur.

— Qu'est-ce qu'il y a, Nanine ? demandait-il.

A cette interrogation qu'elle avait sollicitée, il semblait que Mme Chevé reprît possession d'elle-même ; d'une voix très posée, très nette, détachant même avec affectation chaque syllabe :

— M. Sarcey demande que tu lui expliques les

objections qu'a faites l'autre jour le préfet de la Seine et ce qu'Émile y a répondu.

Et, la phrase une fois dite, elle se renfonçait dans son immobilité et son silence. La paupière retombait sur son œil redevenu morne ; elle avait passé la main à son frère.

C'était au tour du frère de prendre feu et de partir ; et alors, marchant à grands pas, gesticulant, les yeux au plafond il bredouillait éperdûment, d'une voix basse et précipitée, des explications où je n'entendais rien, mais que sa sœur paraissait écouter avec dévotion M. Pâris, qui avait longtemps émerveillé ses auditeurs par la lucidité et la force de sa parole, n'avait plus, à l'heure où je l'ai connu, ni dents ni souffle ; il fallait prêter une grande attention pour saisir, dans ce fouillis de sons inarticulés, quelques mots à l'aide desquels on pût reconstituer la phrase. Mais, pour sa sœur et son beau-frère, il était resté le successeur de Galin, Dieu le fils : on ne parlait de lui dans la famille qu'avec des airs de componction admirative et attendrie.

Ces trois êtres singuliers, Aimé, Nanine et Émile, vivaient ensemble, étroitement unis, possédés, brûlés d'une même passion, s'y étant dévoués corps et âme et pour la vie.

Il m'est arrivé de dîner avec eux.

La première fois, le père Chevé me prit à part,

après la leçon publique, et me dit d'un air mystérieux, avec son bon sourire engageant :

— On nous a fait cadeau d'un lapin : voulez-
vous manger la soupe avec nous ?

Je vis bien que ce lapin était pour eux une
extraordinaire occasion de noces et de festins.
J'acceptai. J'étais ravi de pénétrer plus avant encore
dans l'intimité de ces braves gens, qui étaient de si
curieux originaux. J'arrivai juste à l'heure que
l'on m'avait marquée. Je croyais que l'on allait
causer, comme partout, des nouvelles du jour, ou
tout au moins du lapin qui avait servi de prétexte
à la fête et de son donateur. J'étais loin de compte.
M. Chevé avait fait dans la journée je ne sais
quelle démarche chez un ministre ; il la conta,
avec force imprécations contre l'entêtement des
fanatiques du *grimoire*. Ses deux convives s'en-
flammèrent à ce récit ; tout fut dès lors oublié,
même le lapin, que l'on expédia rapidement, sans
un mot aimable dédié à son souvenir. Il ne fut
plus question que de la Méthode, et encore de la
Méthode, et toujours de la Méthode.

C'est ainsi, j'imagine, que devaient dîner autrefois les solitaires de Port-Royal, mangeant vite,
sans s'inquiéter de ce qu'on leur avait servi, tout
occupés de Jansénius et entremêlant la conversation de virulentes apostrophes contre les jésuites.

En vingt-cinq minutes, nous avions fini.

— Je ne vous retiens pas, me dit M. Chevé ; je
sais que, le soir, vous allez au théâtre ; et nous, il
faut que nous courions à nos leçons.

La somme de travail que fournissait tous les
jours chacune de ces trois personnes passe toute
imagination. Le père Chevé surtout, c'était quelque chose d'inouï, d'incompréhensible, et que je
ne croirais pas si je ne l'avais pas vu plusieurs
années de suite. Il avait sept, huit cours par jour,
et aux quatre coins de Paris. Il professait à l'École
de la Faisanderie, à l'École normale, au lycée
Louis-le-Grand, chez lui, à l'École de médecine,
dans les maisons d'éducation, que sais-je ? Il partait le matin, de son pied léger, des paquets de
livres sous le bras, les poches gonflées de papiers
et de brochures ; on le voyait filer, d'un train
rapide, à travers les rues, affairé, fumeux, souriant ; si l'on faisait mine de l'arrêter au passage,
il vous invitait du geste à le suivre et causait en
courant. Jamais il ne manqua un cours de sa vie :
hiver ou été, neige ou pluie, allègre ou souffrant,
il se mettait en route ; rien ne l'arrêtait. Un jour
il devait aller donner sa leçon à la Faisanderie,
qui est près de Joinville-le-Pont. La neige était
tombée, la nuit, par masses énormes ; plus de
voitures, aucun moyen de locomotion. Un autre
eût abandonné la partie ; lui, jamais. Il fit le
trajet à pied, dans la neige, et arriva, trempé,

6.

rompu de fatigue, mais rayonnant et à l'heure.

Il avait reçu de la nature un corps et une âme également élastiques. Toujours en train, toujours gai. Il se plaignait souvent, mais point à la façon des pleurards qui geignent. C'étaient des récriminations énergiques, c'étaient des ostentations viriles de sa capacité de travail ; il portait gaillardement ses quinze heures de besogne quotidienne, et il en parlait avec une vaillance joyeuse. Il les jetait au nez de ses adversaires ; il les leur reprochait avec une fureur bien comique. Ils me feront mourir ! s'écriait-il, mais d'une voix si superbe qu'elle rassurait immédiatement sur la force de résistance de cet indestructible coffre.

Il est mort cependant, et mort à la peine. Mais quand ce malheur arriva, je m'étais depuis assez longtemps séparé de lui, et non sans un grand déchirement de cœur. Ce dénouement de nos relations mérite un récit à part, car il mettra en lumière un autre côté du caractère de cet homme singulier et l'achèvera ainsi de peindre.

V

AMAND CHEVÉ

Le premier but que s'étaient proposé les fondateurs de la Méthode, qui réunissait sous une même
étiquette les trois noms de Galin, Pâris et Chevé,
c'était d'apprendre au peuple à lire la musique et
à l'écrire sous la dictée, de lui donner en quelque
sorte *l'enseignement primaire* de la musique.

C'est à cette tâche que M. Émile Chevé s'était
voué tout entier depuis vingt années, et il faut
reconnaître qu'il avait admirablement réussi : des
milliers et des milliers d'ouvriers lui avaient passé
par les mains, et tous étaient sortis de ses leçons
capables de lire, à livre ouvert, n'importe quelle
musique dans n'importe quel ton. Beaucoup, en
outre, les mieux doués, avaient été mis par cet
enseignement au point d'écrire couramment un

air entendu au théâtre ou dans un concert. Le père Chevé disait, en souriant, qu'il chasserait de la langue le vilain mot de *déchiffrer*, qui marque l'effort pénible des malheureux acharnés à l'étude du grimoire.

Ce n'est pas tout, pour un élève de l'école primaire, que de savoir lire la lettre moulée. Le jour où il est enfin en possession de cet outil d'étude : la *lecture*, le goût lui vient de bien lire. Il comprend tout ce qu'il lit ; il essaye de se traduire à lui-même et de traduire aux autres l'impression qu'il a reçue.

A plus forte raison, cela est-il vrai de la musique. Lire une partition, c'est déjà quelque chose ; mais l'essentiel est de la bien lire, de la lire en la comprenant et en la faisant comprendre, de goûter soi-même, en la lisant, un plaisir d'art plus ou moins délicat et de le donner aux autres.

— La belle avance, s'écriaient les adversaires de la Méthode, la belle avance de former des lecteurs, si ces lecteurs ne doivent jamais devenir musiciens ! Où sont les musiciens sortis de l'école de M. Chevé ? Ces ouvriers qu'il nous présente sont capables en effet d'enlever tellement quellement, *grosso modo*, un chœur qu'on leur met pour la première fois sous les yeux. Mais c'est de la besogne abominablement bousillée. Ils sont incapables, en revanche, d'une exécution finie et vraiment artistique. Ils n'en sentent même pas le besoin. Ce sont des barbares mal dégrossis !

Ces objections ne touchaient guère M. Chevé, qui se contentait de répondre : Pour goûter, en les lisant, Racine et Corneille, il faut avoir d'abord appris à lire. Nous sommes des maîtres d'école et ne voulons pas être autre chose. Nous enseignons la lecture à tous parce que tous, sans exception, doivent savoir lire. Libre à ceux qui se sentiront des dispositions de pousser ensuite plus avant.

Mais si M. Chevé demeurait insensible à ce genre de critiques, il avait près de lui quelqu'un qui les portait impatiemment.

C'était son fils, Amand Chevé, un fils unique, qu'il avait eu d'une première femme.

Amand Chevé formait avec son père le plus singulier contraste. C'était un grand jeune homme blond, froid, de manières réservées, d'allures paisibles, qui parlait bas, d'une voix sans chaleur ; si bien qu'en le voyant, on ne pouvait s'empêcher d'être surpris que, d'un père si exubérant, il fût né un fils si méthodique, que la montagne en travail d'éruption volcanique eût accouché d'un simple glaçon.

Amand Chevé avait sur son père l'avantage d'être musicien, et musicien de premier ordre. Il n'avait pas seulement le goût, il avait encore la passion de la musique ; et cette passion s'était manifesté par des signes éclatants dès la plus tendre enfance. Il avait appris la musique en se jouant et il en savait tout ce qu'on en peut savoir. Il tenait, lui aussi, pour l'excellence de la Méthode ; mais il était persuadé, contrairement à l'opinion du chef de la famille et de l'École, que si elle se réduisait à ne donner que l'enseignement primaire, jamais elle ne s'établirait dans le monde de la musique ; que les artistes, pour qui elle ne serait qu'un outil de pédagogie d'une utilité problématique, continueraient de la mépriser et de la tourner en ridicule.

Son ambition, c'était de montrer que la Méthode pouvait conduire ses élèves de l'école primaire jusqu'aux plus hautes régions de l'enseignement supérieur ; qu'elle pouvait également dégrossir des lecteurs à première vue et former des exécutants consommés, des artistes. Et comme il n'y a pas d'autre façon de prouver le mouvement que de marcher soi-même, il avait choisi parmi les élèves de son père ceux qui avaient témoigné le désir de pousser plus loin leurs études ; il les avait réunis ; tous ensemble étudiaient sous sa direction des chœurs de grande musique et ils en poussaient l'exécution jusqu'au dernier degré de perfection dont ils étaient capables.

Je n'oserais pas dire que cela se faisait secrètement, dans l'ombre, à l'insu du maître, car il le savait, et même il frémissait d'un certain orgueil, quand il apprenait que cette petite fraction de sa Société était allée, malgré ses ordres, disputer un prix de concours orphéonique dans quelque localité voisine et l'avait emporté.

Au fond, il était plus inquiet que content.

Que voulez-vous ? il était... comment dirai-je ? jaloux ? oui, jaloux, et le mot sera juste, si j'ajoute qu'il était jaloux non de son fils, mais de sa propre autorité.

C'est un trait de caractère sur lequel, en vous peignant cet homme étrange, je n'ai pas encore eu l'occasion d'insister. Personne ne fut plus autoritaire que lui. Sectaire en cela comme dans tout le reste. Quiconque n'est pas avec moi est contre moi, a dit le plus humble et le plus doux de tous les fondateurs de religion. M. Émile Chevé avait l'instinct de la domination. Jamais amabilité ne fut plus impérieuse. Il prétendait rester seul maître et n'eût jamais consenti à céder aux mains de personne la moindre parcelle de son pouvoir.

Non, pas même aux mains de cet autre soi-même qu'on appelle un fils. Le père Chevé sentait vaguement qu'au point de vue artistique, ce fils lui était infiniment supérieur ; et il ne pouvait se défendre d'en concevoir de l'ombrage.

Nous donnions parfois, en ce temps-là, de grands festivals, où c'était l'habitude de convoquer les compositeurs, les musiciens et la presse. Aux exercices habituels de lecture à première vue se joignaient, en ces solennités, quelques morceaux d'apparat qui demandaient une exécution plus soignée, plus finie. Il eût été naturel qu'Amand Chevé, qui était un artiste, prît le bâton de commandement et dirigeât cet orchestre de voix humaines. Jamais son père ne le souffrit. Nous sentions tous je ne sais quelle honte à le voir monter au pupitre, car il battait la mesure à la façon d'un métronome, sans ombre de goût artistique.

Tel était l'ascendant exercé par lui sur nous tous que personne n'osait récriminer ni se plaindre. On baissait les yeux et l'on partait. C'eût été pour lui un coup trop sensible s'il eût aperçu chez nous l'ombre d'un mouvement, je ne dis pas de désobéissance — personne n'y eût songé, — mais d'ennui et de chagrin.

Je sais bien qu'en vous contant ses faiblesses je vous gâte mon héros. Mais une étude psychologique ne vaut, ce me semble, que par la vérité du détail, par l'exactitude de la ressemblance.

Eh bien ! oui, il était jaloux, et jusqu'à la mesquinerie. Ce défaut chez lui tournait presque en manie intraitable. J'en ai vu des exemples bien étonnants, dont je ne citerai qu'un seul.

La famille Chevé avait édité un certain nombre d'ouvrages soit de polémique, soit de pédagogie, qu'elle avait tous fait imprimer à ses frais. Les pamphlets étaient naturellement destinés à tomber vite dans l'abîme de l'oubli ; mais, parmi les ouvrages de pédagogie, quelques-uns méritaient d'être placés au premier rang : ainsi les *Exercices pratiques* de Mme Chevé, un des plus admirables livres, j'allais dire le plus admirable livre d'instruction élémentaire que je connaisse ; la maîtresse-œuvre de Galin : *Exposition d'une nouvelle méthode pour l'enseignement de la musique*, une des plus merveilleuses analyses qui aient jamais été faites par un mathématicien doublé d'un philosophe, et *les Huit cents duos*, et tant d'autres opuscules qui formaient une sorte de bibliothèque de la Méthode.

Vous croyez peut-être que tous ces livres, une fois édités, étaient mis en vente et qu'on pouvait se les procurer comme on voulait, en payant le prix du volume. Ah ! que vous êtes loin de compte, mes amis ! Le père Chevé gardait l'édition tout entière chez lui, sous clef, dans son cabinet encombré de paperasses. Pour en avoir un exemplaire, il fallait s'adresser à lui et montrer patte blanche, je veux dire témoigner pour la Méthode d'un inaltérable sentiment d'admiration.

Il ne lâchait son volume qu'à bon escient. Mais il n'y avait pas moyen alors de lui en faire accepter le prix. Il le donnait aux amis de la Méthode ; aux autres, il refusait de le vendre. C'était le comble du désintéressement. Mais ce désintéressement partait, à mon avis d'un faux calcul.

— Vous entravez ainsi, lui dis-je, l'expansion de la Méthode. Il faut se jeter à vos genoux pour obtenir de vous les livres qui l'exposent. Nombre de gens préfèrent s'en passer.

— Combien en voulez-vous d'exemplaires ? me demandait-il avec un air de badinage.

Je voulus avoir raison de cet entêtement.

Il y avait en ce temps-là, rue de Grammont, une petite librairie dont la titulaire était une ancienne actrice du Théâtre-Français, Mlle Biron. C'est elle qui avait créé jadis à l'Odéon la bonne et brave fille de ferme de *François le Champi*. Elle avait, à la suite de je ne sais quelle histoire, quitté la Comédie-Française et acheté ce petit fonds de librairie, où je ne tardai pas à faire sa connaissance, car beaucoup de mes amis s'en allaient là, dans son étroite boutique, tailler entre trois et six une forte bavette.

On y rencontrait souvent Laurier, Mosselmann, Crémieux, Xavier Aubryet, puis des acteurs et des actrices ne divers théâtres ; c'était pour un certain nombre d'habitués un lieu de rendez-vous commode. On trouvait toujours à son bureau la maîtresse de la maison, avenante et spirituelle, qui savait aiguiser de beaucoup de malice un grand fonds de bonté native.

Je ne sais si mes souvenirs m'abusent ; mais il me semble qu'on y causait agréablement toujours, avec esprit quelquefois. Xavier Aubryet lançait à tort et à travers des fusées de paradoxes que Laurier rabattait d'un mot, avec son air d'indifférence sournoise et traînante. De quel cœur on y daubait quand Mme Madeleine Brohan ou Mlle Jouassain tenaient le dé de la conversation, sur le directeur de la Comédie-Française, sur les camarades et même sur les critiques ! Que d'anecdotes plaisamment contées ! que de francs et bons rires !

Il fallait voir la figure ahurie d'un acheteur de passage, quand il entrait à l'improviste dans cette petite boutique dont nous avions fait une sorte de divan Lepelletier. C'était un intrus, un gêneur et comme on dit en style boulevardier, un empêcheur de danser en rond : — Quel est cet olibrius, qui se permet d'acheter des livres dans une librairie et dérange, sans dire gare, d'honnêtes Parisiens en train de se livrer aux douceurs de la *blague ?*

Mlle Biron nous grondait ; nous lui jurions de respecter le client, et, le lendemain, c'était à recommencer.

Je lui parlais souvent de la méthode Chevé, qu'elle avait étudiée et estimait à sa juste valeur ; car elle était excellente musicienne et se piquait

d'avoir l'esprit libre des préjugés de toute routine.

— Vous devriez nous rendre un service, lui
dis-je un jour. Les livres qu'ont édités les fondateurs de la Méthode ne sont point connus et méri-
tent de l'être. Vous êtes en relations avec le tout
Paris artiste : acceptez quelques exemplaires en
dépôt, et faites de la propagande.

— Je ne demande pas mieux, me répondit-elle.
Vous pouvez même dire à M. Chevé que, par
sympathie pour lui, je ne demanderai aucune remise en échange de mes bons offices. Je vendrai le
volume au prix où il m'aura été coté à moi-même.
Ce n'est pas une spéculation que je prétends faire ;
c'est un service que je veux rendre.

Vous pensez si j'étais ravi. Je m'en fus de mon
pied léger porter cette proposition au père Chevé.
J'étais si foncièrement naïf que je m'imaginais
qu'on allait, moi et ma nouvelle, nous accueillir,
l'un portant l'autre, à bras ouverts, avec de grands
transports de joie. Le père Chevé me regarda d'un
œil soupçonneux. Il cherchait sur mon visage si
je n'étais pas un traître qui avait sournoisement
passé à l'ennemi. Mon honnête et loyale figure le
rassura. Il entra dans d'assez longues explications
sur les nombreux inconvénients qu'il y aurait à
laisser courir les livres de la Méthode dans les
mains des philistins. Ces inconvénients, j'avoue

que pour ma part je ne les voyais point — et je ne les vois pas encore.

Le seul qui fût réel était celui dont le père Chevé ne parlait pas. C'est que, s'il eût livré ses ouvrages au libre commerce, il se fût dessaisi d'une part de son influence personnelle. Son objectif, c'était de mettre et de garder sous sa coupe tout néophyte de la Méthode ; beaucoup lui eussent échappé s'ils avaient pu s'adresser, pour prendre connaissance de ses ouvrages, au premier libraire venu.

C'est en vain que je plaidai la cause de la liberté, qui me semblait être celle du bon sens. M. Chevé, quand il fut à bout d'arguments, m'invita d'un ton sec et péremptoire à me taire désormais sur ce chapitre. Il n'aimait pas bien la contradiction. Il serrait le pouvoir d'une main d'autant plus énergique qu'il sentait gronder et croître parmi les siens, autour de lui, une sourde résistance.

Ce n'était pas que son fils, Amand Chevé, fût capable de lever l'étendard de la révolte et de faire un schisme. Il professait pour son père une piété respectueuse qui était sincère, et il n'avait pas d'ailleurs l'envergure d'un chef de parti. Il faut ajouter aussi qu'il n'eût trouvé, dans la grande Société chorale, personne pour le suivre dans une rébellion ouverte. Tous pliaient sous l'ascendant du père Chevé ; tous lui étaient profondément attachés. Il n'y en avait pas un à qui, musique à

part, il n'eût rendu quelques services. Il les avait,
dans leurs maladies, soignés en qualité de médecin. Il avait été le confident de leurs chagrins domestiques, le conseiller de leurs jours douteux,
leur directeur de conscience. Car ce diable d'homme
trouvait du temps pour tout, et ce n'était pas seulement de la confiance qu'il inspirait à ses disciples : ils avaient foi en lui.

Et il fallait bien qu'ils lui fussent dévoués jusqu'au sacrifice de leurs plus chères aspirations,
puisque depuis des années ceux qui avaient fini
par apprendre la musique — et quelques-uns
étaient devenus des musiciens consommés — se
résignaient, chaque fois que les cours reprenaient,
à rentrer dans le rang, à recommencer avec les dé-
butants les exercices de la première heure, à mêler
leurs voix éprouvées et sûres à des voix novices
qui gâtaient l'ensemble de l'exécution.

Le père Chevé l'exigeait ainsi. Mais c'était beaucoup demander à la nature humaine. Instinctive-
ment les plus hardis s'étaient groupés autour
d'Amand ; et ils avaient formé une petite chapelle
dans la grande église. Ils se croyaient en règle
avec le maître parce qu'ils n'en continuaient pas
moins d'assister, comme les camarades, à toutes
les séances qu'il présidait. Mais le Dieu de Jacob
est un dieu jaloux !... M. Émile Chevé ne souffrait
qu'impatiemment cet échec porté à son autorité

souveraine. Il eût mieux fait de fermer les yeux, de laisser aller les choses, sans avoir l'air d'y prendre garde, et qui sait, même ? d'encourager ce mouvement dont il aurait, après tout, gardé la direction au moins en apparence, puisque tous s'accordaient à le reconnaître comme le chef nominal, le pape de la Méthode.

Mais ces doux tempéraments n'étaient pas dans son caractère. Il résolut de casser les vitres. Il comptait sur le prestige de son nom pour terrasser les hérétiques et les ramener au giron de l'Église. C'était une bataille à livrer. Il convoqua l'Association à une grande séance, qui était, si je me rappelle bien, la séance de clôture annuelle, celle où le chef de l'École rendait compte à l'assemblée plénière des travaux et des progrès accomplis, des sommes dépensées, des efforts qui restaient à faire.

C'est dans le grand amphithéâtre de l'École de médecine que les séances avaient lieu. Aucune ne fut plus solennelle. Toute la Société était là, au grand complet, attendant avec une curiosité mêlée d'angoisse ce qu'allait dire M. Chevé. Il se leva ; il commença par expédier rapidement les menus détails du budget ; puis, d'une voix très émue, il rappela à grands traits les services qu'il avait rendus là a Méthode, le labeur écrasant auquel il s'était condamné, les conquêtes que l'idée de Galin avait, grâce à lui et à ses deux collaborateurs,

M. Aimé Pâris et Mme Nanine Chevé, faites en France et dans la plupart des pays d'Europe.

Il me semble que je le vois, que je l'entends encore. Saint Paul ne devait pas parler autrement aux fidèles de son Église. La demi-obscurité où était plongée cette vaste salle, mal éclairée par un petit nombre de lampes, ajoutait encore à la mystérieuse émotion de la scène. La tête du père Chevé s'enlevait en vigueur sur ce fond sombre ; elle était superbe, avec ses longs cheveux gris, qui flottaient sur ses épaules et lui donnaient un air de prophète. Il avait le geste ample et magnifique ; j'aurais dit : théâtral, si ses grands bras étendus en croix, si ses mains ramassées sur la poitrine et la frappant avec force n'eussent pas fait partie en quelque sorte de sa physionomie et n'eussent complété l'homme. Il se répandit en allusions menaçantes contre ceux qui voulaient jeter l'École hors de sa voie ; il demanda si quelque autre se sentait de force à la conduire à sa place ; il ajouta qu'il n'avait plus qu'un petit nombre d'années à vivre ; qu'on pouvait bien attendre un peu et ne pas lui infliger, en ses derniers jours, le chagrin de voir son œuvre défaite. Il fut tour à tour terrible, insinuant, attendri. Il avait, comme on dit en style parlementaire, posé la question de cabinet.

Il se fit un grand silence quand il eut cessé de

parler. Beaucoup de ses disciples pleuraient
Comment retenir ses larmes à cette peinture, qui
était si vive, si animée, de ses craintes et de ses
douleurs ! Et cependant je me disais en mon coin
que ce n'était pas de tout cela qu'il s'agissait. Personne ne contestait les services et le dévouement
du père Chevé ; personne ne songeait à lui arra-
cher la direction de l'École. La question était plus
humble et plus simple : Était-il bon que des musiciens consommés fussent remis à l'école primaire
et chantassent avec des commençants de première
année ? Ne valait-il pas mieux les laisser, sous le
contrôle du maître, s'occuper d'art pur et montrer
aux partisans du grimoire que le chiffre, lui aussi,
peut inspirer le goût de la perfection, qu'il y peut
même conduire ?

C'est ce qu'aurait pu dire Amand, s'il avait été là.
Mais la déférence qu'un fils doit à son père, et
surtout à un tel père, lui fermait la bouche. C'est
un inconnu qui se leva pour répondre. Il dit, simplement et sans phrases, qu'il n'y avait pas un
membre de l'Association qui ne gardât pour le
maître une vénération profonde et un attachement
inviolable, mais que la tentative qu'un certain
nombre de membres poursuivaient à cette heure
n'était nullement incompatible avec cette affection
et ce respect.

— C'est un manque de discipline, s'écria le père

Chevé, un outrage au chef de l'École ! Si vous ne voulez plus de moi, osez le dire !

Vingt, trente voix protestèrent. Mais le branle était donné. On avait osé regarder le maître en face, lui tenir tête. Il essaya de regagner de haute lutte le terrain perdu ; il se fàcha, menaça de sa démission. Rien n'y fit : une discussion s'engagea, longue et confuse, entre le groupe des révolution- naires et les tenants du maître, ceux qui lui étaient demeurés fidèles quand même. Le dissentiment avait éclaté ; le schisme était inévitable.

Je me dérobai sans bruit, avant d'avoir vu la fin de cette scène, dont le spectacle m'était pénible. Je n'osai pas retourner tout de suite chez le père Chevé. Je le rencontrai par hasard dans la rue, quelques jours après. Il me parla avec amertume de l'École compromise et me pressa, moi qui avais été un des champions de la Méthode dans le jour- nalisme, de plaider la cause des bons principes. Je regardais obstinément, sans souffler mot, la pointe de mes souliers.

Il insista avec son air de bonne grâce impérieuse.

— C'est, lui dis-je avec embarras, c'est qu'en cette affaire il me semble que votre fils n'a pas tout à fait tort.

— Vous aussi ! me dit-il.

Ce mot avait creusé un abîme entre nous deux Il me quitta brusquement et je ne le revis plus.

Il est vrai qu'il ne dura guère. Sa constitution robuste était depuis longtemps minée par l'excès du travail. Il lui eût fallu quelques mois de repos; mais il n'en voulait point prendre. Peut-être le chagrin de voir l'École échapper à sa main de fer, forcément desserrée, l'acheva-t-il. Tant qu'il n'avait été le chef que d'une petite secte, il avait pu satisfaire, en exerçant le pouvoir absolu, son goût de domination; mais, à cette heure, la secte, grâce à lui, était devenue Église; les gentils y affluaient de toutes parts. Il eût fallu en ouvrir les portes toutes grandes et se résigner à ne plus gouverner que de loin, à ne plus régner que de nom. Il n'en eut pas le courage. C'était un homme de lutte qui, le triomphe obtenu et la tâche finie, n'avait plus qu'à se retirer dans la mort, impuissant, inutile, gênant même.

Au premier moment, il sembla qu'il eût emporté la Méthode avec lui dans la tombe. Elle perdit toute sa force d'expansion, tout son éclat de renommée. Cette poussière de bruit que le maître avait soulevée autour d'elle s'abattit d'un seul coup. Mais les idées justes peuvent avoir des éclipses; elles ne disparaissent point. Après quelques tiraillements de compétitions personnelles, Amand Chevé, par droit d'héritage et de talent, prit en main la direction de l'École restée sans chef; il la eleva, meurtrie encore de cette terrible chute, et relança dans le monde la méthode Galin-Pâris-Chevé. Elle y fait son chemin, avec moins de fracas sans doute, d'un pas aussi sûr et aussi rapide.

Pour moi, je délaissai quelque peu la musique après ma rupture avec le maître. J'avais fait la connaissance, au cours, d'un ouvrier typographe qui était devenu l'un des professeurs en sous-ordre de la Méthode. Je m'entendis avec lui pour qu'il vînt trois fois par semaine, le matin, chanter avec moi des airs d'opéras vieux et nouveaux que nous avions soin de traduire préalablement dans la langue du chiffre.

Je le gardai dix-huit mois. Mais ce brave garçon, qui savait admirablement tout ce qu'eût pu enseigner Chevé père, n'avait été qu'un médiocre élève de Chevé fils. Il manquait d'initiative et de goût. La conversation était peut-être aussi par trop insuffisante. Quand il dut quitter Paris pour aller en province répandre la Méthode, il m'offrit, comme remplaçant, un de ses amis. Je ne me sentis aucun goût à renouveler l'épreuve. Je donnai, en le congédiant, congé à l'étude de la musique et jetai dans un coin de ma bibliothèque tous les volumes dont je m'étais si longtemps servi et dont j'avais profité si peu.

Je les ai retrouvés, il y a quelques jours, pour écrire cette notice, sous l'épaisse couche de poussière où ils dormaient ensevelis. J'ai senti, à les revoir, à les feuilleter de nouveau, un plaisir analogue à celui que j'éprouvai, bien des années auparavant, lorsque, déménageant la maison paternelle, j'aperçus dans le grenier une boîte carrée qui tombait en ruine, et que j'en tirai mon premier bugle d'enfant, le bugle sur lequel j'avais autrefois si vaillamment lancé la *Marseillaise* : sol, la, si, ut ; ut, ré, ré, sol ; mi, ut... etc. C'était un grand bugle ; oh ! qu'il me parut petit ! Toute mon enfance me remonta à la mémoire, et Benoist, et le père Ducroq, et Turgart, et ce digne chantre de paroisse, M. Pecquo, et les illusions de mon brave homme de père ! Il eût été si heureux, lui qui adorait le théâtre, de voir que si la musique ne m'avait pas trop réussi, j'avais au moins conquis un humble nom dans un modeste coin de l'art dramatique ! Le destin m'a ravi ce bonheur de le payer de tout ce que je lui devais en le menant avec moi aux premières représentations ! Il en eût été si joyeux et si fier, le pauvre papa Sarcey !

J'ai aujourd'hui passé la cinquantaine ; je suis encore un vieux fou, qui vais me toquant sans cesse d'idées nouvelles. Mais il n'y a pas apparence que j'aie plus jamais à ajouter un nouveau chapitre à ces souvenirs. Je commence à trouver que la musique, à qui cependant je ne veux point de mal, prend une part trop large dans l'éducation de nos enfants, de nos filles surtout, et dans les préoc-cupations du public. Je voudrais qu'elle ne fût qu'un plaisir, et non une affaire.

Mais je ne suis plus de mon temps en cela, comme en bien d'autres choses. Je n'aime que la musique que je comprends, et encore faut-il que je la comprenne sans effort ; qu'elle soit pour moi une jouissance et non une étude. J'adore notre vieil opéra-comique et trouve qu'Auber a écrit des chefs-d'œuvre. Vous voyez bien que je radote.

Aux premières représentations de l'Opéra, j'oc-cupe un fauteuil d'orchestre qui est placé juste derrière celui de Reyer, l'auteur de la *Statue* et le feuilletonniste du *Journal des Débats*. Quand par hasard il se rencontre, dans quelques-uns des opéras nouveaux que l'on nous sert, une phrase bien rythmée et franchement mélodique, il se tourne à demi vers moi, me voit applaudir de toutes mes forces, et, d'un air de compassion mé-prisante :

— J'étais sûr, me dit-il, que vous alliez aimer ça !

— Ma foi ! lui ai-je répondu l'autre soir, ce n'est pas ma faute si la musique qui me plaît me plaît mieux que celle qui m'ennuie.

Il a laissé tomber sur moi un regard de dédain, et j'ai senti errer sur ses lèvres la terrible phrase qui a chanté à mes oreilles tout le long de ce récit véridique :

— Toi ! si jamais tu deviens musicien, il fera chaud !

Et au moment que je pose la plume, le soleil de juin éclate dans toute sa splendeur ; c'est l'heure de midi. Les oiseaux lassés dorment dans le feuillage ; la nature est tout entière assoupie, et j'essuie mon front où perlent des gouttes de sueur. Quand donc fera-t-il assez chaud, grand Dieu !

XII

COMMENT JE DEVINS JOURNALISTE

I

L'ÉCOLE NORMALE

L'École normale de la rue d'Ulm a depuis tantôt
vingt ans fourni un si grand nombre de journalistes, et ces journalistes ont mené un si terrible
bruit dans le monde, parlant sans cesse de l'École
et des camarades qu'il y avaient connus, la faisant
intervenir à tout propos et hors de propos —
l'École par-ci, l'École par-là, — qu'il s'est répandu
insensiblement dans le public cette idée, fort plau-
sible d'ailleurs, que cette École, sous couleur de
former des professeurs de latin et de grec, n'avait
été créée par le gouvernement et n'était entretenue
par lui que pour assurer le recrutement de la
presse ; qu'elle était en quelque sorte le grand

séminaire du journalisme contemporain. On s'imagine que tous ceux qui s'y font admettre n'y entrent qu'avec une arrière-pensée sournoise de jeter
plus tard le froc aux orties et de prendre comme
gagne-pain la plume du chroniqueur, du critique
ou du romancier.

J'ignore, à vrai dire, ce qu'il en est aujourd'hui ;
je ne suis pas dans la cervelle de nos jeunes camarades de l'École pour savoir quelles préoccupations
et quelles espérances y trottent. Il peut se faire que
beaucoup d'entre eux, séduits par l'exemple du
succès de leurs aînés, nourrissent secrètement le
désir de les imiter jusqu'au bout et de pousser,
comme nous, au sortir de l'agrégation, un à-gauche hasardeux vers la littérature militante. Tout
ce que je puis affirmer, c'est qu'en 48, lorsque
nous entrâmes à l'École, aucun de nous n'avait
entrevu, même en rêve, la possibilité de « faire du
journalisme » un jour. Cette locution même, *faire
du journalisme*, qui le ravale à un simple métier,
nous eût scandalisés. Nous comptions tous suivre
la droite et large voie qui s'ouvrait devant nous,
celle où s'étaient engagés nos prédécesseurs, qui
étaient devenus nos maîtres et nos modèles, la voie
du professorat.

C'est qu'en ces temps lointains, le professorat
passait pour mener à tout. Les noms rayonnants
des Cousin, des Villemain, des Jouffroy, des Du-

bois, des Jules Simon, des Saint-Marc Girardin, éblouissaient les imaginations. Tous professeurs ! et quel chemin rapide ! quel éclat de fortune et de gloire ! La plupart d'entre eux étaient sortis de cette même École où nous venions d'entrer ; ils appartenaient tous à l'Université. L'Université a connu sa plus belle époque sous la monarchie de Juillet. Ceux mêmes d'entre nous qui, ne se jugeant pas capables de destinées si brillantes, réduisaient leurs ambitions dernières à la modeste possession d'une chaire de rhétorique . dans un lycée important, pouvaient encore se flatter de l'espoir d'y arriver aisément, portés en quelque sorte par le flot d'un avancement régulier. Tous les membres de ce grand corps se sentaient protégés et soutenus : ils faisaient partie d'une vaste famille qui était aimée et respectée du public, et la considération dont elle jouissait rejaillissait sur chacun d'eux.

Le professeur n'était point, en cet âge d'or, persécuté comme il l'a été depuis ; il n'avait pas sans cesse sur le dos des inspecteurs exigeants et tracassiers, des parents malintentionnés et défiants. Il était maître chez lui. L'Université lui laissait dans sa classe une certaine liberté personnelle, dont elle savait qu'il n'abuserait point. Tous les professeurs croyaient à l'excellence du système d'éducation qu'elle avait hérité des jésuites et le prati-

quaient par conviction. Les familles y avaient une
foi égale, et pareillement les élèves. Point d'inquiétude, point de dispute, point de récrimination.
Le professeur était, dans sa classe, écouté, aimé ,
il tenait son rang dans le monde ; la bourgeoisie
voyait en lui l'un des représentants les plus éclai-
rés de ce libéralisme voltairien, qui formait le fond
de ses opinions politiques et religieuses. Lorsque,
à la fin de la monarchie de Juillet, surgit tout à
coup cette fameuse question de « l'adjonction des
capacités » qui devait mener Louis-Philippe à sa
perte, le professeur fut, même avant le médecin et
l'avocat, le plus décisif argument que les partisans
de la réforme jetèrent au nez des ministériels en-
durcis. Comment tenir en dehors du corps élec-
toral un homme si instruit, si influent, si considéré,
un professeur ?

Il n'y a donc pas à s'étonner si ce titre de professeur reluisait à nos yeux d'un éclat qu'il a
quelque peu perdu sous le second empire et qu'il
est en train de recouvrer aujourd'hui. C'était
comme une tradition dans la plupart des lycées de
Paris, que les meilleurs élèves de la classe de
rhétorique, les *forts*, comme nous disions en notre
argot, dussent se préparer à l'École normale et
concourir plus tard au recrutement de l'Université.
Nos maîtres n'avaient pas besoin de nous exhorter,
de nous pousser : les vocations se déclaraient

toutes seules et d'elles-mêmes — vocations sin-
cères, puisqu'elles étaient spontanées.

Quand nous entrâmes à l'École, nous n'avions
pas à faire connaissance les uns avec les autres.
Nous nous étions tous vus, chaque année, aux
compositions du concours général, et nous étions
familiarisés de longue date avec chacun des noms
de la promotion ; car c'étaient les noms des lau-
réats de la Sorbonne. Sur vingt-quatre élèves que
comptait cette promotion, c'est à peine s'il y en
avait deux ou trois qui nous arrivassent de la
province. Tous les autres avaient fait leurs études
à Paris ; ils y étaient venus les terminer tout au
moins. Ils avaient, en qualité de vétérans, doublé
et même triplé leur rhétorique, soit à Charlemagne, soit à Louis-le-Grand.

Le hasard, qui ne laisse pas d'exercer sa part
d'action dans les concours, avait eu, cette fois, la
main heureuse. Quand je repasse dans ma mémoire
les noms de mes vingt-trois camarades, je n'en
vois guère que quatre ou cinq qui fussent simplement d'honnêtes et bons esprits, sans originalité
distinctive. Tous les autres étaient marqués de
quelque trait particulier qui donnait à chacun
d'eux une physionomie propre. C'était une collection vraiment rare d'individualités singulières.
Tous n'ont pas tiré de leur fonds les richesses qu'y
avait mises la nature ; quelques-uns joignaient à

des qualités de premier ordre un goût de nonchalante indifférence qui devait rendre ces qualités stériles ; d'autres ont été interrompus par la mort, comme le pauvre Libert, une des illustrations de nos concours, que la fièvre typhoïde a emporté à vingt-quatre ans, quand déjà deux volumes publiés chez Hachette avaient attiré sur lui l'attention des lettrés ; comme ce malheureux Lamm, dont j'ai conté les misères dans le roman d'*Étienne Moret*, et qui termina par le suicide une vie de souffrances et de désespoirs. D'autres encore ont été retardés ou arrêtés par le poids de devoirs trop lourds, prématurément acceptés : une famille à nourrir impose l'obligation d'un labeur quotidien qui use les forces du corps et brise tout esprit d'initiative hardie. Mais ce sont là des exceptions. La plupart ont réussi à tirer leurs noms de pair dans le journalisme, dans l'administration, dans l'industrie, un peu partout, et même dans le professorat.

C'est Taine qui était notre chef de section, notre *cacique*, comme nous disions en notre argot. About avait été reçu le second ; je ne venais qu'au quatrième rang, Libert ayant pris le pas devant moi. Vous faut-il d'autres noms ? Paul Albert, celui-là même qui est mort, il y a deux ans, professeur au Collège de France et qui s'était taillé, aux cours de la Sorbonne institués par M. Duruy, une grande réputation de conférencier; Merlet, qui, sans renoncer à l'Université, a écrit d'une plume élégante, encore qu'un peu précieuse, des ouvrages d'une érudition solide et pleine d'agrément que l'Académie a plus d'une fois honorés d'une récompense; Rieder, qui vient, en fondant l'École alsacienne, de donner à la France un type absolument nouveau de maison d'éducation; Heinrich, aujourd'hui doyen de la Faculté de Lyon, qui a composé une *Histoire de la littérature allemande,* aussi connue des Allemands que peut l'être des Anglais l'*Histoire de la littérature anglaise,* de Taine; Ordinaire, l'étincelant causeur de la *Petite République,* un des esprits les plus primesautiers et des plus gaulois que j'aie connus, absorbé à cette heure par les travaux de la Chambre; Vessiot, qui, après avoir joué un rôle politique à Marseille, écouta les conseils de prudence que lui donnaient les petites têtes blondes de ses filles et se rabattit sur l'administration, où il porte une netteté de bon sens et une fermeté de caractère incomparables; Bary, Quinot, qui comptent parmi les professeurs les plus goûtés de la jeunesse parisienne... Mais je m'arrête; il n'y a que le vieil Homère au monde pour poser le panache d'une épithète éclatante sur chacun des guerriers qui composent l'interminable liste de ses énumérations.

Par une étrange bonne fortune, les deux promotions qui nous avaient précédés à l'École et que nous y trouvâmes le jour de notre entrée, celles de 1847 et de 1846, ne comptaient pas moins d'esprits distingués : songez que j'y ai connu — je cite au hasard de la mémoire — Weiss, Assolant, Dottain, Yung, Challemel-Lacour, Lenient, Perraud, aujourd'hui évêque d'Autun, d'Hugues et bien d'autres dont les noms ne me reviennent plus. La promotion qui nous suivit ne fut pas moins féconde : j'y trouve Prévost-Paradol, Maxime Gaucher, Reynald, Levasseur, Villetard, Gréard, Duvaux, l'ancien ministre de l'instruction publique, Hermile Reynald, qui sont tous, bien qu'à des degrés différents, devenus célèbres. On peut dire qu'il y eut vers cette époque, à l'École normale, une étonnante frondaison de talents très divers et tous remarquables. Il n'est pas étonnant que nous en ayons emporté un charmant et lumineux souvenir.

Vous me croirez si vous voulez ; c'est pourtant la vérité exacte : de tous ces jeunes gens dont les noms viennent de défiler sous vos yeux, et Dieu sait si j'en ai oublié ! il n'y en avait pas un — non pas même About, le plus vif, le plus pétulant, le plus indiscipliné de nous tous — qui ne se destinât, franchement et sérieusement, au métier de professeur.

Il est vrai de dire aussi que, tout en nous y destinant, nous ne nous y préparions guère. Le règlement de l'École comportait un certain nombre d'exercices qui devaient conduire à la licence au bout de la première année. Mais ces exercices, dont le retour régulier nous rappelait trop notre rhétorique, n'obtenaient de nous qu'une indifférence superbe qui confinait au mépris. Toutes ces compositions latines ou grecques nous assommaient ; quelques-uns, comme Taine, les expédiaient par-dessous jambe, pour se délivrer d'une ennuyeuse besogne réglementaire, et se livraient à des travaux personnels : d'autres, comme About, trouvaient plus court de ne les point faire ; c'est à peine s'il arrivait, une ou deux fois par mois, qu'un sujet nous plaisant d'une façon plus particulière, nous nous amusions à le traiter et apportions un travail sérieux au maître de conférences. Nous ne prenions aucun souci des examens de fin d'année et de licence : il eût fait beau voir que l'on s'avisât de nous refuser ! Nous n'admettions pas la possibilité d'une telle insulte. Il nous semblait, tant nous avions de confiance en nous-mêmes, que les grades nous étaient dus, qu'ils viendraient d'eux-mêmes s'offrir à nous et seraient trop heureux d'être cueillis par nos mains.

A l'École, la seconde année n'a pas de sanction ; je veux dire qu'elle ne se termine ni par des examens ni par des concours. C'est une année où les élèves ont toute liberté de pousser leurs études en divers sens, sous l'œil des professeurs, de s'interroger sur leurs aptitudes, de se livrer à une sorte de flânerie intellectuelle. Nous en profitâmes largement. Nous n'avions pas déjà fait grand'chose pour l'École en notre première année ; nous ne fîmes plus rien dans la seconde.

Je ne sais si vous vous rappelez la charmante fantaisie d'Alphonse Karr sur l'atelier d'Antoine Huguet. Il y avait, dans l'atelier d'Antoine Huguet, les jours où l'on travaillait et les jours où l'on ne travaillait pas. Les jours où l'on travaillait, on se plaçait devant le tableau commencé, on le regardait longuement et l'on bourrait une pipe afin d'attendre l'inspiration. On faisait quelques tours par la salle ; on maudissait le visiteur qui frappait à la porte : « Allons, bon ! encore un gêneur ! » On lui criait néanmoins d'entrer ; il faut être poli. C'était un vieux camarade ; on lui offrait d'en griller une, et cette grave occupation menait à l'heure du déjeuner. On répétait d'heure en heure : Voyons, il faut se mettre à l'ouvrage — et la journée s'achevait sans que l'on eût donné un coup de pinceau. C'étaient les jours où l'on travaillait. Mais les jours où l'on ne travaillait pas, c'était une autre affaire : les toiles étaient franchement retournées contre le mur et l'on s'abandonnait sans arrière-pensée à la paresse et à la joie.

Nous étions arrivés à l'année où l'on ne travaillait pas. Nous ne connûmes plus guère qu'une occupation, qui fut la causerie autour du poêle. C'était une plaisanterie quotidienne : Paul Albert se dressait en pied au milieu du silence de l'étude et, d'une voix insinuante : « Messieurs, est-ce que le moment ne serait pas venu de ranimer l'esprit de conversation qui se perd si malheureusement en France ? » Et il se dirigeait vers le poêle, un poêle énorme, de forme ronde, autour duquel on pouvait tenir sept ou huit, en cercle, appuyés sur le marbre tiède en hiver et frais en été.

Ces poêles de l'École ! c'étaient nos jardins d'Academus ! Ah ! s'ils pouvaient parler, que de causeries étincelantes, que de discussions passionnées ils rediraient aux jeunes gens qui nous ont remplacés et se pressent encore aujourd'hui, comme nous faisions autrefois, autour de leurs larges flancs ! Nous ne parlions guère politique, bien qu'au dehors ce fût, en ces années de 1849 et de 1850, la préoccupation générale. Nous étions amoureux, je devrais plutôt dire enragés, de philosophie et de littérature.

C'étaient d'interminables débats sur le *moi* et le *non moi*, sur la *substance en soi*, sur l'existence de l'âme, sur les fonctions des sens, sur Dieu et diable que sais-je ! Car nous disputions toute la journée et avec une vivacité qui me paraît inconcevable lorsque j'y songe à cette heure.

Je penche à croire pourtant que c'est là, dans ces conversations autour du poêle, que nous apprîmes, sans nous en douter, le métier de journalistes que nous devions faire plus tard. Comme nous étions tous de très bonne foi et parfaitement convaincus, quoique d'opinions opposées, nous nous imposâmes la loi et nous contractâmes l'habitude de ne jamais répondre à un argument sérieux que par une bonne et valable raison. Nous prescrivîmes tout procédé de discussion qu'eût réprouvé la pure logique.

Dans le monde, et trop souvent, hélas ! dans les journaux, on use, pour confondre ses adversaires, d'une argumentation qui peut se résumer en ces deux phrases :

— Monsieur, vous êtes un imbécile !

Ou :

— Monsieur, vous avez trop d'esprit pour croire un mot de ce que vous dites.

Il fut convenu entre nous que nous tiendrions pour sincère et digne d'être réfutée toute opinion qui se produirait autour du poêle. Telle est pourtant la force de l'habitude qu'il arrivait parfois qu'un de nous, exaspéré par la contradiction, s'écriât :

— On ne répond pas à ces choses-là !

Toute la section, comme mue par un ressort, se levait :

— Monsieur, vous êtes un imbécile, disait-elle.

L'autre protestait, se débattait :

— Alors, reprenait le chœur, monsieur, vous ne croyez pas un mot de ce que vous dites !

Il fallait bien que celui qui avait lâché la parole incongrue reconnût ses torts et s'excusât. Il fut même question chez nous de condamner tout délinquant à une amende. Mais il n'y en eut bientôt plus. Je ne pense pas qu'à la fin de notre seconde année il se fût trouvé un seul de nos camarades pour croire qu'il avait répondu à une objection, qu'elle lui parût sérieuse ou stupide, par une personnalité plus ou moins spirituelle.

Et si vous voulez que je vous dise : dans le journalisme contemporain, où il y a tant d'élèves sortis de l'École normale, c'est à ce trait seul que je les reconnais. Quand je lis un article où l'auteur, au lieu de traiter la question, badine autour, le prend de haut avec ses adversaires, tantôt les traite d'imbéciles ou de cuistres, tantôt leur jette au visage, avec une gaminerie d'esprit parisien, ou quelque défaut physique, ou quelque aventure de leur vie privée :

— Bon ! pensé-je en moi-même, voilà un homme qui n'a pas été élevé à notre École : il n'est donc pas de l'École. Le premier mérite d'un normalien, c'est de tenir pour sincère et pour sensé tout homme avec qui il consent à engager une discussion.

Le second, c'est de dire nettement et simplement avec une grâce alerte, s'il le peut, ce qu'il a cru juste et vrai. Je ne sais pas de lieu au monde où l'on ait eu plus qu'à l'École normale la sainte horreur de la phrase. Nous avions répudié à la fois et les fausses élégances de la vieille rhétorique, dont on nous avait enseigné le culte au collège, et les banalités du sentimentalisme vague que Chateaubriand avait mises à la mode, et les mots à panache, et les métaphores outrées, et les adjectifs d'ornement, tout ce qui ne vise qu'à éblouir, qu'à jeter de la poudre aux yeux. Voltaire était notre vrai et seul maître ; nous l'aimions pour la clarté, la sobriété et l'agrément de son style. Il n'y a pas un de nous qui n'eût pu répéter, comme s'il était de lui, le mot célèbre de Michelet : *Le grand siècle, c'est le dix-huitième que je veux dire !...* Nous nous plaisions à étudier les écrivains de ce temps où la raison parle un français si net et si vif ; nous aimions jusqu'à la sécheresse de sa langue ; nous savions gré à son style de coller à la pensée comme un habit bien fait.

Je me vois encore, d'une heure à trois — c'était l'heure où la bibliothèque était ouverte, — dans une embrasure de fenêtre, couché à plat ventre sur le parquet, la tête relevée et appuyée sur ma main, et lisant soit les *Contes philosophiques*, que je savais déjà presque par cœur, soit la *Corres-*

pondance. J'emportais ensuite le volume en étude et je lisais encore ; le soir venait, et je lisais toujours ; je m'abîmais, je me délectais dans cette étude incessante. Que de livres j'ai dévorés, engloutis, avec une ardeur insatiable, dans cette période de ma jeunesse ! Tout le dix-huitième siècle y a passé. Parmi nos contemporains, ceux pour qui je sentais un faible, c'étaient précisément les écrivains qui avaient affecté la sobriété spirituelle que nous admirions chez les maîtres. Ainsi nous avons été, à l'École, littéralement fous de Stendhal, qui en ce temps-là n'était connu que d'un petit nombre d'initiés. Ses ouvrages ne se vendaient pas couramment ; il fallait les acheter d'occasion, sur les quais, où ils faisaient piteuse figure dans les boîtes au rabais. C'est là que je trouvai *Rouge et noir* et *la Chartreuse de Parme.* Quelle révélation ! quelle joie ! Ce style précis et sec, où la phrase est toujours taillée a arêtcs vives, nous enchanta. Au sortir de l'École, nous répandîmes bruyamment dans le monde cette admiration, qui devint contagieuse. C'est à la génération de journalistes dont je relève que Stendhal dut un regain inespéré de succès et ce nouvel éclat de renommée qui l'entoure. Sainte-Beuve, que j'eus l'honneur de connaître plus tard, m'en fit même, un jour, en badinant, un reproche amical. Il n'aimait pas beaucoup Stendhal et n'en a jamais parlé avec sympathie ; il trouvait que c'était une réputation surfaite.

— C'est vous autres, me disait-il, qui vous en êtes engoués à l'École normale et qui avez entraîné le public. On en reviendra ; vous en reviendrez.

Je n'en suis pas revenu tant que cela : il est vrai pourtant que je vois mieux aujourd'hui les défauts de cette manière. Mais, à cette époque, je tenais qu'il faut dans le style faire peu de compte de l'imagination et de l'harmonie. On m'eût bien étonné si l'on m'eût dit que, vingt ans plus tard, à force de réflexions et de travail, j'en arriverais à aimer les beaux mots rien que pour leur splendeur et leur sonorité, en dehors du sens qu'ils expriment ; que, tout en demeurant le fanatique admirateur et le disciple respectueux de Voltaire, je deviendrais un des trompettes les plus convaincus et les plus retentissants de Victor Hugo. Je ne m'écrierai point avec un air de regret : Comme on change ! — car ce serait de l'hypocrisie. Cette évolution que j'ai opérée sur moi-même m'a coûté un travail infini, de longues et patientes études. Ce n'est qu'au prix d'un lent et pénible effort que j'ai, réparant les lacunes de mon éducation première, élargi mon goût, que l'École avait fait trop exclusif en son étroitesse. Je suis très aise du résultat.

Nos professeurs nous laissaient faire et nous regardaient aller. M. Dubois, notre directeur, un esprit très libéral, avait pour principe que le meilleur service à rendre à des élèves de notre âge et de notre intelligence était de ne pas les diriger, mais de surveiller d'un peu loin les voies où ils s'engageaient eux-mêmes. Il avait toujours pratiqué cette règle avec prudence; mais, depuis deux ans, les circonstances politiques, un certain relâchement de la discipline qui s'était fait sentir dans tous les ordres d'administration, l'avaient amené à desserrer encore des liens qui n'étaient pas déjà si fortement noués. Il n'y avait, pour ainsi dire, plus de classes ni d'enseignement à l'École; c'était la plus complète anarchie.

Nos maîtres de conférences nous faisaient, pour la forme, deux ou trois leçons dans l'année, quand par hasard un sujet leur avait plu. Le reste du temps, ils venaient causer avec nous, quelquefois des thèmes que nous aurions dû traiter et des devoirs que nous aurions pu faire, le plus souvent des événements du jour. Ils nous contaient ceux du dehors et nous en raisonnions à perte de vue. Nous, en revanche, nous les mettions au courant de notre vie quotidienne, de nos réflexions, de nos travaux personnels. Tout cela n'était pas, je l'avoue, fort correct ni très régulier. Mais nous étions presque tous des esprits peu disciplinables;

on nous avait habitués à nous sentir la bride sur le cou ; et je ne sais si nous n'avons pas tiré plus de profit de cette liberté dans le travail, qui était souvent la liberté de ne rien faire, que nous n'eussions fait d'un *piochage* réglementaire et classique.

De tous nos maîtres de conférences, celui qui lâchait le plus la corde, c'était ce brave homme de père Gérusez dont toute notre génération a gardé un si charmant souvenir. C'était un Gaulois de la vieille roche, très fin sous son air de bonhomie souriante, très spirituel, l'esprit sournois et rentré des pince-sans-rire. Il faisait volontiers des mots et contait plus volontiers encore ceux qu'il avait faits.

C'est lui qui, un jour, après 48, suivi obstinément dans la rue par un ouvrier, fit brusquement volte-face et l'interpellant :

— Enfin, que me voulez-vous ?

— Est-ce que ce n'est pas vous, répondit l'autre, qui seriez Proudhon ?

M. Gérusez avait, en effet, dans le visage, dans la tournure et jusque dans sa façon de porter ses lunettes, quelque chose du célèbre agitateur. Cette ressemblance même l'agaçait un peu.

— Eh bien, lui dit-il avec son air de malice paisible, mettons les choses au pis : supposons que je sois Proudhon. Après ?

Un de nos camarades avait fait une leçon sur les poésies de Loyse Labé, la belle Lyonnaise. C'était un sujet assez bizarrement choisi. Mais je vous l'ai dit : nous étions libres de nos études. Ce qui avait décidé notre ami Vignon, c'est qu'il était lui-même enfant de Lyon : c'est au lycée de Lyon qu'il avait appris le latin et le grec et lu les vers de son aimable compatriote. Lyon donnait presque tous les ans deux ou trois élèves à l'École normale. Ils arrivaient tout pleins de l'enseignement de l'abbé Noirot, qui fut, à ce qu'il paraît, en même temps qu'un remarquable professeur de philosophie, un grand pétrisseur d'âmes. Tout élève qui sortait de ses mains portait sa marque et se reconnaissait aisément. Nous avions à l'École un petit clan de catholiques très convaincus, très ardents, avec qui nous vivions de bonne amitié, toujours en dispute : la plupart avaient été formés par lui.

Vignon, qui était de ce parti, qui en affichait les mœurs sévères et le langage puritain, avait pris à tâche de nous démontrer que la belle Louise Labé, bien que son œuvre ne se composât que de vers amoureux, n'avait jamais failli, qu'elle était restée pure et digne de nos respects.

Nos respects ! nos respects ! vous pensez si nous avions ri, si nous avions fait des gorges chaudes et de la vertu de Mlle Labé et de la naïveté de son défenseur.

— C'est une thèse hardie que vous venez de soutenir, dit à Vignon M. Gérusez avec son air d'indifférence narquoise.

Et comme Vignon faisait modestement le gros dos :

— Oui, reprit-il, il faut une grande hardiesse pour répondre de ces choses-là.

Huit jours après, Ordinaire, qui tournait très joliment le vers et qui excellait aux pastiches, nous apporta deux madrigaux qu'il assura avoir trouvés et copiés à la Bibliothèque nationale dans un manuscrit des poésies inédites de Loyse Labé. Je regrette bien de n'avoir pas gardé le texte de toutes les deux, car ces deux courtes pièces étaient deux bijoux. On les communiqua au pudique chevalier de la dame ; il ne put faire autrement que d'en admirer le tour galant et la langue exquise. Il y reconnut d'emblée le style de sa belle ; oui, c'était bien son style, d'une grâce aisée et mignarde. Mais, hélas ! ce n'était plus cette virginale chasteté de sentiment et de langage. Il n'y avait plus à en douter : Loyse, la belle et tendre Loyse, avait, comme la rosière de Dourdan, dénoué sa ceinture. Elle avait tout au moins *laissé fuir son âme sur ses lèvres !* mais mieux vaut donner la pièce entière ; elle est bien jolie :

Où me cacher, sans que Amour me voye ?
Larron d'Amour, qui ha mon cueur en proye,
Et comme oyseau l'a prins à la pipée.
Ha ! mauvais jour où je fus occupée
A veoir passer archiers et gens du roi !
Ha ! mauvais jour où la ville en esmoy
Portant ès cieulx chants et cris d'alégresse
Devers iceulx courut en grant liesse !
Dames, plaignez ma jeunesse perdue,
Fleur prinptanière en sa tige mordue,
Et desséchée ! Ha ! povre Lyonnoise
Que ce voïage hélas ! à ton cueur poise !
Tu has trop tost cogneu pour ton malheur
De ses yeux bruns le charme emmielleur
Tu has trop tost en tes baisers de flame
Laissé füir sur ses lèvres ton âme.
Mais quoi ? Amour au berceau m'a fait sienne
Comme jadis Sappho, la Lesbienne.
Ce fol Amour, archier de grant rénom,
M'ha dans les camps de Mars, son compagnon,
Faict enroller, moi gentille fillette
De seize hyvers, et m'ha donné sagette
De son carquois, et m'ha dict : — « Belle amie,
Avec ce fer frape et n'espargne mie
Gents cavaliers ; cil que tu frapera
Tant dur qu'il soit, je dys qu'il t'aimera. »
Ainsi ha dict et juré sur sa foy ;
Mais n'ha pas dict : « Il n'aimera que toi ! »

Quand M. Gérusez vint, on le mit au courant
de cette fatale nouvelle : l'auréole de la belle Loyse
perdue ; on lui lut les vers accusateurs, on les lui
commenta malignement. Vignon avait eu le temps
de se remettre en selle. Il protesta avec la chaleur
d'un Lyonnais indigné contre cette odieuse imputa-
tation de l'âme de Louise fuyant sur des lèvres de
flamme ; il se porta de nouveau garant de l'honneur immaculé de sa cliente et déclara que les vers

n'étaient pas d'elle ; ils ne pouvaient pas être d'elle.

— Je le crois comme vous et je le regrette, dit doucement M. Gérusez. Mais si elle n'est pas l'auteur de ces deux pièces, il me semble qu'il ne vaut plus la peine de parler d'elle.

Pauvre père Gérusez ! C'étaient ses bons jours, quand nous avions ainsi de quoi emplir l'heure et demie de sa conférence. Que de fois, après les premiers propos échangés, il nous demandait : « Eh bien ! messieurs, personne de vous n'a rien à nous lire aujourd'hui ? Point de devoir ? Point de leçon ? »

C'était toujours notre cacique Taine qui sauvait la situation. Dans cet éparpillement de nos forces, il trouvait moyen de ramasser les siennes : il travaillait sans relâche ; il élevait des montagnes de mémoires sur des montagnes de notes, Pélion sur Ossa. About l'avait nommé le grand bûcheron. Gai néanmoins et prenant sa part, à l'occasion, de nos folies.

On pourrait croire, au tableau que j'ai tracé, que nous étions des discuteurs passionnés, mais tranchants et secs, voire même un peu farouches. Non pas, mes amis. Le sang riche et chaud de la vingtième année bouillonnait en nos veines comme un vin généreux. Nous débordions d'une joie fumeuse, et, comme il arrive toujours quand les jeunes gens sont tenus prisonniers ensemble, cette joie s'exhalait, s'évaporait en gamineries folles.

Il y en a une que je ne puis me rappeler encore aujourd'hui sans un vif plaisir, et que je conte parce qu'elle vous donnera peut-être la clef de certains défauts que l'on s'est plu à critiquer dans mes articles.

L'École était chauffée par ces gros poêles dont je vous ai parlé, dans lesquels circulaient de larges tuyaux pleins d'eau bouillante. L'avantage de ce système est, au dire des inventeurs, qu'il donne une chaleur égale et constante. Nous ne nous en apercevions guère. Il est vrai qu'il s'était formé deux partis dans la salle d'études : l'un qui trouvait toujours que l'on avait trop chaud ; l'autre, que l'on grelottait ; le parti des fenêtres fermées et celui des fenêtres ouvertes.

On se querellait sur la température, on votait, car c'était notre grand moyen d'aboutir à une solution, et, selon que la majorité s'était portée d'un côté ou d'un autre, le chef de la section se rendait en députation dans l'antre du chauffeur et le priait soit d'activer, soit de ralentir le feu de ses fourneaux. Comme toutes les salles d'études ne s'accordaient pas ensemble, le malheureux ne savait à qui entendre ; il se plaignit, et l'administration prit un arrêté en vertu duquel la température générale de l'École devrait être tenue à un degré de...

Le lendemain du décret, le chauffeur, qui n'avait pas encore l'habitude, poussa le feu moins qu'il n'aurait dû faire. Il fit réellement froid dans l'étude, et nous convînmes tous de simuler la mort par congélation. Quand le surveillant entra dans la salle pour nous appeler à une conférence, il se vit en face de vingt-quatre cadavres, immobiles et rigides dans les manteaux où ils s'étaient roulés.

Nos surveillants étaient tous d'anciens élèves de l'École qui, préparant quelqu'un de ces grands travaux qu'on ne peut mener à bien qu'à Paris, où sont accumulées les ressources de riches bibliothèques, avaient demandé comme une faveur d'y revenir en qualité de surveillants. C'étaient plutôt pour nous des camarades que des maîtres d'études. Ils prenaient leurs précautions pour ne point nous surprendre dans les occasions où la discipline, trop ouvertement violée, eût exigé que l'on sévît. Ils s'amusaient franchement de gamineries qui ne tiraient point à conséquence.

On trouva la plaisanterie drôle, et Ordinaire, qui était le Tyrtée de ces expéditions burlesques, eut la fantaisie de composer sur l'air de *Fualdès* une complainte de vingt-quatre couplets sur le trépas cruel de vingt-quatre infortunés jeunes professeurs, morts gelés par la faute d'un homme qui se disait chauffeur. A peine le thème fût-il donné, qu'About se mit de la partie. Chacun de nous devait jouer son rôle dans cette tragédie et avoir son couplet, un couplet épigrammatique, où ses défauts connus seraient tournés en ridicule.

Je ne me souviens que du mien, qui est fort plaisant, et que je me suis, depuis, bien souvent cité à moi-même ; car il touchait des points délicats et sensibles.

Chacun de nous était censé dire ce qu'il pensait du chauffeur ; et moi, voici ce qu'on me mettait dans la bouche :

> Francisque, en faisant sa moue,
> Dit : « Est-il sage ? est-il sot ? »
> Il fait froid, mais il fait chaud :
> Je le blâme et je le loue,
> Et l'administration
> A tort, bien qu'elle ait raison.

C'était ce diable d'About qui avait improvisé ce couplet en mon honneur. Il fut accueilli par de grands éclats de rire et resta légendaire. C'est qu'en effet, c'était si bien moi ! J'avais poussé à l'extrême, un peu peut-être par incertitude naturelle de jugement, beaucoup, je crois, par goût de tolérance et parti pris systématique d'équité, cette habitude que nous avions de tenir compte de l'opinion de l'adversaire autant que de la nôtre, d'entrer dans ses raisons et de les admettre si elles nous paraissaient concluantes. Personne ne défendait avec plus de conviction que moi le pour et le contre ; et, ce qu'il y a d'admirable, c'est qu'étant de sang impétueux, d'esprit entier et tranchant, j'embrassais d'une même ardeur l'opinion opposée à la mienne, pour peu qu'on m'apportât quelque argument qui me parût solide. Il est vrai que si l'on m'opposait quelqu'une de ces raisons qui n'en sont pas et que je vois sans cesse se produire dans le journalisme contemporain, je ne répondais plus rien et, par un mouvement bien connu de mes camarades, j'allongeais la lèvre inférieure, *je faisais ma lippe*, disait About.

Francisque, en faisant sa moue...

Et je me surprends encore bien souvent, passé la cinquantaine, à écrire comme en ma jeunesse :

> Il fait froid, mais il fait chaud ;
> Je le blâme et je le loue,
> Et l'administration
> A tort, quoiqu'elle ait raison.

II

Je n'en ai pas fini avec ces souvenirs d'École. Quelques-uns jugeront peut-être que je me perds en d'inutiles radotages. J'espère que la plupart de mes lecteurs y trouveront quelque intérêt. Quand j'ai entrepris de conter comment je devins journaliste, ce n'était pas pour le sot plaisir d'entretenir le public de ma ¦personnalité, qui lui est fort indifférente. J'avais des visées plus hautes : je voulais le renseigner, sur l'éducation, le tour d'esprit et les tendances d'un groupe de jeunes hommes qui ont tous, à divers titres et avec des fortunes différentes, exercé une part d'influence sur la littérature de leur temps. On a si souvent, depuis trente années, parlé avec railleries des normaliens et de leur invasion dans le journalisme contemporain ; on a tant fait de gorges chaudes de leur prétendu pédantisme, on les a si durement traités de pions, sans excepter même les plus brillants d'entre eux, About, J.-J. Weiss et Paradol, entre autres, qu'il n'est pas inutile et qu'il sera peut-être même agréable aux gens qui aiment les analyses exactes de lire un détail sincère des études qu'ils firent, des maîtres qu'ils rencontrèrent, des espérances qui gonflaient alors leur poitrine et, en un mot, de la façon dont se forma leur génie, où — si ce mot vous semble trop ambitieux parce que vous en ignorez le sens propre — leur originalité future.

Parmi les maîtres que nous avons eus, je n'en sais point qui aient exercé sur l'avancement de notre esprit une influence bien décisive. Il faut dire que nous les jugions avec cette sévérité cassante qui est le défaut de la jeunesse, et ce défaut s'exaspérait chez nous de je ne sais quel goût de dénigrement qui nous était particulier. Nous avions vite fait le tour d'un professeur et, avec cette implacable clairvoyance des écoliers dont j'ai eu plus tard à souffrir moi-même, nous nous étions du premier coup rendu compte de ses côtés faibles, de ses défaillances. Nous eussions mieux fait de n'y point prendre garde ; nous prenions un malin plaisir à les saisir sur le vif, à les tourner en ridicule. Ah ! nous n'étions pas des juges commodes.

Il n'y avait qu'une qualité qui pût nous séduire : c'était la simplicité dans le sérieux. Un homme qui apportait des idées personnelles et qui les exprimait sobrement, sèchement même, sans aucun soupçon de phrases, était sûr de nous enlever. Aussi nous professions la plus vive estime pour M. Ernest Havet, qui s'est depuis signalé par cette œuvre magistrale : *le Christianisme et ses origines*. M. Ernest Havet ne nous faisait qu'un très petit nombre de leçons dans l'année ; mais, à chaque fois qu'il prenait la parole, c'était pour dire quelque chose, et ce quelque chose, il le disait avec une précision et une netteté coupante qui nous charmait. Nous sentions, au contraire pour l'éloquence de M. Jules Simon une sorte de dédain mêlé de colère. Nous avions écouté avec ravissement les cinq ou six premières conférences ; cette merveilleuse faconde nous avait séduits en dépit de nous-mêmes, malgré notre instinctive défiance des phrases retentissantes et des métaphores vides.

Cet homme était un si admirable virtuose de la parole! Il paraît d'un si beau langage cet ensemble de vérités moyennes et de banalités courantes qui composent ce qu'on appellait l'éclectisme! Mais, au bout de deux mois nous avions percé à jour le charlatanisme de cette prétendue philosophie et la phraséologie creuse de ce faux philosophe ; nous haussions impitoyablement les épaules aux lieux communs qu'il nous développait en langage magnifique ; nous blaguions ses enthousiasmes factices et ses attendrissements qui sonnaient faux. Il n'y a pas jusqu'à ses caresses de voix — une voix de charmeur ! — qui ne nous fussent déplaisantes.

M. Jules Simon s'en apercevait ; on m'assure qu'il aurait dit un jour : « J'aimerais mieux faire vingt leçons à la Sorbonne qu'une seule à l'École normale. » C'est qu'à la Sorbonne, où la foule est nombreuse et composée d'éléments très hétérogènes, on se paye aisément de mots et surtout de beaux mots. Il nous fallait des choses, et nous les voulions toutes nues ; nous étions féroces sur cet article.

Les renommées toutes faites ne nous en imposaient guère. Nous avions alors pour professeur de grec un brave homme. M. Hippolyte Lebas, qui était fils du célèbre conventionnel. Il aimait à rappeler cette origine et ce n'était jamais sans un

accent d'émotion qu'il parlait des *mânes glorieuses*
de son illustre père. Ces *mânes glorieuses* ont dé-
frayé à l'École le rire de vingt promotions. Le mot
peint l'homme. Il était digne, solennel, d'une
ignorance crasse.

Il ne savait pas un mot de grec. Il eut été incapable de lire couramment, je ne dis pas même une
Philippique de Démosthène, mais un discours
d'Isocrate. C'est à peu près comme si un professeur
d'anglais ne pouvait pas se tirer d'un texte du *Vicaire de Wakefield*. Comment avait-on choisi pour
enseigner le grec dans la première école de France
un homme qui l'ignorait si parfaitement ? C'est là
un de ces mystères que l'on n'arrive à comprendre
qu'après avoir lu l'épître de Paul-Louis Courier à
Messieurs de l'Académie des Inscriptions et Belles-
lettres.

M. Hippolyte Lebas comptait parmi les membres de cette Académie. Il était de ceux qui y lisent
des mémoires ; on le consultait ; son opinion faisait
loi. L'autorité de son nom s'était répandue jusque
dans la docte Allemagne. Il avait été chargé par le
gouvernement de réunir en un corps de volume
toutes les inscriptions recueillies par lui en Grèce.
Il travaillait depuis vingt ans à cet ouvrage, qui
ne paraissait point et que l'Europe savante attendait avec impatience : *Corpus inscriptionum græ-
carum*, par le célèbre érudit M. Hippolyte Lebas,

membre de l'Académie des Inscriptions et Belles-lettres et représentant des études helléniques en France.

S'il ne m'a pas enseigné le grec, je lui dois d'avoir appris par un exemple vivant et irrécusable, que les réputations officielles ne sont pas ce qu'un vain peuple pense et que tout ce qui reluit n'est pas or. Le pauvre homme ! que de tours pendables nous lui avons joués ! Il n'avait même pas la pudeur, ne sachant point le grec, de préparer à l'avance les textes que nous devions lire avec lui. Il apportait à la conférence une de ces traductions interlinéaires que la librairie Hachette venait d'inaugurer et qui toutes étaient signées du nom d'un de nos anciens camarades : Sommer. Nous avions pénétré ce petit mystère, et c'est là-dessus qu'on tablait.

On étudiait par avance une des phrases les plus aisées du texte qui devait être lu à la prochaine conférence. On s'entendait pour en tirer deux sens différents dont aucun n'était le vrai. Deux d'entre nous — c'étaient About et le grave Taine, *proh pudor !* — se chargeaient de mener à bien la mystification. Taine, en traduisant le morceau à livre ouvert, donnait l'un des deux sens convenus. About, prenant la parole et arrêtant l'explication :

— Pardon ! est-ce que la phrase ne signifierait pas plutôt ?...

Et il donnait l'autre sens, qui était tout aussi ridicule.

M. Hippolyte Lebas, qui jusque-là n'avait pas écouté, tirait lentement, d'un geste majestueux, son inévitable binocle, l'appliquait sur ses yeux et relisait d'une voix doctorale la phrase en suspens :

— Voyons! disait-il, examinons.... Le cas est embarrassant... Hum! hum!

Nos vingt-quatre paires d'yeux restaient malignement braquées sur le brave homme, qui, sans se départir de sa dignité, cherchait le sens vrai dans la traduction interlinéaire, dans le mot à mot rédigé par Sommer à l'usage des écoliers :

About, se penchant alors et d'une voix insinuante :

— Ne pourrions-nous sur ce point consulter les Allemands? Qu'est ce que pense l'illustre commentateur *Sommer?*

Un rire silencieux courait toute la salle.

Ce sont là de véritables gamineries. Je ne les rappellerais pas s'il n'était possible d'en tirer une leçon, si je ne l'avais pas tirée moi-même pour m'en servir à l'occasion. Que de fois depuis, rencontrant sur mon chemin de grandes renommées, scientifiques ou autres, fortement établies et assises, sans qu'elles reposassent sur un mérite solide, je me suis souvenu des niches que nous avions jouées à M. Hippolyte Lebas, le plus accrédité des

hellénistes de France ! C'est l'histoire des bâtons
flottants sur l'onde :

De loin c'est quelque chose, et de près ce n'est rien.

Nous étions malheureusement tout près, peu
habitués à nous payer de mots et portant dans nos
appréciations la netteté brève du couteau de guillotine qui glisse dans sa rainure.

Parmi nos maîtres, il y en avait un que la section avait pris en grippe. C'était le professeur de
littérature française de première année ; il s'appelait M. Jacquinet. Je me trouvais être le seul de
tous nos camarades qui l'aimât et qui le défendît.
Il faut croire qu'il y avait entre son esprit et le
mien quelque affinité secrète, car il avait également un faible pour moi. Il me mettait le premier,
par-dessus About et Taine. ce qui était fort in-
juste. Il est vrai qu'avec M. Gérusez, qui professait également la littérature française, mais en seconde année, je tombai au huit ou neuvième rang,
ce qui ne me semblait pas non plus trop équitable.
Je dois beaucoup à M. Jacquinet ; c'était un
esprit délicat, précieux même, qui préférait aux
beautés simples et grandes les grâces raffinées
d'un langage exquis et rare. Le tarabiscoté ne lui
déplaisait point. La Bruyère était pour lui le
premier des vieux maîtres, il se délectait aux
pensées et maximes de Joubert, le philosophe

quintessencié de la coterie Récamier ; Sainte-
Beuve, le Sainte-Beuve de la première manière,
avec ses contournements de phrases, ses subtilités
d'expression, ses afféteries de métaphore, le charmait par ses défauts même, dont l'illustre critique
ne se dépouilla que plus tard en écrivant dans les
journaux d'un style plus rapide et plus aisé. Il
avait un culte pour Stendhal, qui était encore peu
connu en ce temps-là ; mais ce qu'il adorait surtout en lui, c'étaient ses obscurités voulues,
c'étaient ses façons de parler singulières, où se
trahissait comme un secret désir d'étonner et de
déconcerter le bourgeois. Il me révéla et m'ouvrit
tout un coin de la littérature où je n'avais pas encore pénétré et d'où mon goût propre m'éloignait.
Il n'y avait pas de danger qu'avec ma nature
prime-sautière je m'y attardasse longtemps ; j'en
sortis assez vite ; mais je suis bien aise d'avoir
passé par là et j'ai gardé une vive reconnaissance
à l'homme qui fut mon guide dans ces régions
compliquées et toutes pleines de parfums entêtants.

A l'École normale, la troisième année est tout
entière et uniquement consacrée aux préparations
qu'exige le redoutable concours d'agrégation qui
la termine. Les élèves de troisième année, au lieu
d'être rassemblés dans une salle commune, ont,
au troisième étage de la maison, de grandes cham-
bres où ils peuvent se réunir, selon l'objet de leurs

études spéciales et selon leurs amitiés personnelles, en groupe de quatre ou cinq. Nous étions cinq, dont Edmond About, dans notre section particulière, que nous avions modestement appelée la *grande section*, tout comme on a dit depuis *le grand ministère*.

Je ne puis me rappeler sans un vif plaisir mêlé d'attendrissement cette dernière année qui fut vraiment délicieuse. J'ose à peine dire que nous préparâmes assez mollement nos matières d'agrégation. Mais avec quelle joie nous reprîmes le cours de ces entretiens, qui devinrent presque notre seule occupation ! C'était About qui était l'âme et la flamme de la grande section. J'ai depuis été à même de connaître et de pratiquer la plupart de ceux qui se sont fait à Paris une réputation de causeurs : rien n'a pu effacer chez moi le souvenir de cette conversation étincelante, ailée, de cet esprit toujours en mouvement, de ce pétillement de mots justes, vifs et plaisants, de cette verve abondante en vues nouvelles, en rapprochements inattendus, en récits fantaisistes, en légendes d'atelier où se jouait une imagination libre et gaie.

Je ne sais si vous vous rappelez *Guillery*, sa première comédie dont la chute fut si retentissante à la Comédie-Française. Ce n'est pas une bonne pièce de théâtre, il s'en faut, mais c'est une œuvre curieuse à lire ; car dans ce Guillery, le héros de l'action, il est facile de retrouver quelques traits de la physionomie d'About pris sur le vif. C'est Guillemette qui trace son portrait :

« Il est presque impossible de lui résister. Certes il n'est pas beau ; mais il a des yeux et des dents qui éclairent sa figure. Du reste jeune, hardi, délibéré, galant, joyeux, plaisant ; le front haut, la parole vive, le geste prompt, l'esprit éveillé ! Je le chasse, il revient ; je l'évite, il me retrouve ; je m'enferme, il m'écrit ; je le querelle, il me tient tête ; je lui jure que je ne l'aimerai jamais, il parie que je l'adore et que je ne sais ce que je dis. »

Et plus loin Guillemette ajoutait :

« Il semble, quand il entre dans une chambre, que la température s'y élève de dix degrés. »

Comme About était toujours là, c'était la température normale de notre cellule. On venait chez nous causer ; on nous trouvait toujours prêts. Paul Albert arrivait nonchalant, comme à son ordinaire, et, s'étirant les bras, il nous demandait l'hospitalité d'une conversation : « Dans ma section, nous disait-il, un tas de fainéants ; ils travaillent toujours ! »

Taine quittait également ses philosophes et venait se débarbouiller, en notre compagnie, de sa métaphysique. C'était une récréation qu'il s'accordait, quand il en avait jugé le moment venu, car Taine ne faisait rien que par poids et mesure ; nous le savions incapable d'une folie qui n'eût pas été préméditée et dont il n'eût pu se donner la raison à lui-même. Il y avait sur lui une légende... oh ! mais une légende... Non, décidément, je n'ose pas la conter ici, bien qu'elle soit des plus drôlatiques. C'était About qui avait supposé qu'ayant à faire un travail sur les passions, Taine avait voulu, comme l'exige la méthode expérimentale, les étudier sur le vif... Il s'était mis en devoir d'approfondir l'amour, et alors..., mais chut ! Ah ! la bonne histoire ! que de fois je l'ai entendu conter à l'École, et toujours enjolivée de nouveaux détails ! Taine, qui n'était point solennel, riait de tout son cœur à ces malices, que nous ne lui épargnions pas. Il n'y en a qu'une qui eut le privilège de l'agacer horriblement. Comme il était un grand piocheur devant l'Éternel, il avait des appétits féroces, mangeait vite et gloutonnement. Nous étions, au réfectoire, partagés en tables de dix, et l'un des dix découpait et servait les portions aux autres camarades. C'était Albert qui, pour notre dizaine, était chargé de ces fonctions délicates.

Quand on nous apportait un gigot de mouton, il avait soin de racler si exactement l'os qu'il n'y restât plus une parcelle de nourriture, et, brandissant alors cet os affreusement décharné :

— Cacique, disait-il à Taine, tu crois que la

substance existe dépouillée de ses attributs et de ses qualités ; tu crois à la substance en soi. Eh bien ! voilà l'os en soi ; mange-le, philosophe.

La première fois, Taine n'avait trouvé la plaisanterie qu'à moitié drôle. Mais elle se renouvela; il faillit se fâcher tout rouge, et nous restituâmes, en pouffant de rire, à l'os en soi une partie des attributs solides dont on l'avait malignement dépouillé.

Nous nous amusions à le taquiner ainsi ; au fond, nous avions pour lui plus que de l'amitié : c'était un sentiment mélangé d'admiration et de respect. Ce labeur incessant, acharné, qui n'enlevait rien à la largeur de l'esprit, à la vivacité de l'imagination, à l'aménité du caractère, nous confondait d'étonnement. Il n'y avait point d'étude qu'il n'eût poursuivie jusqu'en ses derniers recoins; c'était un dictionnaire vivant que nous consultions sans cesse, et qui se laissait feuilleter avec une puissante et amicale bonhomie. Histoire, philosophie, lettres, sciences, mathématiques et physique, tout lui était familier. Il ne partageait point nos sots dégoûts pour certaines connaissances, pour les langues vivantes, par exemple, et, tandis que nous trouvions spirituel de tourner en ridicule nos professeurs d'anglais ou d'allemand, il se rendait maître de ces deux idiomes ; il amassait déjà des matériaux pour l'histoire de la littérature anglaise qu'il devait écrire plus tard. Je ne puis mieux comparer cet esprit qu'à une prodigieuse éponge qui aspirait par tous les pores les livres, les hommes, les choses où il vivait plongé, qui s'en imbibait, s'en gonflait, et que l'on n'avait plus qu'à presser pour que ce torrent de connaissances ruisselât sous la main.

Et ce qui est plus étrange que tout le reste, c'est que toute cette science était rangée, cataloguée, étiquetée avec un ordre merveilleux dans cette tête encyclopédique. Ces habitudes de méthode que nous nous plaisions à railler chez lui dans le train de la vie ordinaire lui avaient admirablement servi pour le classement de tant de connaissances, qui emplissaient son cerveau sans l'encombrer.

Il trouvait encore du temps pour s'occuper d'art ; il aimait les tableaux et s'y connaissait ; il adorait la musique et jouait passablement du piano. J'ignore si ces goûts étaient aussi spontanés chez lui qu'il le croyait bien et qu'il se plaisait à le dire. Il était doué d'une force de volonté si extraordinaire, qu'il avait dû, j'imagine, sur ce point comme sur d'autres, faire violence à sa nature et en dompter les rébellions.

Ce n'était pas un causeur à la façon d'About : il ne faisait point de mots. Mais, quand il exposait une idée, c'était avec une netteté, une abondance et un choix d'élocution vraiment rares. Il parlait d'un ton doux, sans gestes, d'une voix monotone et blanche ; il n'avait rien de l'orateur. Plus tard j'ai assisté à quelques-unes de ses leçons de l'École des beaux-arts : ses élèves l'écoutaient avec attention, parce qu'il disait toujours quelque chose et qu'il le disait parfaitement bien ; mais ils n'étaient point enthousiasmés ni charmés, parce qu'il le disait sans flamme.

Toute sa physionomie et toute sa personne respiraient une lente et indomptable ténacité de caractère. Personne n'a jamais voulu plus ardemment et plus patiemment que lui. Il n'avait point à proprement parler, de style en sa jeunesse, à l'École. Il écrivait clairement, mais la langue n'était guère pour lui qu'un système de notation algébrique pour exprimer ses idées par des signes convenus.

Il a senti plus tard l'impérieux besoin d'avoir un style, parce qu'on n'agit sur les âmes et que l'on n'enlève les imaginations que par le style. Il a, je crois, hésité entre le style de Voltaire et celui qu'il a adopté définitivement aujourd'hui. Ses *Philosophes au dix-neuvième siècle*, le livre de ses débuts sont écrits avec une légèreté, une grâce et un piquant où il entre quelque effort. Peut-être a-t-il senti ensuite que l'aisance de la langue voltairienne était de toutes les qualités littéraires celle qui s'attrapait le moins commodément. Il a beaucoup connu et pratiqué les Théophile Gautier, les Paul de Saint-Victor, les Goncourt, il s'est mis laborieusement à poursuivre le mot pittoresque, l'image éclatante ; sur les solides dessous d'une dialectique serrée et vigoureuse, il a jeté une phrase à dessein colorée, mais d'une couleur si intense qu'elle en devient parfois aveuglante. L'idée, chez lui, soulève géométriquement un flot de métaphores exactes et flamboyantes qui éblouissent l'imagination en même temps qu'elles satisfont l'esprit : des équations d'algèbre agitées dans un kaléidoscope. Je n'oserais pas affirmer que tout est voulu et factice dans cette manière, mais je penche à croire que Taine, tout en obéissant peut-être à un instinct secret, se l'est faite lentement, artificiellement, par un violent et pénible travail. Il est aujourd'hui en pleine possession de cet instrument qu'il a eu tant de mal à se fabriquer ; il en joue tout naturellement, avec une virtuosité incomparable, et il en tire des effets d'une singulière puissance.

Quelle différence avec Prévost-Paradol, un de nos jeunes camarades, de deux ans moins âgé que nous, et qui montait parfois de la salle de première année tailler une bavette avec ses anciens ! C'est bien de lui qu'on aurait pu dire qu'il écrivait comme l'oiseau chante et comme l'eau coule. Dès le premier jour, il avait, sans étude ni effort, déployé cette phrase ample et légère qui a plus tard émerveillé tous les connaisseurs. Point de tâtonnements ni de retouches ; il prenait un cahier de papier blanc et, de sa grande écriture qui semblait, comme son style, un ressouvenir du dix-septième siècle, il emplissait les pages sans hésiter jamais sur un mot ni le raturer, d'un train égal et rapide, jusqu'à ce qu'arrivant au bout du dernier feuillet, il posât le point final. Je me souviens d'une de ses compositions qu'on nous apporta dans notre section : c'était une étude sur le *De re rustica* de Caton, qu'il avait comparé aux *Économiques* de Xénophon. Je connaissais le sujet pour l'avoir traité moi-même en seconde année. Je fus charmé : cette lumineuse élégance de style, cette grâce flottante de la phrase, cette façon d'envelopper dans les longs plis d'une période une allusion fine ou un mot piquant, ce choix d'expressions atténuées et délicates, cette harmonie enchanteresse de langage, tout cela me ravit, et je me vois encore lisant à haute voix le morceau, que nos camarades écoutaient en dodelinant de la tête.

Et quelles effusions de compliments, quand, le lendemain, il monta chez nous ! Car si nous avions des mépris sommaires et tranchants, nous avions de même l'enthousiasme exubérant et facile. On manque de juste mesure à vingt ans. Il recevait nos éloges sans fausse modestie, la physio-

nomie ouverte et gaie : il nous parut tout à fait
gentil et bon garçon. Je ne me rappelle pas avoir
remarqué chez lui cette nuance d'ironie hautaine,
qui me frappa dix ans plus tard, quand je le revis
à Paris, déjà célèbre. L'orléanisme avait déteint
sur lui. Il causait avec animation, sans jamais
viser à l'effet. Il avait l'esprit brillant, mais peu
aiguisé. C'était la faconde d'un méridional qui
aurait été élevé dans le Nord.

Bien d'autres venaient encore tour à tour dé-
rouiller leur langue dans notre cellule, qui était
devenue comme un atelier de conversations.

About tenait tête à tout le monde, toujours en
éveil, s'occupant de tout, s'intéressant à tout, sachant tout. Il était doué d'une mémoire prodigieuse, et il possédait cette faculté rare d'y retrouver juste au moment précis le détail dont il avait
besoin. Il faisait notre admiration par cette présence d'esprit que rien ne mettait jamais en défaut.

Avec cela, gai, bon vivant et fertile en imaginations drôlatiques. Il avait inventé, pour obtenir
des congés supplémentaires, un oncle qu'il avait
marié d'abord, puis rendu père, puis fait malade.
Il finit par l'enterrer et s'en alla, les larmes aux
yeux, demander une sortie pour l'accompagner au
cimetière.

— Consolez-vous, mon ami, lui dit M. Dubois,

le directeur, en lui signant son *exeat* ; il commençait à être bien usé, votre oncle !

Et de rire ! Ah ! que nous avons ri souvent et
de bon cœur ! Nous n'étions séparés que par une
légère cloison de la cellule des grammairiens. En
ce temps-là, où les études de philologie n'étaient
pas en honneur comme à présent, c'étaient les
derniers de la promotion qui se consacraient ou
plutôt que l'on consacrait à la grammaire. Nous
les blaguions volontiers, bien qu'ils fussent garçons d'esprit et, à coup sûr, plus instruits que
nous n'étions. Ils travaillaient davantage et, comme
nous les dérangions sans cesse dans leurs doctes
recherches, ils frappaient, de temps à autre au
mur, pour nous inviter au silence. Mais voilà
qu'un jour nous entendons de grands éclats de
voix de leur côté : c'était une dispute. Ils se dispu-
taient ; donc ils parlaient. Nous levons, étonnés,
les bras au ciel ; About se précipite sur un calen-
drier appendu au poêle :

— Tout s'explique ; c'est la fête de Balaam !

Ce qui surprendra peut-être mes lecteurs, mais
la chose est rigoureusement vraie, c'est que, dans
ces incessantes et interminables conversations, jamais nous ne nous entretenions de nos espérances
d'avenir. Notre destinée future ne nous inquiétait
point. Elle s'ouvrait à nos yeux toute droite et
tout unie. Nous savions qu'au sortir de l'École on

nous donnerait une chaire : nous n'en demandions pas davantage. About rêvait de partir pour l'Ecole d'Athènes, qui avait été fondée deux ou trois ans auparavant et où Beulé venait de découvrir le fameux escalier de l'Acropole ; mais c'était pour en rapporter une thèse brillante et entrer dans les Facultés en qualité de professeur. L'Université était notre ambition dernière. Nous ne nous doutions pas du monde, et il fallait bien que ce fût là l'esprit général de l'École, car je me souviens que, dans la séance où M. Dubois nous réunit pour nous faire ses adieux, il nous donna de sa voix cuivrée le conseil de nous défier de notre exclusivisme ; il nous dit que nous avions jusqu'à présent vécu dans une académie de philosophes, tout occupés et tout enivrés d'abstractions ; que nous avions contracté dans ce milieu l'habitude d'être entiers et raides ; que le monde, auquel nous allions nous frotter, était plus varié et plus souple ; que l'Université ne le conquerrait qu'en se prêtant avec plus de complaisance à ses préjugés ; que nous aurions à dépouiller l'école, même en restant professeurs, comme nous avions l'intention de l'être. Et le fait est que, notre troisième année d'études achevée, nous prîmes, sans mot dire, notre volée, chacun pour le département qui lui était assigné. Il n'y en eut que deux, parmi nous, qui ne furent pas tout d'abord pourvus de chaires :

c'était About et moi. About avait demandé et obtenu la place qui était vacante à l'École d'Athènes : Pour moi..., c'est une histoire singulière et je ne puis m'empêcher de sentir je ne sais quelle émotion rétrospective, quand je songe combien il s'en est peu fallu que le hasard ne me jetât, à ce moment-là, dans les chemins de traverse, moi dont l'esprit et l'imagination étaient tirés au cordeau.

Nous attendions à Paris nos nominations, qui paraissaient au *Journal de l'instruction publique*, le moniteur de l'Université. Tous nos camarades étaient déjà partis. Je restais seul. J'avais beau interroger l'oracle, il semblait ignorer mon nom. J'étais un peu surpris ; l'étonnement fit place à l'inquiétude. J'avais été refusé, pour l'examen écrit, à l'agrégation. Pas même admissible ! Cet échec que je ne me suis jamais expliqué, m'avait paru extraordinaire. Au moins Taine, qui, en fin de compte, avait échoué, lui aussi, avait-il été admis à soutenir les examens oraux. Pourquoi ne me nommait-on point à une chaire ? Pourquoi dérogeait-on, en ma défaveur, à un usage constant, à une longue tradition ?

Je ne tardai pas à le savoir.

C'était une coutume, et je crois que cette coutume dure encore, que, dans leurs derniers mois de troisième année, les élèves de l'École normale s'en allassent faire la classe durant trois ou quatre semaines dans les divers lycées de Paris, sous les yeux des professeurs qu'ils remplaçaient dans leurs chaires. Les professeurs assistaient à une ou deux de ces leçons pour pouvoir en rendre compte ; puis, enchantés de ce petit congé qui leur tombait du ciel, ils nous livraient leurs élèves et nous laissaient faire la classe à notre fantaisie.

About et moi, nous avions été délégués à Bonaparte, en rhétorique, lui dans la classe de français, moi dans celle du latin. La classe de rhétorique de Bonaparte était, cette année, composée d'une façon toute particulière : il s'y trouvait une foule de jeunes gens de grande famille, parmi lesquels Guillaume Guizot, un des fils de M. de Broglie, le neveu d'un ministre, M. Dombidau de Crouseilles, si j'ai bonne mémoire. Tous ces jeunes gens, dont quelques-uns ont fait un grand chemin, formaient une tête de classe remarquable plus encore par la variété des talents que par la célébrité des noms. Nous arrivions là tous deux, About et moi, avec cette verve fumeuse de la vingtième année, une hardiesse de jugement que rien n'effrayait, une vivacité de langage que l'usage du monde n'avait point tempérée ; ajoutez-y le bouillonnement d'idées révolutionnaires qui écumaient, en 1851, sur les âmes de notre génération.

Je ne me rappelle plus au juste ce que nous disions ; mais j'ai plus tard retrouvé chez quelques-uns de ces jeunes gens un souvenir vivant de l'impression que nous avions faite tous deux sur leurs jeunes imaginations. Guillaume Guizot m'a souvent conté depuis qu'ils en avaient été comme éblouis. About les étonnait et les charmait par cette profusion de vues neuves et de mots brillants qui lui échappaient de toutes parts, et moi j'avais une sorte d'éloquence convaincue et abrupte, de gaieté prime-sautière et puissante, qui les remuait profondément.

Ce fut une série de classes étonnantes. Nous y portions, l'un et l'autre, une passion impétueuse, et nous allions de l'avant, sans nous soucier de l'effet que pouvait produire, tombant sur ces jeunes têtes, telle ou telle parole enflammée.

Chacun de ces élèves avait un précepteur et rentrait avec lui, le soir, au dîner de famille. Quelle famille y trouvait-il ! famille de cléricaux enragés, de bonapartistes avant la lettre, dont les cheveux se hérissaient d'horreur au récit enthousiaste que les rhétoriciens faisaient de nos leçons. J'ai su, mais bien longtemps après, que, parmi nos élèves, les plus sages exhortaient leurs condisciples à ne rien répéter à leurs parents de ce que nous avions dit au lycée. Ce n'était pas précisément par sympathie pour nous : c'est qu'ils prenaient à ces leçons un extrême plaisir et qu'ils se doutaient bien

que, si on les dénonçait à l'Université, elles seraient arrêtées du coup.

Les indiscrétions filtrèrent jusqu'au ministre,
qui s'émut et ordonna une enquête. Un matin —
c'était le dernier, celui-là même où nous devions
résigner nos pouvoirs, — About vit entrer dans
sa classe deux inspecteurs généraux, flanqués du
proviseur et du censeur, qui s'assirent en silence
et sans prononcer une parole, écoutèrent, le front
morose. Il ne se déconcerta point ; il fut à ce qu'il
paraît, étincelant de verve et d'esprit. Il accourut
ensuite à l'École pour me prévenir que ce serait
mon tour le soir. Ces messieurs se présentèrent
en effet chez moi à la classe de deux heures, avec
le même cérémonial ; j'étais averti et je leur servis
une classe... oh ! mais une classe... ! l'austérité de
Nisard et l'onction de Rollin. Ils m'accablèrent de
compliments et je sortis du lycée faisant des écarts
de poitrine.

Je n'ai jamais lu le rapport qu'ils envoyèrent
sur mon compte.

Tout ce que j'ai jamais pu savoir, c'est que, six semaines après, je n'étais pas admissible au concours
d'agrégation ; c'est que, trois mois plus tard, le
ministre refusait de me nommer à un poste, quel
qu'il fût, et déclarait qu'un esprit aussi insubor-
donné, aussi anarchiste que le mien, déshonorerait
les cadres de l'Université.

J'avoue qu'à cette nouvelle je ne laissai pas d'être ému. Je cherchai tout effaré ce que je pourrais bien faire pour gagner ma vie ; je ne me trouvai pas propre à grand'chose. Que l'on pût se faire une position sortable en mettant du noir sur du blanc, cela ne m'entrait pas dans la cervelle. J'avais travaillé quatorze ans de ma vie pour être professeur ; je ne me croyais, et cela très sérieusement, bon qu'à professer le latin et le grec. L'avenir s'ouvrait devant moi vide et nu. Il y a tant d'élasticité dans une âme de jeune homme, que je ne me désespérais pas autrement. Mais j'étais dans un grand embarras : c'était surtout le chagrin de mon pauvre père qui me crevait le cœur.

Je fus tiré de ce mauvais pas par un grand ami de ma famille, M. Bary, l'excellent professeur de physique de Charlemagne, qui était le père d'un de mes meilleurs camarades, d'un des cinq de la *grande section*. M. Bary connaissait un peu le chef du personnel, M. Lesieur ; il lui parla pour moi. Il eut quelque peine à dissiper les préventions de cet estimable fonctionnaire, qui ne me connaissait que par mon dossier ! Si jeune et déjà un dossier ! et qui pis est un affreux dossier. J'ai quelquefois depuis souhaité d'avoir ce dossier cinq minutes entre les mains pour lire l'amas de sornettes qui ont dû sans doute y être accumulées sur mon compte. Weiss s'est donné ce petit plaisir. Il a profité de son passage au ministère des beaux-arts pour se faire remettre son *dossier*. Il l'a lu et s'est fait ce jour-là une vraie pinte de bon sang.

M. Lesieur se laissa fléchir, et, quelques jours après, je reçus une invitation à me rendre tel jour, à telle heure, au ministère de l'instruction publique, où M. le ministre daignerait me recevoir en personne et me donner les derniers conseils.

C'était la première fois que j'étais admis à l'honneur de voir un ministre face à face. Il ne faut pas que je fasse tant le fier et le plaisant : la vérité est que le cœur me battait fort et que je n'étais pas rassuré.

M. Dombidau de Crouseilles (c'était lui qui gouvernait alors les destinées de l'instruction publique) me reçut avec beaucoup d'affabilité. Il me donna, en forts bons termes, une petite semonce sur mes imprudences au lycée Bonaparte, et, après m'avoir annoncé qu'il me nommait professeur de troisième au lycée de Chaumont, il termina sa courte harangue par ces mots que j'entends encore, comme si c'était hier, sonner à mon oreille : « Allez, monsieur, un bel avenir s'ouvre devant vous. »

Quel pauvre et singulier animal que l'homme ! Le croiriez-vous ? je fus ravi et touché de cette phrase qui était pourtant la plus banale du monde.

Elle me réconforta, et, le soir même, j'annonçai la bonne nouvelle à mon père :

— Il m'a dit qu'un bel avenir s'ouvrait devant moi !

Lui aussi, il prenait au sérieux cette eau bénite de cour ; il était enchanté. Non pas qu'une chaire de troisième à Chaumont lui fit l'effet d'être quelque chose de bien merveilleux ; mais c'était comme il le disait avec orgueil, le pied à l'étrier ; et puis il y avait *le bel avenir* promis par le ministre !

Huit jours après, je débarquais à Chaumont.

C'était mon entrée dans la vie.

I

LE LYCÉE DE CHAUMONT EN 1851.

Oui, c'est décidément une nouvelle vie qui
commence pour moi. J'ai senti quelque hésitation
à reprendre le fil de ce récit. Mais si je me suis
ainsi avisé d'écrire mes mémoires, ce n'est pas
pour le vain plaisir de parler de moi-même.
Les événements dont se compose la trame de mon
existence sont de mince importance et ne sauraient offrir au public qu'un médiocre intérêt.
Mais j'ai passé par l'Université à une époque
où elle traversait une des crises les plus redoutables qu'elle ait jamais subie; j'ai vu s'accom-
plir sous mes yeux la révolution qui a trans-
formé notre éducation secondaire et qui a chassé
du professorat vers le journalisme la plupart
des normaliens de ce temps. J'en ai pris ma
petite part, dans l'humble sphère où j'étais placé;
j'ai gardé de ce temps des souvenirs assez exacts et

qui pourront paraître curieux à un certain nombre
de nos lecteurs.

J'avais été, si l'on s'en souvient encore, envoyé
par le ministre à Chaumont, pour y professer la
troisième. Ce n'était pas un poste bien reluisant,
mais après tout Chaumont était un lycée ; j'avais
eu grand'peur d'être déporté dans un collège communal, et je voyais que mes camarades de promotion n'avaient pas été beaucoup mieux partagés
que moi-même.

Le lycée de Chaumont était de création récente.
il avait gardé quelques-uns des professeurs qui
avaient composé son personnel, alors qu'il n'était
que collège communal. L'administration, naturellement, n'avait pas choisi ses meilleurs maîtres
pour les reléguer dans ce trou, et cependant, telle
était la force de l'institution universitaire, que
tous ces professeurs, recrutés un peu au hasard des
circonstances et parmi les moins bons éléments du
personnel enseignant, formaient encore un remarquable ensemble et très capable de donner aux
jeunes gens une solide instruction littéraire.

J'ai connu là des spécimens de professeurs dont
là race est aujourd'hui absolument perdue.
C'étaient de braves gens, d'une instruction plus
que médiocre, mais tout dévoués à leur classe, qui
vivaient en elle et pour elle et croyaient sérieusement que le thème latin était la dernière fin de la

vie en ce bas monde. Ils n'étaient point brillants et prêtaient parfois à la raillerie, mais ils exerçaient sur les enfants une influence incontestable et obtenaient d'eux plus de travail que n'en eussent tiré de jeunes maîtres d'un savoir plus étendu, d'un esprit plus moderne, mais de conviction moins pesante. Le professeur de philosophie était un homme aimable et doux, enfant du pays, où il avait des propriétés et remplissait les fonctions de conseiller municipal ; aimé et estimé de tout le monde et qui n'avait d'autre tort (mais ce n'en était pas un pour les pères de famille de Chaumont) que de dicter toujours les mêmes cahiers qui lui servaient tantôt depuis vingt années. Les études philosophiques avaient beau se renouveler autour de lui, il n'en tenait aucun compte ; il en était resté aux leçons de Laromiguière et les accommodait au programme qui lui était imposé par le ministre. Ces programmes changeaient tous les dix ans, mais lui, comme le sage d'Horace, il restait impassible ; il continuait à enseigner paisiblement selon les antiques formules, l'existence de Dieu, l'immortalité de l'âme qui se compose comme on sait, de trois facultés : la sensibilité, l'intelligence et la volonté. Il n'eut pas voulu pour un empire en ajouter une quatrième. Au reste, ces trois facultés avaient toujours suffi à ses élèves depuis trente ans qu'il exerçait, je crois bien qu'ils savaient tout autant de philosophie qu'on en apprend aujourd'hui dans nos lycées, c'est-à-dire fort peu de chose.

Le professeur de seconde était lui aussi un de ces types qu'a seul formés la vieille Université de la Restauration. Gai compagnon et bon vivant dans la vie ordinaire, aimant à rire et citant volontiers des vers grivois qu'il puisait·impartialement tantôt dans l'antiquité classique, tantôt chez les poètes badins du dix-huitième siècle, il s'armait pour entrer en classe, d'un front majestueux et sévère. C'était chez lui un principe qu'il ne fallait jamais se familiariser ni se dérider avec les enfants ; tous tremblaient devant lui. La nature l'avait doué d'une voix de stentor, qu'il lançait comme la foudre sur la tête du coupable. On entendait parfois d'une classe à l'autre les redoutables éclats de ses imprécations. C'était un solécisme qu'il dénonçait furieusement à l'indignation de l'univers. Tous ses élèves courbaient la tête, silencieux et attérés. Le soir, il contait la peur qu'il leur avait faite et tout son grand corps était secoué d'un gros rire sonore.

Il aimait, comprenait et expliquait à l'antique mode les beautés des poètes classiques ; il était de ceux qui, lisant à leurs élèves le fameux récit de Laocoon, croient devoir s'extasier sur chaque mot et en faire sentir ou l'énergie ou le pittoresque ;

Ecce autem a Tenedo gemini Tranquilla per alta

« *Ecce autem !* Les voilà, ce sont eux ! *A Tenedo* ; c'est de Ténédos qu'ils arrivent ; on les aperçoit de loin ; *gemini :* ils sont deux ; ils forment un couple ! *Ambo* serait faible : mais *gemini ! Tranquilla per alta* ; c'est la haute mer ; elle est tranquille, et les deux monstres s'avancent. Quel tableau ! »

Nous ne pouvons nous empêcher de sourire de ces admirations démodées et puériles. Il est bien vrai que cette façon de commenter un texte ne va pas sans quelque ridicule, et que notre critique est aujourd'hui plus raisonnée et plus sérieuse. Je ne suis pas cependant très sûr que la vieille méthode n'eût pas plus de prise sur les esprits des enfants. Elle mettait leur sensibilité en branle, elle les inclinait à l'admiration, à une admiration peu réfléchie si vous voulez ; mais n'est-ce rien pour une jeune âme que de s'ouvrir à une émotion véritable, que de sentir s'éveiller et se développer en soi la faculté de s'attendrir aux belles choses ? Les enfants ne s'apercevaient pas de ce que l'enthousiasme du professeur avait d'un peu bête dans son exagération ; cet enthousiasme les gagnait quand même, et ils vibraient par sympathie, à l'unisson. Peut-être donnons-nous trop, à présent, à je ne sais quel goût de sèche analyse.

Le professeur de quatrième faisait notre joie ; il

me rappelait, à moi, vieil élève de Charlemagne, ce père Bonvalot, dont les allures militaires ont égayé tant de générations d'écoliers au lycée de la rue Saint-Antoine. Bonvalot avait été canonnier au temps du grand empereur ; il avait à peu près oublié, en courant l'Europe, de champ de bataille en champ de bataille, le peu de latin et de grec qu'il eût jamais su : il n'en avait pas moins obtenu un poste de professeur à une époque où les professeurs étaient rares. Il menait ses écoliers comme des enfants de troupe, tambour battant, distribuant des pensums et des retenues comme autrefois des jours de salle de police, et passait la meilleure partie de la classe à lire à ses élèves des poèmes qu'il composait en l'honneur de l'*Autre*.

Notre collègue de Chaumont était de ce calibre ; c'est une espèce de professeur qui a passé à l'état fossile ; on n'en trouverait plus à cette heure un spécimen vivant, même dans les provinces les plus reculées. Ce bonhomme était d'une ignorance et d'une innocence qui dépassait toute imagination ; nous en faisions des gorges chaudes entre nous, et ses âneries, dont la liste allait s'allongeant de tous les prêts que l'on ne fait qu'aux riches, formaient un répertoire qui est resté longtemps légendaire à Chaumont. Eh bien ! avec tout cela, sa classe n'était pas plus mauvaise que bien d'autres. Il s'en occupait assidûment et les élèves, tout en riant de ses balourdises quand il lui en échappait quelqu'une, l'estimaient et l'aimaient pour l'intérêt qu'il ne cessait de leur témoigner ; ils le craignaient même, car cet intérêt se manifestait plus d'une fois par des coups de règle ou des giffles qui eussent fait scandale partant d'une autre main, mais qu'on lui passait à lui, né natif de Chaumont et vieux dur à cuir de la Grande-Armée. Ils travaillaient, ils faisaient des progrès.

C'est que le professeur peut être impunément médiocre, quand l'institution est bonne. Le grand avantage de l'Université en ces temps très anciens, c'est que tout le monde, maître, parents et élèves, avait la foi ; tous croyaient également à la supériorité de l'enseignement classique tel qu'il avait été formulé par les programmes. Le latin et le grec ne comptaient pas un seul sceptique. Les pères de famille élevaient leurs enfants dans l'idée qu'on ne pouvait être plus tard un homme comme il faut que si l'on savait par cœur un chant d'Homère et de Virgile, et qu'un prix au concours ouvrait la porte de toutes les carrières. Parmi les écoliers, il y en avait, certes, ou de moins intelligents ou de moins laborieux ; mais tous étaient persuadés de l'utilité des exercices que l'on exigeait d'eux. Ils écoutaient peu ou prou ; ils profitaient toujours dans une certaine mesure de l'enseignement donné. Les maîtres étaient soutenus, encouragés par cet assentiment universel. Mieux eût valu, sans doute, qu'ils fussent tous de premier ordre ; mais ceux même dont l'insuffisance était notoire rendaient encore des services comme ces jeunes soldats qui, bien encadrés, font encore bonne figure un jour de bataille.

Le professeur de rhétorique était, lui, au contraire, un homme d'infiniment de sens, d'esprit et de lecture. Il avait été jadis l'un des maîtres les plus brillants de l'Université ; mais il était né frondeur, caustique et chagrin ; ce sont là des défauts qui ne sont pas rares parmi nos professeurs. Ils étaient chez lui poussés à l'extrême. Il n'avait jamais pu voir la sottise, fût-ce même la sottise d'un supérieur, et surtout si c'était celle d'un supérieur, sans la marquer de quelque trait piquant. Nombre de ses réparties mordantes étaient restées célèbres ; elles ne lui avaient pas toutes porté bonheur. Quoiqu'il fût pourvu de tous ses grades, licencié, agrégé, docteur, il était tombé, de disgrâce en disgrâce, jusqu'à ce lycée de Chaumont qui devait être et qui fut, je crois, sa dernière étape. Sa misanthropie naturelle s'était aigrie du regret de son existence perdue. Il vivait seul, en vieux garçon, morose et boudeur, et ne retrouvait un peu de verve et de gaieté humoristique que le soir, quand il dînait avec nous à notre petite table d'hôte.

Il faisait sa classe avec la ponctualité d'un fonctionnaire qui se croit, qui se sent supérieur à sa besogne, mais qui l'exécute avec une affectation de docilité méprisante. Deux ou trois fois les inspecteurs généraux, qui étaient au courant de son mérite, avaient voulu relever son courage et le tirer de cette chaire infime où il végétait. Il leur avait répondu avec l'indifférence gouailleuse de Diogène priant Alexandre de s'écarter de son soleil. J'ai bien souvent depuis, en repassant mes souvenirs, revu la figure maussade de ce professeur dégoûté des autres et de lui-même. Bien souvent je me suis dit que si je n'avais pas été servi par d'heureuses circonstances, si je m'étais obstiné au professorat, j'aurais, avec mon humeur frondeuse, avec les saillies d'un caractère impétueux et hérissé, fini, tout comme cet homme éminent, dans quelque trou de province où je me serais consolé de mes infortunes par le plaisir d'un dédain hargneux et grognon. Il n'y a qu'heur et malheur en ce monde, et ce n'est pas toujours la faute des gens s'ils ratent leur vie.

Nous n'étions à Chaumont que deux anciens élèves de l'École normale, Dottain et moi, lui plus âgé que moi d'une année. Dottain, qui a passé depuis au *Journal des Débats*, et que la mort a enlevé tout récemment, à l'heure où il touchait à la réputation, était un des meilleurs

professeurs que j'aie connus au cours de ma carrière; il était doué d'une mémoire qui tenait du
prodige et possédait l'histoire de tous les pays et
de tous les siècles dans un détail que l'on ne saurait imaginer ; c'était un dictionnaire vivant et un
dictionnaire impeccable. Aux *Débats*, il était
l'étonnement de ses confrères, qui le trouvaient
toujours prêt sur quelque question d'histoire ou
de géographie que ce fût et qui le feuilletaient
sans scrupule. Peu d'esprit naturel et point d'imagination; mais un jugement solide ; une parole
aisée et libre qui coulait de source.

Ses débuts à Chaumont avaient été très brillants et, quelles qu'eussent été ses ambitions dans
l'Université, il est certain qu'il les aurait remplies ; mais déjà la vie étroite de la province commençait à lui peser et il aspirait sourdement à
Paris.

Pour moi, j'étais arrivé à Chaumont avec une
seule idée en tête, qui était de faire une bonne
classe. Il me semble bien, et je suis trop vieux
aujourd'hui pour ne pas me rendre compte exactement de mes aptitudes et pour me tromper par
amour-propre sur ma vocation, il me semble bien
que j'étais professeur. Professeur, je l'ai été toute
ma vie et plus peut-être encore dans le journalisme que dans l'Université. Ma seule originalité,
dans le nouveau métier que j'ai pris et que

j'exerce depuis tant d'années fut justement de porter au *Figaro* d'abord, puis dans l'innombrable foule des journaux où je me suis éparpillé, l'esprit et les procédés de l'enseignement universitaire. Je fus dès le premier jour très nettement et très hardiment ce que la nature m'avait fait : un pédagogue au bon comme au mauvais sens du mot ; cela sonna comme une nouveauté, on cria de toutes parts au *pion* ; mais ce pion était quelqu'un.

Je n'ai, pour moi, conservé qu'un souvenir assez vague de la classe que je fis à Chaumont. Je me rappelle seulement que je m'y donnai corps et âme, avec une extraordinaire impétuosité de tempérament. Il faut bien que ces leçons aient eu quelque valeur, car j'ai retrouvé depuis plusieurs de mes anciens élèves qui m'en ont parlé avec une reconnaissance mêlée d'étonnement. Je craindrais de paraître céder à un accès de vanité rétrospectiv, si je disais qu'ils en avaient gardé l'éblouissement. La chose est pourtant vraie ; j'exerçais sur mes élèves cette irrésistible séduction que prennent toujours sur de jeunes esprits une conviction vive, un esprit ardent, une parole tout à la fois familière et colorée. Je travaillais avec une ferveur incroyable à préparer mes explications, à lire les copies et à les corriger, à exciter chez tous mes élèves, chez les moins bons comme

chez les premiers, la passion des études classi
ques. Ils s'étaient peu à peu laissé échauffer à ce
foyer qui brûlait en moi. Nous avions des passions ou plutôt des toquades auxquelles je ne
puis songer aujourd'hui sans sourire. Nous nous
prenions ensemble d'une sorte de folie pour tel
ou tel auteur qui était marqué sur le programme
et nous le lisions avec fureur, nous le traduisions
avec rage. C'étaient des exclamations de joie,
quand l'un de nous avait rencontré un tour heureux
pour rendre l'énergie du poète ancien.

Puis-je avouer sans soupçon de fatuité ridicule
que mes élèves m'adoraient. Je vivais avec eux sur
un pied de bonne et charmante camaraderie ; plus
souvent à côté d'eux, sur leur banc, que dans ma
chaire ; tous groupés autour de moi, un peu en
désordre ; et c'étaient des causeries sans fin sur le
sujet qui nous tracassait pour le moment et qui
n'était pas toujours, hélas ! d'accord avec les données du programme. C'était là, à coup sûr, un
inconvénient. Je reconnais que ce feu était mal
réglé et que dans une maison bien ordonnée il
est impossible de livrer une classe aux fantaisies
d'un professeur, ce professeur fût-il de premier
ordre. Je crois cependant que l'administration
aurait pu, tout en m'avertissant, tout en réprimant
avec douceur certains écarts de zèle, tirer parti de
ce bon vouloir passionné et tumultueux. Je crois

qu'un Rollin, si j'avais eu un Rollin pour proviseur, eût trouvé moyen de gouverner et de dis-
cipliner cette ardeur sans lui rien ôter de son
énergie ; mais le temps n'était plus où l'Université avait des Rollin à sa tête.

Je touche ici un point très délicat ; mais ces
temps sont déjà si éloignés et l'Université a, depuis, traversé tant d'orages, que je peux, sans
être taxé d'ingratitude ou de rancune, dire la
vérité tout entière.

Nous étions au lendemain de cette fameuse loi
de 1850 qui a porté un coup si sensible à l'Université. On sait de quel souffle était née cette loi
désastreuse. Au lendemain de 1848, on se rappelle combien la bourgeoisie s'était effrayée de ce
spectre rouge du socialisme qu'elle avait vu se
dresser inopinément sur les sanglantes barricades
de février et de juin. Elle s'était, dans un effare-
ment d'esprit inexprimable, réfugiée aux bras que
lui tendait affectueusement le clergé, qui s'était
posé devant elle comme la seule force capable de
dompter le monstre. Ce retour vers la religion
était d'ailleurs moins subit et moins imprévu
qu'il n'en avait l'air. Depuis longtemps les ultra-
montains — c'est ainsi qu'on appelait alors ceux
que nous désignons aujourd'hui sous le nom de
cléricaux — s'étaient emparés, tantôt de haute
lutte et plus souvent à l'aide de sapes souterraines

poussées en tous sens, d'une partie des générations nouvelles, généralement de la plus riche et
de la mieux née. Ils avaient mis la main sur l'é-
ducation des filles, dont la plupart étaient élevées
au Sacré-Cœur ; ils s'étaient, pour l'éducation des
garçons, heurtés à la loi, qui consacrait le monopole universitaire ; mais ils l'avaient tournée sans
bruit ; ils avaient fondé une foule d'établissements, soit à l'étranger, soit même en France, où
leurs doctrines étaient lentement infiltrées à la
jeunesse. Ils avaient réussi à rendre Voltaire de
mauvais ton et l'incrédulité de mauvais goût, à
jeter sur l'enseignement universitaire, dans la
haute bourgeoisie, un doute qui allait jusqu'à la
défaveur.

Tout ce travail de termites n'avait été aperçu
que de quelques esprits attentifs, clairvoyants et
soucieux de l'avenir. Il éclata au grand jour,
quand le monopole universitaire, battu depuis
longtemps en brèche, tomba d'une seule masse
au choc de la loi nouvelle. On a dit, et peut-être
la chose est-elle vraie, qu'à ce moment là le privilège de l'éducation fut offert au clergé et qu'il
n'osa point mettre la main sur une si riche proie.
Il n'était pas prêt. L'Université lui sembla un
morceau trop gros à avaler et à digérer d'un coup.
Les fortes têtes de la réaction, ou, pour parler
comme on s'exprimait alors, les jésuites, regar-

dant comme impossible de détruire l'Université
et de la remplacer eux-mêmes, préférèrent en
prendre la direction et crurent qu'ils la pourraient
conduire à leur guise. Au lieu de tuer le cheval,
ils aimèrent mieux sauter dessus et tirer sur la
bride.

Ils sentirent bien tout de suite qu'ils ne viendraient jamais à bout du personnel enseignant.
Le corps tout entier des professeurs était trop
imprégné des doctrines et des habitudes de la
libre-pensée, pour qu'on pût espérer jamais l'animer d'un autre esprit; mais il était facile, en
revanche, de s'emparer de l'administration et de
mettre à la tête des lycées, des inspections et des
rectorats, des hommes qui, par conviction, ou par
intérêt, auraient fait leur soumission et montré
patte noire.

Il faut dire que dans l'Université, jamais, même
au beau temps de la monarchie de Juillet, le personnel administratif n'avait été à la hauteur du
personnel enseignant. Tandis que les excellents
professeurs s'y comptaient par centaines, les bons
proviseurs y étaient rares ; plus rares encore les
recteurs qui fussent des hommes supérieurs ou
simplement distingués. C'était un préjugé courant chez nous que l'administration se recrutait
parmi les fruits secs de l'enseignement, et il y
avait bien quelque chose de vrai dans ce préjugé.

On n'eut donc pas de peine à mettre la main sur le haut personnel administratif de l'Université. Beaucoup n'hésitèrent point à tourner leur voile au nouveau vent de réaction qui soufflait, sachant bien que s'il est assez difficile de remplacer un simple professeur dans sa classe,

D'un proviseur toujours la matière se trouve.

On aurait eu quelque peine, il est vrai, sinon quelque scrupule, à toucher aux situations très considérables qu'occupaient les vingt-six recteurs de l'ancienne Université dont chacun tenait plusieurs départements sous sa main. On tourna la difficulté ; il y eut, de par la loi nouvelle, un recteur par département ; et ces 86 nouveaux recteurs, au lieu d'être de hauts personnages comme ceux d'autrefois, furent d'assez petits compagnons avec lesquels on n'eut plus à compter. On était sûr de leur obéissance, car ils ne pouvaient sauver leur place qu'en faisant du zèle, et ce zèle, ils étaient tout naturellement obligés de le faire à nos dépens. C'était nous, pauvres chiens de professeurs, sur qui, en définitive, devaient tomber les derniers coups ; aussi bien était-ce nous que l'on avait particulièrement visés, parce que c'était de nous qu'on se défiait le plus.

Les proviseurs et les recteurs que j'ai connus en ce temps là dans l'Université n'étaient point de méchantes gens. Je crois qu'au fond ils étaient tous les premiers ennuyés et fâchés des tracasseries qu'ils nous faisaient subir; mais quoi ? il leur fallait donner des gages et des gages quotidiens de leur dévouement à la réaction. Ils avaient une peur horrible d'être flanqués à la porte, et ils nous offraient tous les matins en holocauste. Je vois encore la figure douceâtre et terne du brave homme qui était censé gouverner le lycée de Chaumont. Le pauvre diable n'était pas à la noce, entre un recteur horriblement dévôt qui lui poussait sans cesse le goupillon dans les reins et nous autres parpaillots, qui écoutions ses observations d'un air d'ironie rogue et nous dérobions par quelque faux-fuyant adroitement trouvé à la nécessité d'obéir. Il est véritable aussi que ce que l'on nous commandait était parfois d'une ineptie rare et que les circulaires dont on nous lardait une ou deux fois par mois étaient d'une sottise à exaspérer l'homme le plus tranquille et le plus résigné; et je vous prie de croire qu'aucun de nous n'était cet homme là.

Moi surtout! L'esprit d'opposition me bouillonnait dans les veines; un esprit taquin, qui ne se traduisait point par des éclats de révolte ouverte, mais par des coups d'épingle que je plantais doucement, avec un bon rire de malice épanouie, dans les jambes de notre tyran.

Un exemple entre vingt :

On nous avait prescrit par une belle circulaire d'avoir un cahier de classe sur lequel nous devions consigner chaque jour le nombre de leçons récitées, avec les notes de récitation ; le nombre de devoirs lus avec les notes de correction ; le détail des exercices de la classe, quart-d'heure par quart-d'heure ; le nom des morceaux expliqués, avec les notes d'explication ; et enfin, dans une dernière colonne, nous devions marquer chaque jour pour les progrès faits par nos élèves. Le titre de la colonne portait en effet : PROGRÈS.

Je fis observer doucement à M. le proviseur que le progrès des élèves ne pouvait être ainsi remarqué et marqué quotidiennement ; que cette colone ne devrait porter d'indication que chaque mois, ou tout au plus chaque semaine. M. le proviseur me répondit d'un ton sec et péremptoire qu'on ne discutait point les ordres du ministre ; que le ministre voulait être informé jour par jour du progrès de nos élèves, qu'il fallait donc jour par jour le tenir au courant.

C'était une pure bêtise. Je ne ripostai point ; mais je m'appliquai à trouver tous les jours un adjectif nouveau, qui fût bien flamboyant, pour le coller au-dessous du mot *progrès* dans la fameuse colonne. Je mettais le lundi *incessants* ; *extraordinaires* le mardi ; *inouïs* le mercredi ; *incroya-*

bles le jeudi ; *stupéfiants* le vendredi ; *renversants* le samedi ; et je recommençais la semaine suivante sur nouveaux frais.

Au bout du mois, mon cahier de notes passa sous les yeux du proviseur, qui tressaillit d'indignation. Je fus mandé dans son cabinet ; il avait pris la chose au tragique. Je lui soutins innocemment que j'étais seul juge des progrès de ma classe, ce que M. le ministre avait semblé reconnaître puisque c'était à moi qu'il avait demandé ce que j'en pensais et que, si j'étais stupéfié de ces progrès, il n'y avait aucune raison pour ne pas les déclarer stupéfiants.

Ce sont là des bagatelles et qui ne vaudraient certes pas la peine d'être contées au public, si elles ne devaient lui révéler l'état particulier de nos esprits à cette époque. Songez que ces tracasseries se renouvelaient sans cesse et sous mille formes différentes. C'était une guerre perpétuelle entre l'administration et le personnel enseignant, une guerre de petites piqûres qui nous agaçait jusqu'à l'exaspération.

Il s'en est fallu de bien peu, à ce moment, que je n'aie jeté aux orties la robe de professeur quelques mois seulement après l'avoir revêtue. C'était en décembre 1851 ; le prince président venait de mettre la république dans sa poche avec la désinvolture que vous savez. La nouvelle du coup d'État tombant sur nous comme un coup de foudre, nous transporta d'indignation et de colère. Ce n'était pas qu'au fond je fusse un républicain bien forcené. Les questions politiques m'ont toujours peu touché, et aujourd'hui même elles me laissent à peu près indifférent. Ce qui me révoltait, c'était moins la république égorgée, que la façon dont avait été pratiqué l'égorgement. L'énormité de l'attentat me soulevait le cœur ; un serment si solennel, si audacieusement, si impudemment violé ! tant de déloyauté et d'astuce ! tant de cruauté perverse et froide ! Cela passait toute imagination. Ce qui acheva de me bouleverser, c'est une circulaire que l'on nous communiqua officiellement, qui nous enjoignait de nous réunir à un jour et à une heure marquée, dans le cabinet du proviseur, pour prêter serment entre ses mains, au nouveau gouvernement. Qu'avait-il besoin de notre serment, cet homme qui avait fait si bon marché du sien ? J'aurais admis encore, que nous qui étions fonctionnaires, nous prissions cette révolution en patience et que sans nous inquiéter du nom que portait le maître, nous poursuivissions notre besogne ; mais à l'idée seule qu'il me fallait donner une approbation explicite aux abominations qui venaient de se commettre, tout mon sang, comme disent les bonnes gens, ne faisait qu'un tour.

— Qu'est-ce que cela vous fait ? me disait de son ton sarcastique mon vieux collègue de rhétorique, un sceptique endurci s'il en fût et qui en avait vu bien d'autres. Avez-vous l'intention de prendre les armes et de partir en guerre contre le gouvernement ?

— Pas le moins du monde.

— Eh bien ! puisque vous êtes décidé à ne pas le combattre, promettez de ne pas le combattre ; c'est tout ce qu'on vous demande.

Il parlait de bon sens ; mais j'étais animé d'un dépit furieux qui me bouillonnait dans les veines et les brûlait. Une lettre de mon père arriva sur ces entrefaites. L'excellent homme avait craint un coup de tête et m'écrivait pour me calmer. Il me rappelait tous les sacrifices qu'il avait faits pour mon éducation : allais-je en un seul jour les rendre tous inutiles ? Il venait lui-même de subir de grosses pertes d'argent ; que deviendrait la famille si je tombais sur le pavé de Paris, sans ressources ? Et puis, il y avait la question de la retraite. Ah ! cette retraite, m'en avait-on assez parlé. tandis que j'étais au collège et à l'École ! M'avait-on assez dit : « Les fonctionnaires sont les plus heureux des hommes, parce que l'État leur assure pour leurs vieux jours une retraite honorable. » Je ne pus m'empêcher de sourire tristement, quand je vis mon pauvre père revenir avec tant d'insistance sur ce thème qui lui tenait tant au cœur. Que m'importait, à moi, une retraite que je ne devais toucher qu'après trente-cinq ans de service ? Trente-cinq ans ? c'est l'éternité pour un jeune homme qui entre dans la carrière.

Des considérations plus sérieuses me tourmentaient l'esprit. Qu'allais-je devenir après ma démission donnée ? Je ne me sentais pas bon à grand chose ; l'éducation que j'avais reçue était si peu pratique ! Car de prendre une plume et d'en vivre, c'était une idée qui ne m'était pas encore entrée dans la tête ; elle ne me poussa que beaucoup plus tard, quand j'eus vu un certain nombre de mes camarades se tailler dans le journalisme une position lucrative et un nom retentissant. Je n'étais réellement capable que de transmettre à d'autres le peu de latin et de grec que j'avais reçu moi-même de mes maîtres ; mais où l'enseignerais-je, si justement je quittais l'Université, le seul endroit où cette denrée eût un prix ? Je n'ai jamais été ce que les Parisiens appellent dans leur langue pittoresque, un débrouillard : comment me tirerais-je d'affaire si je me jetais avec ma maladresse d'esprit et ma gaucherie de caractère dans l'inconnu hasardeux d'une destinée obscure?

Je ne crois pas que de ma vie j'aie passé une nuit plus pénible que celle qui précéda le jour indiqué pour la prestation de serment. Je me promenais par la chambre, ruminant le pour et le contre, en proie à de cruelles angoisses, sans pouvoir m'arrêter à aucun parti. Je me couchai pour trouver le sommeil ; mais je ne pus dormir et je vis ma fenêtre s'éclairer peu à peu d'un jour pluvieux et morne sans que j'eusse pris une détermination définitive.

Dottain, qui était mon voisin et que je voyais tous les jours, entra chez moi sans frapper et me vit les yeux rougis par l'insomnie.

— Bah ! me dit-il, c'est une simple formalité, ce sont eux qui sont des sots de l'exiger ; mais puisqu'il le faut !...

Et je me laissai entraîner par faiblesse plus que par conviction. Personne n'a joint comme moi à une grande impétuosité de sentiments et à une ténacité rare de caractère une plus misérable incertitude d'esprit. Quand je me rappelle cette nuit, qui fut pour moi si mémorable, le couplet d'About me remonte à la mémoire :

> Il fait froid ; mais il fait chaud.
> Je le blâme et je le loue.
> Et l'administration
> A tort, bien qu'elle ait raison.

Nous n'étions pas déjà très heureux avant le coup d'État ; ce fut bien pis quand nos ennemis, officiellement introduits dans la place, eurent levé le masque. A des hostilités cachées succéda la guerre ouverte. L'Université avait dans cette dernière aventure témoigné hautement de son horreur pour le nouveau régime. Il n'y eut point de corps où les démissions furent plus nombreuses. Quelques professeurs même étaient descendus dans la rue et avaient poussé à la révolte. Ceux-là avaient été exilés ; Challemel-Lacour entre autres, notre ancien camarade d'école. Dans la masse même, qui avait donné son adhésion, le gouvernement sentait une sourde résistance ; tous s'étaient soumis, aucun ne s'était rallié. Nous vivions tous dans l'attente de quelque catastrophe prochaine ; on parlait tantôt du licenciement général de l'Université, tantôt de la remise de tous les lycées aux mains de prêtres, qui remplaceraient nos proviseurs. Les imaginations effarouchées finirent par se rasseoir un peu, et nous reprîmes notre train de vie habituel.

Chaumont ne doit pas être encore aujourd'hui une ville fort gaie ; elle était des plus tristes en ce temps-là. Peu de société, point de conversation ; nous vivions entre nous, repliés sur nous-mêmes. Je travaillais beaucoup, un peu à tort et à travers. Je n'avais pas tardé, à peine hors de l'école, à m'apercevoir combien l'éducation que nous avions reçue était étroite et comme était limité le champ de notre savoir. J'avais fort négligé l'histoire, ne me sentant qu'un goût médiocre pour cette étude. Je profitai des longues soirées que je passais avec Dottain pour remettre un peu d'ordre dans les données que j'avais emportées du lycée et pour lire avec lui les meilleures pages de nos historiens modernes. Je ne savais point de langue étrangère ; c'était un peu la faute de l'Université qui, en ce temps-là, affectait de mépriser cette étude qu'elle tenait pour secondaire ; c'était un peu la mienne, car, parmi mes contemporains, d'autres en dépit du préjugé avaient appris l'anglais ou l'allemand, et quelques-uns même les deux langues. Je résolus de combler cette lacune et me mis à piocher avec ardeur *le Vicaire de Walkefield.*

Le lycée de Chaumont avait naturellement un professeur de langues étrangères. C'était un Allemand, long, sec et maigre, qui parlait, je crois, tous les idiomes de l'Europe ; mais il était bien incapable d'en enseigner un seul. Je demandai à ce fils de la Germanie la permission de suivre sa classe ; il me l'accorda de fort bonne grâce ; mais je ne me doutais pas que la seule chose que l'on pût apprendre sérieusement dans la classe de ce brave homme était le jeu de saute-mouton. Les élèves avaient depuis de longues années pris l'habitude de choisir l'heure d'anglais pour s'exercer à travers les bancs à ce jeu qui est le croquet de notre France, c'était une tradition. Le professeur souriait derrière ses lunettes aux expansions de cette joie turbulente. Ma présence inopinée troubla fort les élèves ; mais je crois qu'elle dérangea encore plus le professeur. Il était accoutumé au bruit, et le silence l'étonnait et le déconcertait. Je l'obligeais à faire un semblant de classe, ce qui ne lui était pas arrivé depuis les années de sa verte jeunesse. Il me donnait au diable de grand cœur et les élèves me maudissaient tout bas. Peu à peu cependant les garnements s'étaient renhardis, et je vis bien que si je persistais à rester au milieu d'eux ce serait sur mon dos qu'ils apprendraient la grammaire anglaise. Je me retirai discrètement et les rendis, professeurs et élèves, à leurs aimables jeux.

On s'étonnera peut-être que le proviseur n'eût pas, dès le premier jour, réprimé ce désordre. A quoi ces remontrances eussent-elles servi ? On n'avait point à cette époque un nombre suffisant de professeurs de langues vivantes. L'Université s'était imaginé qu'il n'y avait qu'à faire venir d'Allemagne des professeurs d'allemand et d'Angleterre des professeurs d'anglais pour posséder un bon enseignement des langues vivantes. La vérité, c'est qu'il faut que l'anglais et l'allemand soient enseignés à de petits Français par des maîtres nés en France, qui aient vécu en Angle-

terre et en Allemagne. Les Allemands, qui sont
chez eux de si excellents éducateurs, n'ont pas de
prise en France sur les esprits de nos jeunes
Français. Il y a aujourd'hui une agrégation des
langues vivantes où les étrangers sans doute sont
admis, mais où l'on donne de préférence les meilleures notes et les meilleures places à des indigènes ; on a cent fois raison. Nos enfants ont l'esprit trop vif et trop prompt à la raillerie pour
prêter une attention docile aux leçons d'un pédant d'outre-Rhin, qui ne sait pas les accommoder
à leurs mœurs.

Je me mis aussi à l'étude du grec avec une ardeur extrême. Je savais passablement le latin au
sortir de l'école ; mais le grec m'était infiniment
moins familier et je ne pouvais lire Démosthène
ni Platon à livre ouvert. J'eus honte de mon ignorance et mis à profit la nécessité où j'étais d'enseigner le grec pour l'apprendre moi-même.

Je n'avais d'autre distraction, au milieu d'occupations si variées et si absorbantes, que nos dîners
de la table d'hôte où je trouvais réunis tous les
soirs, outre quelques-uns de mes collègues, trois
ou quatre fonctionnaires de divers ordres. Quand
les tables d'hôte sont composées uniquement de
professeurs, les causeries ont un penchant invincible à se renfermer dans un même cercle. Les
menus faits de la vie universitaire en forment le

fond, et il semble que la grande affaire soit, comme dans les couvents, de dire du mal de M. le prieur. J'ai vu dans ma carrière d'universitaire quelques tables d'hôte ainsi composées d'une seule tribu d'employés : c'était une popote de concierge.

Chez nous les éléments étaient plus variés ; nous avions entre autres à notre table ou tout au moins à une table voisine un vieux juge, qui était à la fois l'honneur et le désespoir de sa corporation. C'était un homme d'infiniment d'esprit et qui avait en ville la réputation de mener par le nez le tribunal dont il faisait partie, car il était le seul qui sût véritablement le droit et la jurisprudence. Le mépris que professait ce digne homme pour ses collègues en particulier et pour la magistrature en général était chose qui ne se peut concevoir. Il en parlait avec une liberté qui faisait frémir ; il n'y avait aucune considération qui pût retenir sa langue : car il était vieux, riche et dénué de toute ambition. C'était un philosophe du genre cynique, car il ne lui déplaisait pas quelquefois de hausser le coude, et c'est à lui que l'on attribuait la réponse qui depuis est devenue légendaire. Un de ses collègues, le voyant dans les vignes, lui avait reproché ce manque de tenue.

— Je suis gris, lui avait-il dit, mais cela passe. Toi, tu es bête, et cela reste.

C'est dans les conversations de cet admirateur du président Debrosse que j'ai commencé à puiser cette horreur de la magistrature française, qui a été depuis en journalisme la plus tenace et la plus sérieuse de mes passions. J'écoutais alors les boutades de ce bonhomme, croyant qu'il exagérait. J'ai pu me convaincre, quand j'ai eu moi-même affaire à nos juges, qu'il était fort au-dessous de la vérité. L'insolente impudence de nos magistrats fouler aux pieds sans ombre de vergogne, dérobant l'infamie de leurs arrêts derrière l'anonymat des formules judiciaires, le bon sens, la bonne foi, l'équité et même la loi, cette loi qu'ils sont chargés d'appliquer et de faire respecter ; leur assurance tranquille en rendant des sentences dont se révoltait la conscience humaine et dont leur impassible face eût dû rougir la première ; tant de preuves que j'ai eues, et des preuves irréfragables, de leur abominable esprit d'injustice ou de leur outrecuidante sottise m'ont mis au cœur une haine inextinguible, la seule peut-être que j'ai sentie de ma vie. Cette exécration m'est si bien entrée dans les veines qu'aujourd'hui même, quand par hasard je rencontre un magistrat dans le monde et lui suis présenté, j'ai besoin de faire effort sur moi-même pour apaiser le tumulte du sang qui me siffle aux oreilles. Il y en a qui sont dans le monde des hommes extrêmement aimables et j'en ai pour ma part rencontré de tels. Je les tiens, dans la vie civile, pour honnêtes gens et pour braves gens ; mais Dieu me garde d'avoir affaire jamais à eux quand ils remontent sur leur siège ! Je suis convaincu qu'en revêtant la robe, la plupart dépouillent justice, honneur et probité.

Et ce sentiment ne m'est pas particulier. Croyez-vous que la réforme, qui s'est faite il y a peu de temps, de notre magistrature eût été prise si indifféremment par la population si elle n'avait pas été depuis de longues années travaillée d'une sourde rage, mêlée de mépris, contre nos magistrats ? Si en dépit des protestations intéressées du parti clérical, si malgré les cris d'aigles ou d'oies jetés par les journaux bien pensants, cet horrible abattis de juges a laissé froids citadins et paysans, c'est que tous, paysans et citadins, avaient de leurs désirs et de leurs vœux devancé le glaive de l'ange exterminateur.

Je ne sais ; mais il me semble à distance que l'on avait bien de l'esprit, du bon sens et de la gaîté, à notre petite table d'hôte. Mon vieux professeur de philosophie, avec sa verve morose et gouailleuse, en était pour ainsi dire le sel, un sel amer et salubre. C'est à lui que je dois l'une des leçons de philosophie pratique qui m'ont le plus servi dans le cours de mon existence.

Notre gargotier nous donnait une fois par semaine cette espèce de ragoût que l'on a longtemps appelé haricot de mouton et, qui, depuis, a été promu par nos restaurateurs à la dignité de *Navarin*. Il y fourrait beaucoup d'oignons, selon l'usage, et il se trouva par hasard qu'aucun de nous n'aimait l'oignon.

Nous le mandâmes à notre barre et nous lui fimes part de notre répugnance.

— Donnez-nous du ragoût, si tel est votre bon plaisir ; mais n'y mettez pas d'oignon.

— Cela n'est pas possible.

— Pourquoi n'est-ce pas possible ?

— Parce qu'il n'y a pas de ragoût sans oignon ; on met toujours de l'oignon dans un ragoût ; un ragoût sans oignon ne serait pas un ragoût.

— Eh bien ! ce ne sera pas un ragoût, ce sera autre chose ; mais n'y mettez pas d'oignon.

— Mais puisque c'est un ragoût !

Nous ne pûmes l'en faire démordre ; nous préférâmes nous résigner ; mais l'impossibilité où était ce cuisinier, trop ami de l'absolu, de confectionner un ragoût sans oignon, fut chez nous un texte sans cesse renouvelé de plaisanteries faciles.

Et comme j'y revenais un jour :

— Vous vous moquez beaucoup du père Debras me dit de son ton sarcastique notre vieux philosophe, vous ne vous apercevez pas que vous-même vous n'êtes pas beaucoup plus sage, et qu'à chaque instant, vous déclarez comme lui qu'il n'y a pas de ragoût possible sans oignon.

Je l'interrogeai d'un regard surpris.

— Vous sortez de l'École normale; ils ont toutes sortes de qualités, les élèves de l'École normale, ils aiment le simple, ils sont gentils et gais; mais ils ont un grand défaut : vous êtes tous péremptoires et tranchants, vous ne savez rien de la vie et vous croyez naïvement que, le principe une fois posé, les conséquences doivent s'en déduire selon la règle d'une inflexible logique. Vous aussi, vous dites sans cesse : « Il faut de l'oignon dans le ragoût, et un ragoût sans oignon n'est pas du ragoût ».

— Moi ! m'écriais-je; mais il me semble qu'il n'y a personne plus tolérant que je ne suis; je fais profession d'admettre toujours le principe d'un adversaire et de tenir ses objections pour sérieuses.

— Ah! vous croyez, me dit-il avec un sourire de raillerie. Eh bien! laissez-moi faire, je parie vous prendre deux fois par jour en flagrant délit d'oignon dans le ragoût.

J'acceptai la gageure. C'était lui qui avait raison. Que de fois depuis je me suis vu arrêté sur le bord d'une assertion sèche et tranchante par ce mot que je voyais flotter sur ses lèvres moqueuses. Il faut de l'oignon dans le ragoût! Grâce à cette incessante surveillance, je finis par comprendre que ce n'était pas le tout que d'admettre théoriquement les idées des autres, il fallait encore adoucir l'expression des siennes, y apporter des tempéraments et dissimuler au moins sous la grâce de la forme ce qu'il y a dans la pensée de trop net et de trop autoritaire.

Je fis encore une autre découverte, qui me fût plus sensible : c'est que, par une habitude presque invincible d'esprit, c'était précisément les idées dont j'étais le moins sûr, les théories que j'avais le moins examinées, celles par conséquent qui eussent dû me tenir le moins au cœur, oui, c'étaient justement celles-là que je laissais tomber dans la conversation, comme un couteau de guillotine, d'une affirmation plus coupante et plus nette. C'est de là que date le soin que je pris de faire la révision de mes préjugés. Il y a donc trente cinq ans que j'ai commencé ce travail ; et combien peu j'ai gagné sur moi-même ! que de fois je me surprends encore à me dire tout bas : Prends garde, Francisque ; tu veux mettre de l'oignon dans le ragoût !

Je ne sais trop ce qui serait advenu de moi si l'administration m'eût laissé moisir sur place dans cette bonne ville de Chaumont où j'avais été déporté tout d'abord. Mais j'en sortis, grâce à une frasque assez ridicule dont je me rendis coupable, et c'est le cas de s'écrier ou jamais : *Felix culpa !*

Parmi les nombreuses circulaires qui nous tombaient régulièrement sur la tête, comme feuilles sèches au vent d'automne, il s'en trouva une un peu plus inepte encore et plus tracassière que les autres. Il y était dit que certains professeurs menaçaient par la longueur de leur barbe la sécurité de l'empire ; on nous enjoignait de la couper et d'expliquer Virgile en menton ras.

Vous imaginez aisément les quolibets que souleva cette circulaire. Il n'en fallait pas moins obéir. On nous donna huit jours pour nous mettre en règle. Je ne m'étais jamais rasé et je sentais un vif dépit d'être obligé de le faire. Il me vint à l'idée d'écrire une pétition à mon recteur dans le style de Paul-Louis, pour lui demander la permission de garder une barbe qui avait rendu plus respectables les mentons des illustres universitaires d'autrefois. La pétition était vraiment drôle et c'est le premier article de petit journal qui soit jamais sorti de ma plume.

Si j'avais eu pour recteur un homme d'esprit, il eût ri sans aucun doute de cette boutade, m'eût appelé dans son cabinet, lavé paternellement les oreilles et rendu cette pétition charivarique, au lieu de la transmettre au ministre. S'il eût agi de la sorte, il est fort probable que je ne vous conterais pas aujourd'hui cette histoire, et vous n'auriez pas l'ennui de lire ce volume. Mais ce dévôt personnage était doublé d'un sot. Il blémit de fureur à lire cette gaminerie et l'expédiant au ministère, il demanda net ma destitution ; rien que cela !

M. Lesieur était encore chef du personnel. Il n'était pas d'humeur fort commode ; mais enfin c'était un Parisien qui ne jugea point le cas si pendable. Quelques jours après, je reçus une lettre fort dure, où il m'était signifié que j'avais mis le comble à mes iniquités en me moquant avec impudence de mes supérieurs, que j'avais mérité une révocation pure et simple, mais que le ministre, par un excès de bonté dont je devais être attendri, m'en faisait grâce. J'étais simplement envoyé, en punition de mes horribles méfaits, au collège communal de Lesneven, où je devrais professer la rhétorique.

Lesneven ! quel trou était-ce là ? Je me jetai sur un dictionnaire de géographie et j'y vis que l'endroit où l'on m'expédiait était une petite bourgade au fin fond de la Bretagne, dans les environs de Landerneau et non loin de Brest.

Vous croyez peut-être que je fus atterré ? La nature m'a, par bonheur, doué d'un inaltérable optimisme qui m'a toujours, dans toutes les circonstances de ma vie, fait chercher et voir le bon côté des choses.

— Parbleu ! me dis-je, je ne connais pas la Bretagne ; je m'en vais la voir. Je croupissais à Chaumont ; c'est une chance pour moi d'en partir.

Nous étions aux environs des congés de Pâques ; je bouclai ma malle et j'allai embrasser mon père, que je trouvai affaissé sous le coup et grondant.

— Mais, lui dis-je, c'est un avancement que je reçois, j'étais en troisième, je m'en vais faire la rhétorique.

Cette considération calma l'excellent homme qui ne manqua pas de dire à tous ses amis dans la petite ville qu'il habitait :

— Francisque vient de recevoir un avancement très brillant ; il passe de troisième en rhétorique.

Vous voyez qu'il n'y a que façon de prendre les mésaventures et que le tout est de les tourner du bon côté.

Je ne puis me rappeler sans attendrissement les
six mois que j'ai passés à Lesneven. Ce fut dans
ma carrière un moment court et délicieux, comme
une fraîche halte, entre deux étendues de sable,
dans une oasis. Jamais je ne sentis plus pleinement la joie de vivre et d'avoir vingt-cinq ans ;
jamais je ne fus plus heureux de ce bonheur dont
on porte la source en soi-même et que l'on ré-
pand sans y prendre garde, sur les choses exté-
rieures. Il y eut là dans ma vie un point qui est
pour moi resté lumineux ; un de ces clous d'or
dont parle Bossuet, qui, espacés sur la muraille,
semblent l'occuper et l'illuminer tout entière,
mais, que s'ils en étaient arrachés et réunis n'em-
pliraient pas le creux de la main.

Je fis le voyage par un temps exquis. Je suis
d'ordinaire assez peu sensible aux beautés de la

nature. Le ciel, en m'affligeant d'une myopie extrême, m'a rendu inhabile au plaisir qui entre dans l'esprit par le canal des yeux. Je me souviens pourtant du ravissement où me jeta l'aspect de la Bretagne vue par un aimable jour de printemps à travers la vitre du train qui m'emportait. La nouveauté du paysage m'enchanta : C'étaient de vastes landes toutes couvertes de grosses fleurs jaunes qui formaient comme un tapis d'or qu'égayait la forte verdure des ajoncs.

Le matin même où je débarquai à Lesneven, je me fis indiquer le chemin de la mer, dont la ville n'est pas très éloignée. J'y courus avant même d'avoir pris possession de ma chambre et rendu les visites réglementaires. Je tombai en extase. De gros blocs de rochers d'un noir luisant, çà et là jetés sur la côte, émergeaient des flots et je m'assis sur le plus proche, regardant la mer monter, tout baigné de soleil et les yeux perdus dans les lointains bleuâtres de l'horizon. Je crois, ma parole d'honneur, que j'eus ce jour-là un accès de poésie, et je revins dans mon nouveau chez-moi, accablé d'une mélancolie douce et voluptueuse.

L'établissement où je venais d'être envoyé comme professeur, était de nom un collège communal et relevait de l'Université ; mais, par le fait, c'était une sorte de petit séminaire. Le principal était prêtre ; prêtre aussi le professeur de philosophie, tous les autres maîtres étaient de jeunes séminaristes qui attendaient le moment de recevoir les Ordres ; peut-être même quelques-uns les avaient-ils déjà reçus. C'était bien le ministre qui les nommait ; mais il laissait à l'ecclésiastique qui gouvernait la maison la liberté de ses choix, et il n'y avait guère que la classe de rhétorique pour laquelle il se départît de cette tolérance et dont il se réservât de nommer lui-même le titulaire. C'est ce qui explique comment j'avais pu être désigné, moi Voltairien endurci, dans cette bergerie cléricale.

Je fus un peu saisi quand j'appris ces particularités. Ainsi donc, j'allais être parmi ces tonsurés le seul laïque et sans doute déjà mis par avance à l'index. Je pris mon courage à deux mains et me rendis chez le principal, à qui je présentai mes lettres de créance. Je vis un homme déjà vieux, le visage pâle, le regard fin et pénétrant, l'air ascétique, le corps émacié, la tête légèrement inclinée vers l'épaule, qui parlait d'une voix faible, mais pleine de bonne grâce et d'autorité. J'avais craint un accueil hautain et froid, et je m'étais hérissé, pour y répondre, de dignité rogue ; mais toutes mes préventions tombèrent et se fondirent en un clin d'œil. Sa réception fut pleine de bienveillance et d'aménité. Il ne me cacha pas qu'il savait fort bien que j'étais envoyé chez lui en pénitence.

— Nous essayerons de vous rendre le temps de cette pénitence moins rude. Je suis sûr que de votre côté, vous aurez assez d'esprit pour donner à nos Bretons un enseignement qui ne soit pas en désaccord avec les traditions de cette maison. Je vous laisserai donc parfaitement libre dans votre classe ; vous y direz et vous y ferez ce qu'il vous plaira ; je suis convaincu que vous n'abuserez jamais de cette confiance.

Il m'invita ensuite à descendre dans son jardin. C'était ce que l'on appelle un jardin de curé. De grands carrés bordés d'un buis sombre et coupés d'allées toutes droites qui reluisaient au soleil. Mais aux deux ailes, à droite comme à gauche, s'allongeaient à perte de vue deux grandes allées de vieux arbres qui devaient, en été, donner un épais ombrage.

— Voici me dit-il, une clef de ce jardin ; il n'y a pas beaucoup de promenades hors de la ville ; vous pourrez venir ici, quand le cœur vous en dira, lire ou méditer à l'aise ; vous y serez seul et chez vous.

Les bras me tombaient d'étonnement. On ne nous avait point dans l'Université, habitué à ces prévenances. Nos administrateurs semblaient y prendre à tâche généralement de nous faire sentir la distance qu'il y avait entre un simple chien de professeur et un homme promu à la dignité du provisorat. Tant de bonhomie me confondait, d'autant mieux que cette bonhomie n'avait rien de vulgaire ; elle était relevée d'une pointe de dignité et de grâce ecclésiastique.

Il me présenta, séance tenante, au professeur de philosophie, qui me séduisit tout de suite par son air de rondeur et de jovialité. C'était l'abbé Cohannec, qui vit encore et dont le nom est célèbre dans toute cette partie de la Bretagne. C'était un homme de haute stature, de poitrine large, hardiment campé sur deux longues et solides jambes, qui respirait la santé, la bonne humeur et la force. Il était taillé en hercule, ou, pour parler le langage de la mythologie chrétienne, en Samson.

On contait, de sa force, des traits qui n'eussent point déparé la légende du héros biblique.

Vous connaissez ces petits sentiers qui sillonnent la Bretagne, encaissés entre deux hautes berges que clôt une haie vive. Un jour, il revenait au séminaire par un de ces sentiers quand des cris lui firent dresser l'oreille. Une femme fuyait devant un taureau furieux. Pas moyen de s'échapper ni à droite, ni à gauche. L'abbé retrousse prestement sa soutane, court à la bête, l'empoigne par les deux cornes ; et l'oblige à tomber sur les deux genoux, vaincue et domptée.

L'histoire est-elle authentique? qu'importe? Personne n'en doutait dans le pays, et, vous savez, il n'y a rien de plus vrai que la légende.

L'abbé Cohannec n'avait avec Samson d'autre point de ressemblance que la puissance de ses muscles. C'était un prêtre fort instruit, d'une conversation très agréable, qui avait l'esprit fin et orné. Il me séduisit vite et je crois que je ne lui déplus point. Il me faisait l'honneur de me dire qu'il aimait ma franchise d'accent et ma gaieté toujours en éveil. Nous causions de bonne amitié quand nous nous rencontrions dans les couloirs du séminaire; mais il ne chercha point à pénétrer dans ma vie et, de mon côté, je me tins sur la réserve. Il est probable que si nous eussions voulu nous rapprocher davantage, nous aurions découvert l'abîme d'idées et de sentiments qui nous séparait.

On m'installa dans ma classe. Cette classe de rhétorique était bien extraordinaire. Elle se composait de neuf élèves, dont trois parlaient couramment le français; les six autres le comprenaient et pouvaient même l'écrire au besoin; mais ils n'aimaient point à le parler, s'y sentant maladroits. Le breton était leur langue maternelle et domestique. Mes collègues, les autres professeurs, qui étaient du pays, leur faisaient la classe moitié en breton, moitié en français; mais je ne pouvais, moi, leur parler que cette dernière langue, et j'avais toutes les peines du monde à obtenir qu'ils la parlassent entre eux aux heures d'études. Je devais donc, de par le règlement, obliger ces jeunes Bretons à traduire du latin qu'ils savaient fort mal dans une langue qu'ils ne savaient guère mieux. Je ne tardai pas à m'apercevoir que c'était là une besogne inutile ou à peu près. Je m'appliquai donc à leur apprendre le français et tournai la classe en conversations et en lectures.

Une pareille classe n'exigeait de moi aucune préparation. Ajoutez que, dans ce petit séminaire, on fêtait tous les saints du paradis et l'on organisait des retraites pieuses pendant lesquelles toutes les études ordinaires étaient suspendues. Le principal me faisait la gracieuseté de ne point m'inviter à ces exercices, en sorte que j'avais congé sur congé. Je n'avais, autant dire, rien à faire.

Je fus pris d'une rage de travail si intense, si furieuse, que je n'ai rien éprouvé de pareil, si ce n'est peut-être aux premières années de mon installation à Paris. Et encore, ne puis-je comparer ces deux époques sans faire tort à la première. A Paris, je travaillais pour gagner ma vie, pour faire mon trou, par nécessité, par ambition ou par amour-propre. C'était le *Struggle for life*. Ce qu'il y eut de particulier dans cette crise de Lesneven, c'est que, là, mon amour du travail fut absolument désintéressé et pur. Je travaillais pour travailler, par goût des belles-lettres, sans autre but que de me réjouir en lisant des chefs-d'œuvre, en m'enivrant de la beauté antique.

J'avais emporté une petite bibliothèque qui me suivit dans tous mes voyages et finit par s'y disperser, car il ne m'en reste aujourd'hui qu'un petit nombre d'épaves. Il s'y trouvait une assez belle édition d'Homère que l'on m'avait donnée comme prix de vers latin au concours général. Je m'avisai de lire d'une traite l'*Iliade* et l'*Odyssée*, que je ne connaissais encore que par longs fragments. Le texte d'Homère est d'une lecture facile lorsqu'une fois on est en possession de son vocabulaire particulier. Je me souviens que, tous les matins, quand il faisait beau, je partais, mon Homère sous le bras, et me rendais au jardin dont la clef avait été si gracieusement mise à ma·disposition. Je me promenais dans l'allée de droite, me lisant à demi-voix les vers du vieux poète grec, et c'était pour moi comme un rafraîchissement délicieux de nager en pleine eau dans cette large et abondante poésie. A sept heures, le principal descendait à son jardin, et je voyais dans l'allée de gauche errer d'arbre en arbre sa soutane noire, tandis que, de son côté, il lisait son bréviaire. L'heure de la classe sonnait, nous nous

retrouvions au perron du couvent, il m'adressait quelques mots affectueux, et je rentrais où
m'appelait mon métier.

J'avais trouvé un truc ingénieux pour me rendre
profitables à moi-même des classes qui auraient
pu n'être utiles qu'aux élèves. Je connaissais mal
les sermonnaires des deux siècles précédents.
J'empruntai leurs ouvrages à une bibliothèque du
pays, et, aussitôt la besogne réglementaire de la
classe expédiée — cela ne prenait guère de temps,
puisque je n'avais que neuf élèves, — je tirais de
ma poche mon volume de sermons ; j'avais d'avance
marqué les plus beaux passages, je les lisais tout
haut, ce qui est la meilleure manière de les comprendre et de les sentir, et je les commentais avec
une verve qui parfois faisait impression sur mes
élèves.

— Vous seriez tout de même un fier prédicateur
si vous vouliez, me dit un jour l'un d'eux, dans
un accent de naïf enthousiasme.

Savez-vous bien qu'en ce temps-là, j'ai été fanatique de Bourdaloue ? que je le mettais bien au-
dessus de Bossuet, et peut-être n'avais-je pas tort.
La logique serrée de l'impitoyable jésuite, les
analyses exactes et subtiles qu'il fait des passions
et des mœurs des hommes, me ravissaient d'admiration. Bourdaloue est un moraliste d'une saga-
cité et d'une impétuosité merveilleuses, et il me

semble que l'on pourrait tirer de son œuvre un livre d'extraits qui tiendrait sa place à côté des *Caractères* de La Bruyère.

Une fois rentré dans mon petit logis, je me remettais avec ardeur au grec, qui était devenu pour moi une passion dominante. Je n'avais qu'un texte d'Aristophane, sans commentaire ni notes ; je me mis en tête de le lire, aidé de la seule traduction de M. Artaud. Il n'y a guère d'auteur plus difficile à comprendre qu'Aristophane ; aussi n'en pénétrais-je pas toujours le sens, et il est probable qu'un de mes amis des classes érudites de grammaire, s'il eût écouté la traduction que je m'en faisais à moi-même, y eût surpris et noté bien des méprises. Mais c'est un charme de lire un grand poète à travers la brume d'une langue étrangère que l'on ne sait qu'à demi. Les mots perdent leurs contours précis et arrêtés, ils ont quelque chose de vague à la fois et de lumineux, qui éveille l'imagination. On les emplit soi-même de sens plus étendus, plus élastiques et qui touchent d'autant plus qu'on les a tirés de son être et que l'être est alors tout en branle.

Chose bizarre ! j'ai relu depuis à Grenoble, soutenu de tous les secours de la philologie moderne, aidé de mon ami Gandar, qui a été un des plus éminents hellénistes de ce temps-ci, *les Chevaliers* d'Aristophane. J'ai pu constater alors l'incroyable nombre de contre-sens dont fourmillait ma lecture d'autrefois. Comment se fait-il, pourtant, que je n'y ai plus trouvé la même saveur ? Il me semblait là-bas, à Lesneven, quand j'ouvrais le petit volume à couverture jaune, voir se détacher et se lever du texte les mots qui me chuchotaient à l'oreille des sens mystérieux et charmants.

D'Aristophane, je passai à Plaute, que je lus de la même façon, plus en artiste qu'en philologue ; puis à Térence, et je pourrais trouver encore dans un coin de tiroir le monceau de cahiers où je consignais au fur et à mesure mes réflexions et mes admirations.

Et si je m'attachais ainsi aux écrivains dramatiques de l'antiquité, ce n'était point du tout par calcul. J'étais à mille lieues de penser que jamais un jour je deviendrais, en critique théâtrale, le confrère de Jules Janin et de Théophile Gautier. Non, c'est le hasard des livres que j'avais apportés qui seul me guidait. Jamais je n'ai tant lu, moi qui ai pourtant été l'un des plus grands dévoreurs de livres qu'il y ait jamais eu devant l'Éternel, ni lu avec tant de plaisir. Je vivais solitaire, loin de tous les bruits du monde, ne recevant pas même un journal dans cette thébaïde où j'étais confiné. Je n'étais plus rattaché à la vie extérieure que par les lettres de mes anciens camarades, qui m'arrivaient de temps à autre et ravivaient chez moi notre vieille amitié.

Nous nous étions entendus entre cinq ou six, au sortir de l'École, pour nous écrire des lettres qui iraient de l'un à l'autre, faisant le tour des cinq associés et nous tenant ainsi, sans trop de temps perdu, au courant les uns des autres. Cette correspondance, que je pourrais qualifier de circulaire, avait été très active durant la première année. Elle s'était quelque peu ralentie, mais elle durait encore. About nous a ainsi écrit de Grèce et de Paris des volumes de lettres qui étaient bien spirituelles et bien amusantes ; elles se sont malheureusement perdues, car celui qui recevait en dernier la lettre circulaire était, de par nos statuts, tenu de l'anéantir. Nous parlions à cœur ouvert dans ces lettres et avec une liberté de langage qui les rendait bien difficiles à garder.

Cette correspondance était, à Lesneven, ma seule distraction. C'est par elle que j'apprenais les détails de l'exode universitaire qui avait déjà commencé. Nombre de nos camarades avaient déjà filé, les uns à l'anglaise, les autres en faisant claquer la porte derrière eux. On avait voulu envoyer Taine en sixième à Toulon ; il avait refusé, donné sa démission, et était venu s'établir dans une petite chambre du quartier latin où il travaillait à la solde des Hachette. Assolant avait dit de même à *l'alma mater* un adieu définitif ; About revenait de Grèce, où il avait passé deux ans, et son intention formelle était de n'accepter aucun poste. Il se préparait à écrire *la Grèce contemporaine*. Mais je n'ai point à conter ici les mémoires des autres.

J'écrivis peu à nos amis communs durant ces bienheureux six mois. J'éprouvais je ne sais quelle pudeur à leur peindre l'état d'âme où je me trouvais, qui aurait pu prendre à leurs yeux une couleur de sentimentalisme mystique. Or, il n'y avait rien que nous prissions plus de plaisir à blaguer que le sentiment et le mysticisme. Je jouissais silencieusement de cette extase qui m'était à moi-même si nouvelle, et j'en dérobais le secret comme d'une maladie qu'on n'oserait avouer.

Je me souviens que la bonne femme chez qui je logeais, étonnée de me voir à mon bureau dès le matin avant l'aurore, toujours courbé sur les livres et poussant quelquefois mes veilles très avant dans la nuit, me disait en joignant les mains :

— Ah ! monsieur, si vous offriez à Dieu la vie que vous menez ici, pour sûr vous iriez au paradis.

Je l'avais dans le cœur, le paradis, et un paradis à peu de frais. J'avais cent francs d'appointement par mois, sur lesquels j'en touchais quatre-vingt-quinze, les cinq autres restant pour la

retraite — vous savez bien, cette fameuse retraite !
— Avec cela, j'étais riche. Ma chambre me coûtait
douze francs par mois, et oncques n'eus un logis
plus propre, des habits mieux brossés, un linge
plus exactement remis en état, et, par là-dessus, de
bons conseils, des chansons bretonnes, des invitations à manger de la galette. On me força même
d'accepter un petit chapelet qui avait touché la
statue de Notre-Dame d'Auray.

La table d'hôtes était de trente francs et, tous
les jours, des huîtres, du homard, et, par demi-
douzaines, ces délicieuses petites côtelettes de
pré-salé, qui sont la joie des gourmets et l'orgueil des éleveurs bretons. Et toujours, aux deux
bouts de la table, d'énormes montagnes de beurre
que l'on coupait par larges tranches et que l'on
mangeait étendu sur le pain avec tous les mets,
depuis le commencement jusqu'à la fin du repas.
Déjeuners et dîners se terminaient par d'énormes
saladiers de fraises parfumées qui venaient de
Roscoff.

Notre hôtesse était une vigoureuse commère,
haute en couleurs et forte en gueule ; toujours à
ses fourneaux ou à la salle à manger, elle avait
le noble orgueil de ces cordons-bleus de province,
dont la race est malheureusement disparue aujourd'hui. Jamais je n'ai eu de ma vie table plus
abondante, plus variée et plus succulente. Le

mari était, comme il arrive souvent en Bretagne,
un effroyable ivrogne qui se vantait de n'avoir pas
dessoûlé depuis vingt-cinq ans. Il fallait entendre
les noms dont l'affublait sa femme, et, de temps à
autre, le bruit d'une gifle retentissante s
travers la maison. Nous voyions le vieux pochard
se défiler piteux, grommelant et l'oreille basse.
L'ivrognerie est le péché mignon de cette population pieuse. Les jours de marché, une bonne
moitié des habitants de Lesneven battait les murs,
et l'on rencontrait, le soir, des couples d'amoureux
puant l'eau-de-vie, qui faisaient leurs dévotions
derrière les haies vertes, sous le grand ciel
bleu.

Les vacances approchaient. L'abbé Cohannec
me prévint que, pour le jour de la distribution, le
principal désirait qu'il y eût une représentation
dramatique ; il me chargea de choisir la pièce et
de la monter. Je pris *les Fourberies de Scapin*,
dont je retranchai les rôles de femmes, qui sont
d'ailleurs peu importants. Nous passâmes les
quinze derniers jours et peut-être même davantage — car je ne me rappelle plus au juste — à
répéter la comédie de Molière, et je riais de tout
mon cœur en pensant à la figure qu'eût fait un
inspecteur de l'Université si, tombant tout à coup
dans ma classe, il nous eût surpris, tous les élèves
en l'air, l'un fourré dans un sac, l'autre armé d'un

bâton, et moi, le professeur, réglant la mise en scène.

L'abbé Cohannec venait quelquefois à l'improviste; on lui jouait un acte. Il nous comblait de compliments et paraissait ravi :

— Vous avez manqué votre vocation, me dit-il un jour ; vous auriez dû être directeur de théâtre.

Nos acteurs eurent le jour de la représentation un succès énorme dont je pris modestement ma part. J'allai faire mes adieux au principal et je lui avouai ingénuement que je m'étais trouvé si heureux chez lui que mon seul désir était d'y revenir et d'y passer une année encore. Il marqua quelque étonnement et fit un haut-le-corps :

— Que voulez-vous? lui dis-je, je n'ai trouvé que chez vous de la liberté et de la tolérance. Dans nos lycées, ces messieurs sont obligés, pour prouver la sincérité et la pureté de leur foi, de faire du zèle à nos dépens et sur notre dos. Vous êtes, vous, au-dessus de tout soupçon : il vous a été permis de ne pas me tracasser, et croyez que je sens le prix de votre bonne grâce.

Tandis que j'ouvrais ainsi mon cœur avec une innocence quelque peu étourdie, il m'écoutait d'un air fin et souriant d'un sourire énigmatique.

— M'autorisez-vous, lui dis-je, à demander au ministre de me laisser une année encore dans la rhétorique de Lesneven ?

Il fit un geste d'acquiescement et j'écrivis tout aussitôt la lettre. Elle était fort sincère et très polie, mais il paraît qu'au ministère on la trouva d'une impertinence rare. J'ai su depuis que M. Lesieur était entré en la lisant dans une violente colère. « Ce Sarcey, s'était-il écrié, n'en fera donc jamais d'autres ! Il croit qu'on peut toujours impunément se moquer de l'administration ! » Dieu m'est témoin que je n'avais eu en cette affaire aucune envie de railler. J'y avais mis, au contraire, beaucoup de bonhomie, de bonne foi et de sérieux. J'avais même, dans ma pétition au ministre, invoqué le nom d'un inspecteur général qui, cette année-là, avait passé à Lesneven.

C'est même une bien bonne histoire que celle de cette inspection, et le souvenir m'en amuse encore.

Lesneven n'était point sur la ligne de tournées des inspecteurs généraux, et c'était un trop petit collège pour qu'ils daignassent jamais se détourner de leur chemin et s'y arrêter. Il y avait donc tantôt quinze ans environ que le collège n'avait vu l'ombre d'un inspecteur général quand celui qui était cette année-là de tournée en Bretagne eut la fantaisie de visiter la pointe de Roscoff. Ce fut pour lui un prétexte à faire une halte au collège de Lesneven, qui est sur la route. Vous imaginez l'émotion et, il faut bien le dire aussi, l'ennui du principal et de ses collègues. Ces messieurs savent bien que nominalement ils relèvent de l'Université, mais ils aiment à rester maîtres chez eux, et rien ne leur déplaît tant que cette intrusion d'un fonctionnaire laïque s'ingérant de forcer leur porte et de troubler la paix de la cité de Dieu.

M. l'inspecteur général n'avait le temps que d'assister à une seule classe. On le conduisit dans la mienne, et je puis dire que je lui servis des devoirs comme il n'en avait jamais vus dans aucun collège communal, et une explication de texte et une leçon de littérature comme il n'en avait pas entendues souvent, même dans un grand lycée. J'y avais mis de la coquetterie ; ce fut enlevé et brillant. L'inspecteur parut étonné ; il me demanda qui j'étais, d'où je venais, mes états de service, et prit obligeamment des notes. Le soir, on lui offrit un dîner de gala. L'abbé Cohannec me prit à part et me dit tout bas à l'oreille que le principal avait compté sur moi pour animer le repas et distraire M. l'inspecteur général par une conversation égayante. Je promis de faire de mon mieux.

— Mais vous me seconderez ? lui dis-je.

Il hocha la tête :

— Oh ! moi !... dit-il avec une modestie affectée.

La vérité est qu'il y avait une consigne à tout

la gent portant soutane de ne pas adresser un mot
au suppôt de l'Université. Le principal ne desserra
la bouche que pour offrir à son invité les mets qui
passaient sur la table. Tous les autres, sans en
excepter l'abbé Cohannec, restèrent muets comme
des poissons. On eût dit un réfectoire de moines
trappistes. Le malheureux inspecteur général se
rejeta sur moi, et durant deux heures d'horloge,
car les dîners sont longs en province, nous nous
relançâmes tous deux la balſe, causant pour tout
ce monde qui ne fonctionnait que de la mâchoire.
Mais comme il en fonctionnait bien ! Le festin était
copieux et délicat. J'ai pu me convaincre là que
les séminaristes, ces fruits secs de la charrue, ont
gardé le bel appétit dont la nature a doué les paysans, leurs pères. Ce qui m'amusait, c'était de voir
ceux qui étaient au bas bout de la table céder au
milieu du repas leur place à des collègues affamés
qui se jetaient à leur tour sur la nourriture et
regagnaient le temps perdu.

Jamais je n'ai mieux compris qu'à ce dîner l'an-
tipathie de l'esprit laïque et de l'esprit clérical et
la suspicion dans laquelle les séminaires vrais ou
faux tiendront toujours les représentants de l'Université.

Je m'étais donc référé, dans ma lettre au ministre, aux notes que m'avait dû donner l'inspecteur
général que j'avais sauvé de l'ennui mortel de ban-

queter avec des visages hostiles et muets. Mais M. Lesieur n'entendit à rien et, pour me punir encore, car j'allais de punition en punition, il me nomma au lycée de Rodez professeur de quatrième.

— Ah ! tu aimes les lettres ! s'était-il dit ; eh bien, pour t'apprendre à vivre, je vais te donner une classe de grammaire à faire.

C'était le procédé de châtiment dont on s'était servi contre Taine. Avouez qu'il était bien ridicule. On chagrinait sans doute le professeur, mais, en fin de compte, c'étaient les élèves qui étaient le plus sûrement punis. Il n'est pas facile de faire une bonne classe de grammaire quand on ne s'y est pas préparé, et il était bien probable que, n'y ayant aucun goût, aucune aptitude, je serais un détestable professeur de quatrième. Le coup dont on voulait me frapper tomberait en dernier résultat sur les malheureux écoliers à qui on ne songeait point. C'était le cas de répéter le vers d'Horace:

Quidquid delirant reges, plectuntur achivi.

Me voilà donc une troisième fois bouclant ma malle pour m'en aller sur les grands chemins, en quête d'un autre poste. Cette pauvre malle, en avait-elle déjà vu des pays, et devait-elle en voir encore ! Le fonctionnaire français est un nomade ; il va de ville en ville, et de chambre d'auberge en chambre d'auberge. Dans ces intérieurs provisoires qu'il se crée tantôt pour six mois, tantôt pour un an, il n'y a qu'un seul meuble qui lui appartienne, qui soit pour lui plein de souvenirs, où il ait enfoui une part de ses pensées et de son âme : c'est sa malle, sa vieille malle. Elle l'a accompagné dans toutes ses étapes, elle est, en quelque sorte, le lien qui les rattache les unes aux autres, elle est le signe visible de l'unité de sa vie si misérablement dispersée. La mienne était énorme, pourvue de courroies solides et à toute épreuve. Elle n'avait cependant pu sans avarie subir tant de voyages en chemin de fer ou en diligence, recevoir tant de chocs et passer par tant de mains qui l'avaient traitée sans respect. Je la regardais, cette pauvre et seule compagne de toutes mes caravanes, disjointe, délabrée et geignant quand j'y empilais mes vêtements et mes livres de chevet. N'importe, elle me faisait encore un bon et utile service, comme ces vieux bidets efflanqués et poussifs que le médecin de campagne attelle à son cabriolet et qui partent au grand trot quand, les enveloppant d'un coup de fouet, il leur crie : « Allons, cocotte ! »

Allons, cocotte, à Rodez !

. . . .

III

A RODEZ

Je passerai rapidément sur cette année néfaste, la seule de ma vie que je regrette, la seule que je voudrais rayer de mes souvenirs, la seule où je n'ai point travaillé. J'indiquerai d'un seul mot la misère d'esprit où j'étais tombé en ces jours de découragement : je pris l'habitude d'aller au café et d'y jouer *la consommation*, comme un vulgaire commis-voyageur. Je m'étais abandonné moi-même ; je me prenais en pitié. J'avais cependant pour proviseur un aimable homme (1), qui fit sérieusement tout ce qu'il put pour me tirer de cet accablement et me rendre mon énergie ; mais j'étais dégoûté des autres et de moi-même ; je m'ennuyais.

Je n'avais pas su me plier aux exigences d'un enseignement nouveau. Je faisais une classe qui passait par-dessus la tête de mes élèves et ne leur

(1) M. Latour, mort aujourd'hui.

fut d'aucun profit. J'entrepris, pour secouer un engourdissement dont j'étais honteux, quelques travaux que je croyais susceptibles de fixer ma pensée errante et d'étourdir mon chagrin ; ils me tombèrent de la main à peine commencés. C'est ainsi que j'ai dans mes papiers une bonne moitié du *Sublime* de Longin, que je m'étais mis en tête, je ne sais pourquoi, de retraduire après Boileau. Ce n'était pourtant pas une besogne bien longue et bien difficile à terminer ; je n'eus pas le courage de la pousser jusqu'au bout. Il n'y a pas à dire : je m'ennuyais à crier. Je fis toutes les sottises que l'ennui conseille. Je jouai, et naturellement je perdis, je devins amoureux ou je crus l'être, et fus parfaitement ridicule. Je ne craignais plus de nouvelle disgrâce, ne sachant point de poste qui me fût plus désagréable que celui qui m'avait été infligé. Je ne me rappelle point toute cette partie de ma vie sans que le rouge de la honte ne me monte au front.

Je serais fort ingrat si, après avoir dit tant de mal de nos chefs, je ne rendais à mon proviseur la justice qu'il mérite. Il me soutint dans cette crise avec une intelligente sollicitude dont je ne saurais trop lui être reconnaissant. Il sentait que j'étais dévoyé et qu'au fond peut-être je valais quelque chose. Il couvrait mes peccadilles d'un silence indulgent, et c'était avec une bonté charmante qu'il m'adressait des remontrances entre quatre yeux sur ma conduite ; parfois même il les faisait passer par la bouche de sa femme qui en tempérait la sévérité par un tour de bonne grâce et d'esprit.

Ce qui portait au comble mon dépit et mon chagrin, c'est que j'étais obligé de préparer mes examens d'agrégation. J'avais, en effet, à la sortie de l'école, manqué mon agrégation, mais manqué haut la main. Car je n'avais pu même être porté sur la liste d'admissibilité. Comment cela s'était-il fait ? je n'en sais rien. Il paraît que ma composition de français avait été jugée d'une rare extravagance.

— C'est la composition d'un fou, avait dit le chef du jury d'examen.

Le fou avait été naturellement exclu. Il faut croire que j'avais eu, ce jour-là, un accès de fièvre chaude. Je comptais me représenter l'année suivante ; mais, parmi les mesures qui furent prises à la suite du coup d'État contre l'Université, il y en eut une qui avait été pour nous un coup d'assommoir. Il y était dit qu'il ne serait plus permis de se présenter à l'agrégation qu'après avoir professé durant trois ans dans un établissement d'instruction publique. On voulait ainsi jouer un mauvais tour à l'École normale dont les élèves, frais encore des leçons de leurs professeurs, emportaient les premières places et en concevaient un orgueil insupportable qu'il fallait rabattre.

La loi, en bonne justice, n'aurait pas dû avoir d'effet rétroactif, et, puisque les jeunes gens de ma promotion avaient déjà été admis à concourir, il semblait juste de ne pas les exclure du concours l'année suivante. Il en fut décidé autrement, et nous dûmes attendre les trois ans réglementaires avant de nous présenter une seconde fois.

Les concours d'agrégation se composent, pour la partie écrite, d'exercices scolaires, discours français, discours latin, vers latins, thème grec, version grecque et latine, auxquels il faut être rompu par une gymnastique quotidienne. Il me semblait horriblement pénible de me remettre ainsi à l'école et d'écrire en latin médiocre, ou en méchant français, d'inutiles et vagues dissertations sur des sujets qui ne m'offraient ni intérêt ni agrément. Je ne saurais dire à quel point me révoltait cette fastidieuse et dégoûtante besogne.

J'en avais des nausées et la plume m'échappait des doigts.

J'arrivai à l'agrégation aussi mal préparé que possible ; mais j'eus cet avantage que mes concurrents ne l'étaient pas mieux que moi, nos jeunes camarades se trouvant écartés de la lutte par la même loi qui nous en avait tenus si longtemps éloignés. Il paraît que cette fois je fis des compositions très brillantes, et je fus déclaré admissible parmi les premiers. Peu s'en fallut cependant que je fusse *retoqué* à l'examen oral. Je passai à côté d'un grave échec, et cela pour un détail dont je ne parlerais pas s'il n'était l'indice d'un défaut dont j'ai longtemps souffert.

Jamais personne n'a été moins homme du monde que moi. La nature m'avait doué d'une certaine brutalité de caractère et de mœurs qu'aucune éducation n'avait adoucie. J'avais passé du lycée, où j'étais entré tout jeune, à l'école, où, sauf de rares exceptions, personne ne se piquait de belles manières ; puis, de là, dans de petits trous de province où j'avais mené la vie claustrale que je vous ai dépeinte. Je m'étais bien aperçu souvent — car j'ai passé ma vie à m'observer moi-même et à moraliser sur mon cas à perte de vue, — je m'étais bien aperçu de ma grossièreté native et de mon manque absolu d'usage ; mais, comme il arrive souvent, j'avais préféré me faire illusion moi-même sur ce défaut et, au lieu de chercher à m'en corriger, j'avais pris plaisir à l'exagérer encore avec un sot orgueil, car nous sommes si misérablement dupes de notre amour-propre que nous tirons parti même de nos plus criants défauts au profit de notre vanité. J'étais né paysan du Danube, ce qui était un malheur ; mais j'en jouais le personnage avec affectation, ce qui était un tort. A la distance où je suis de toute cette partie de mon existence, je ne démêle plus même, dans les sottises que je vais conter, la part du naturel et celle du voulu.

La première fois que je me présentai devant le jury pour passer l'une des épreuves de l'examen oral, j'arrivai vêtu d'une vieille redingote, avec une chemise à raies rouges, et une cravate de couleur. Vous imaginez l'effet sur mes juges. Une chemise rouge ! Ils crurent voir dans l'effroyable couleur de ce devant de chemise une manifestation politique qui était fort loin de ma pensée. J'avais mis une chemise à raies rouges, tout simplement parce que je l'avais trouvée dans ma malle, et que je m'étais dit : La chemise blanche est un préjugé mondain ; le talent n'est pas dans la couleur de la chemise ; Alceste portait des rubans verts : c'est une belle chose de braver l'opinion. Décidément j'étais idiot.

Heureusement, parmi les juges se trouvait M. de Wailly, que j'avais eu l'honneur de rencontrer dans une maison tierce, aux dernières vacances, et qui voulait bien me porter un vif intérêt. Il écrivit tout de suite à About pour le prévenir de la frasque que je venais de commettre et le prier de m'avertir. About accourut à mon hôtel ; je partais pour passer ma seconde épreuve, et toujours avec la fameuse chemise rouge.

— Animal, me dit About, veux-tu bien m'ôter tout ça !

Il me déshabilla en un tour de main, me força de revêtir ce que j'avais de plus beau et de plus neuf, me confectionna lui-même mon nœud de cravate, et ne me lâcha, de peur d'une nouvelle incartade, qu'aux portes de la Sorbonne.

J'ose dire que mon entrée fit sensation. Quand je m'avançai à la barre, correctement vêtu de noir, tout flambant neuf, et, pour comble de concession aux bienséances mondaines, jouant d'une main avec des gants qu'About m'avait prêtés et que je n'avais pas voulu mettre, — dernière protestation de l'ours dompté et muselé, — il y eut un ah ! d'étonnement et de satisfaction qui courut sur toutes les lèvres. Diogène s'était coulé dans la peau de Brummel.

J'aurais pu m'écrier avec Sedaine :

O mon habit, que je vous remercie.

Car cet habit retourna mes juges et je fus reçu dans un très bon rang, avec des notes d'autant plus élogieuses que l'on avait moins espéré une conversion si prompte et si radicale.

J'avais fait ma paix avec l'Université ; il ne fut plus question de me renvoyer à Rodez ; on me nomma à Grenoble en seconde, et je fus enchanté de cette nomination qui m'ouvrait l'espoir d'une rhétorique à prochaine échéance.

Une chaire de rhétorique ! c’était là, pour le moment, le dernier terme de mes ambitions. J’avais pourtant pu voir, dans les deux mois que je venais de passer à Paris, tous ceux de mes camarades d’école qui, ayant rompu en visière à l’Université, étaient en train de se tailler un nom dans le journalisme : About notamment, qui commençait de tourner toutes les têtes, et dont la vogue avait éclaté, soudaine, irrésistible. Leur exemple ne me séduisait point. Outre que très sérieusement je me croyais incapable d’écrire ou, tout au moins, de gagner ma vie en écrivant, mon vieux goût pour le métier de professeur s’était réveillé plus frais et plus dispos que jamais.

Mon père, dont la santé s’affaiblissait chaque jour, m’embrassa longuement au départ :

— Te voilà définitivement casé, me dit-il ; plus de frasques, n’est-ce pas ? plus de coups de tête ! Songe à ta retraite !

Et je partis pour Grenoble avec le ferme propos d’y passer ma vie et de prendre enfin possession du rêve paternel : douze cents francs de retraite après trente-cinq ans de service.

IV

LE LYCÉE DE GRENOBLE

Me voilà donc à Grenoble. Il était écrit dans le livre des destins que je n'y devais rester que trois ans. Mais je m'y installai avec la paisible et joyeuse assurance d'un homme qui, après bien des traverses et des tempêtes, croit avoir enfin trouvé le port. J'avais dit adieu à toute pensée d'ambition, et ne sentais en moi d'autre désir que d'attendre, en faisant de mon mieux la classe qui m'était confiée, l'heure de cette retraite qui avait toujours été le rêve de mon père. L'homme, à chaque étape de sa vie, s'imagine toujours être arrivé au but. Il dresse sa tente et enfonce profondément dans la terre les piquets qui l'assujettissent. Il compte sans un coup de vent qui la déchire et l'emporte, ou même sans l'inquiétude naturelle de son esprit, qui ne tarde pas à lui rendre importune la place où il a goûté quelques courts instants de bonheur.

Ces trois ans n'ont certes pas été perdus pour mon instruction ni pour l'avancement de mon esprit. Lorsqu'on transplante dans son jardin un arbre acheté chez un pépiniériste, on est étonné, la première et même la seconde année, de ne pas le voir profiter davantage. Il ne gagne ni en grosseur ni en élévation ; les feuilles même ont un petit air chétif et navré.

— Ne vous inquiétez pas, monsieur, vous dit le jardinier; il pousse son chevelu.

Il pousse son chevelu ! Le brave homme entend par là que l'arbre ramasse toutes les forces de son être pour pousser dans tous les sens des radicelles qui vont pomper au loin les sucs nourriciers de la terre et qui les transformeront lentement en sève. C'est plus tard que cette sève montera dans l'arbre et s'épanouira en un tronc plus fort, en des branches plus solides, en des feuilles plus touffues et plus vertes.

Il en est de l'écrivain comme de la plante. Il faut qu'il pousse son chevelu. Il court risque d'être bien vite épuisé s'il se lance dans la vie littéraire avant de s'être, par un lent et mystérieux travail d'observations puisées dans la vie, assimilé les éléments dont se nourrira et s'accroîtra plus tard le talent qu'il peut avoir reçu en partage. Si l'on me demandait ce que j'ai fait à Grenoble durant ces trois années tout à la fois vides et fécondes, je pourrais répondre, moi aussi : J'ai poussé mon chevelu.

C'est une bien jolie et bien aimable ville que Grenoble, et les environs en sont admirables. Il est impossible, quand on y entre pour la première fois, de ne pas être séduit et comme grisé par cet air d'animation fine et élégante qui est une des grâces de la populations dauphinoise, par la vue de ces montagnes qui partent du pied de la cité même et vont s'étageant de cime en cime jusqu'à la dernière, dont la mince ligne, blanche d'une neige éternelle, se détache sur le fond bleu de l'horizon. Mais je ne veux point décrire après tant d'autres ces beaux sites, qui m'ont jadis rafraîchi et charmé. Aussi bien est-ce une besogne où je m'entends assez mal. La nature, en m'affligeant d'une myopie extrême, m'a privé, sinon du plaisir des grands spectacles, au moins du pouvoir de les peindre. Je n'ai jamais promené sur le monde extérieur qu'un œil à fleur de tête et vague ; j'ai toujours vécu le regard tourné en dedans sur moi-même, profondément absorbé dans cette étude que je faisais incessamment de mon être, scrutant jusqu'en leurs plus secrets ressorts les mystérieux mobiles de mes pensées et de mes actes. Le moraliste grec qui a formulé le célèbre axiome : « Connais-toi toi-même », devait être un myope. Et c'est précisément parce que je me pique de me

connaître que je m'abstiens de décrire et me borne
à philosopher.

J'étais chargé de la classe de seconde. Il n'y en
a pas qui soit plus commode et plus agréable dans
le domaine de l'enseignement secondaire classique.
La rhétorique a plus de prestige ; mais elle exige
du professeur beaucoup plus de travail et elle lui
impose une responsabilité plus redoutable. En seconde, on a déjà affaire à des jeunes gens dont
l'esprit commence à s'ouvrir et dont l'imagination
s'éveille. C'est plaisir d'aider à cette éclosion de
leur jeune être pensant et vibrant. On a donc les
mêmes joies que le professeur de rhétorique ; on
n'a pas ses ennuis ni ses craintes. Les élèves sont
toujours moins nombreux en seconde qu'en rhétorique, et la classe y est, par cela même, moins fati-
gante. La seconde, de plus, n'a aucune sanction
d'examen ; c'est, pour ainsi dire, une classe de
transition. Si l'on était sage, on préférerait de beaucoup la seconde à la rhétorique. Mais c'est un
préjugé ; la tradition veut que le professeur de
rhétorique soit le *primus inter pares*. On sacrifie
son repos à la vaine et stérile gloire d'être, dans
un lycée, le professeur de rhétorique.

Je n'ai jamais eu le goût des distinctions hono-
rifiques. Je n'étais donc point offusqué ni jaloux
de la gloire qui environnait mon collègue de rhétorique. J'aurais été parfaitement heureux de ma

classe si ce n'eût été précisément l'époque où sé-
vissait ce déplorable système de la bifurcation qu'un
ministre de l'empire — maudite soit sa mémoire !
— avait imaginé pour le malheur des études et
pour notre désespoir. Je ne puis en parler sans
fureur ; car il m'a gâté le plaisir — un plaisir
charmant et parfois même un plaisir divin, le
plaisir de Socrate — d'accoucher de jeunes esprits.

Toutes les semaines, et deux fois par semaine, on
versait dans ma classe, une classe que j'aimais et
qui m'était toute dévouée, une quarantaine d'é-
coliers venus des classes de science, et qui arrivaient chez moi sous prétexte d'y apprendre le
français.

Leur intention formelle était de ne rien apprendre du tout chez un professeur qui n'était pas le
leur ; je ne les avais pas dans la main ; et, ce qui
me désolait, c'est que mes élèves, mes élèves à moi,
ceux sur qui j'exerçais tous les autres jours une
action à laquelle aucun ne cherchait à se soustraire,
oui, ceux-là mêmes, entraînés par l'exemple, cédant à une mauvaise honte, se piquaient, les jours
scientifiques, de ne rien faire, eux non plus. Ils
m'apportaient des devoirs indignement brochés.
C'était un parti pris, ou plutôt c'était une tradition qui s'était en quelque sorte établie d'elle-
même et contre laquelle je ne pouvais rien.
Prières, exhortations, menaces, conseils, pensums

même, car j'ai dû en donner à mon vif regret, rien ne servait. Tous mes efforts et toute mon ardeur venaient se briser contre cette préméditation d'inertie. Mes collègues n'étaient pas plus heureux que moi. Nous gémissions de concert; mais personne n'écoutait nos plaintes.

Le lycée de Grenoble comptait vraiment, à l'époque où j'y ai passé, beaucoup de maîtres de mérite. C'était Beaussire qui professait la philosophie, celui-là même qui, plus tard, s'est distingué à la Chambre par sa compétence dans les questions d'enseignement. On lui doit un volume, *la Liberté dans l'ordre intellectuel*, qui est l'œuvre d'un esprit pénétrant, plein de mesure et de sagesse. Le livre est écrit d'un style ferme et sain; c'est, toutes réserves faites sur quelques chapitres où l'auteur me semble légèrement attardé, en arrière des idées nouvelles, le catéchisme du vrai libéral.

Philibert Soupé, qui depuis a fait un beau chemin dans l'Université, car il est à cette heure professeur de belles-lettres françaises à la Faculté de Lyon, siégeait dans la chaire de rhétorique. C'était un bon et joyeux compagnon, d'un esprit endiablé de gamin parisien, fertile en anecdotes gaies et en propos amusants, d'une loquacité et d'une bonne humeur intarissable. Grave néanmoins, quand il le fallait. Il était adoré de ses élèves, qu'il enlevait à force de verve et de gaieté. Il était d'une activité d'esprit incroyable, sachant un peu de tout, s'intéressant à tout, et trouvant du temps pour tout. Il rédigeait un mémoire sur un point obscur de la langue sanscrite aussi aisément qu'il racontait un vaudeville de Dubert et Lauzanne.

Il avait un rare talent de liseur; et c'est une des cinq ou six personnes que j'aie entendues lire dans l'Université, où, je puis le dire, on lit mieux que nulle part ailleurs. Les comédiens ne voudront pas me croire, surtout les comédiens du Théâtre-Français. C'est pourtant l'exacte vérité. Ces messieurs jouent admirablement; ils lisent, en général, de façon médiocre. Ce sont des acteurs de premier ordre et des liseurs de troisième ou quatrième. J'ai bien souvent songé qu'on pourrait faire cette épreuve : tirer au sort dans l'Université, parmi les professeurs de lettres, six ou dix noms ; prendre de même au hasard dix artistes dans les théâtres de Paris, sans en exclure la Comédie-Française ; leur donner à lire devant un jury dix pages d'un grand écrivain dont on leur remettrait le texte une demi-heure seulement avant le concours. Je parie que ce sont les échappés de l'École normale qui battront, haut la main, les élèves du Conservatoire de déclamation. Je prends nos universitaires à dix contre un. Il ne faudrait pas me presser beaucoup pour que je donnasse les raisons de leur supériorité. Mais ces mémoires pourraient tomber entre les mains d'un grand premier rôle de Belleville ou de Landerneau ; et il ne faut dire de vérités désagréables aux gens que lorsqu'on y est obligé par devoir de profession.

Je ne veux ni ne puis parler des autres professeurs. Outre qu'ils n'ont point marqué dans le monde, en dehors de notre Université, et que leur portrait n'intéresserait pas plus le public qu'une photographie d'inconnu rencontrée au hasard dans un album de famille, ils vivent encore pour la plupart et n'auraient peut-être aucun plaisir à voir leurs noms imprimés tout vifs au bas d'un crayon fait d'après eux de souvenir. Ce qu'il m'est permis de dire, parce qu'il me semble bien que cela est vrai, c'est qu'il y avait alors au lycée de Grenoble une réunion fort rare d'hommes instruits et d'esprit distingué, dont chacun avait sa physionomie propre.

Nous avions pour proviseur un très brave homme, M. Moufflet, d'un caractère doux et conciliant, qui faisait de son mieux pour nous rendre plus facile la pratique de devoirs que l'administration supérieure se plaisait sans cesse à hérisser de prescriptions et de tracasseries nouvelles. Mais il était horriblement timoré ; il n'avait d'autres ressources pour vivre que sa place, et il était à la tête d'une famille nombreuse. Je me reproche d'avoir trop souvent fait enrager cet estimable fonctionnaire qui, malgré mes taquineries, avait, je crois, un fond d'amitié pour moi et me marquait du goût pour mon tour d'esprit. Mais, que voulez-vous ? c'est lui qui, pour nous, représentait notre bête noire, l'administration. C'est à lui seul que nous avions affaire, car l'inspecteur d'académie et le recteur s'enfermaient, comme les grands dieux du paganisme, dans un nuage impénétrable, et ils ne se communiquaient aux simples mortels qu'armés de la foudre et environnés d'éclairs. Nous sentions comme un plaisir de vengeance satisfaite à nous décharger sur le proviseur, qui n'en pouvait mais, de toute la bile accumulée dans les longues heures de classe.

Si je me sers du mot *bile*, c'est que je songe à quelques-uns de mes collègues, qui ne décoléraient pas ; et que j'ai gardé présente la mémoire des scènes qu'ils faisaient à ce malheureux proviseur. J'ai toujours eu, pour ma part, l'humeur gaie, et c'était par d'inoffensives malices ou des plaisanteries bon enfant que je me soulageais des petits ennuis dont il lardait mon existence.

Nous devions théoriquement vingt-quatre heures de classe par semaine, à quatre heures par jour. C'était le règlement du premier empire qui avait ainsi organisé le travail. La pratique avait corrigé ce que la règle avait d'excessif ; comme il y avait des professeurs d'histoire, de langues vivantes et de sciences, les professeurs ne fournissaient plus guère, dans la réalité, que quatorze ou seize heures de besogne effective, et il faut ajouter que cette somme de travail est déjà considérable. Les gens du monde ne soupçonnent pas ce que peut être la fatigue d'une classe, quand on s'y donne corps et âme. J'ai fait deux métiers dans ma vie : celui de professeur et celui de journaliste, auquel j'ai joint, comme annexe, celui de conférencier. Dieu sait si le métier de journaliste, avec la nécessité sans cesse renaissante de ses articles quotidiens, est épuisant pour l'esprit et pour la main ! Je n'ai plus aujourd'hui l'incroyable provision de force que je prodiguais en ce temps-là sans compter. Eh bien ! je me sens plus dispos, plus alerte et plus frais, après vingt-cinq ans de journalisme, sans congé d'aucune sorte, que je ne l'étais au bout d'une année de professorat. Lorsque arrivait le mois de juillet, c'était comme un accablement, comme une prostration de tout l'être. Je tombais, au seuil des vacances, comme un cheval qui a fourni une trop longue traite.

Le ministre de l'instruction publique, qui n'avait d'autre objectif que de nous vexer en toutes les manières, de nous dégoûter et de se débarrasser de nous à bon compte, s'était avisé de décréter que tout professeur devrait désormais donner ses vingt-quatre heures réglementaires de travail par semaine; que si l'on ne pouvait les lui trouver dans sa classe à lui, il faudrait les lui tailler dans d'autres classes. Ce fut un cruel embarras pour le pauvre père Moufflet quand il dut dresser ce tableau de classes supplémentaires. Chacun de nous se récriait d'horreur à ces besognes nouvelles qui nous étaient imposées et qui ne rentraient point dans le cercle de nos études. Songez que moi, qui professais la seconde, j'étais astreint à donner deux heures de répétition par semaine à des élèves de sixième, et deux autres heures d'histoire littéraire aux philosophes des classes de français, on dirait à cette heure : de l'enseignement spécial. J'aurais dû être touché jusqu'au fond du cœur du ton de désolation et de regret avec lequel notre proviseur nous suppliait d'accepter de bonne grâce ces corvées plus inutiles encore que désagréables. Les uns se répandaient en plaintes furieuses; je me contentais de le blaguer à froid, lui vantant, avec un air sérieux de pince sans rire, l'intelligence d'une administration qui sacrifiait le travail personnel des élèves au plaisir délicat d'*embêter* les professeurs. L'excellent homme écoutait patiemment ces doléances et ces moqueries. Il en sentait la justesse ; mais qu'y pouvait-il faire ?

C'était, en vérité, un drôle de temps que celui-là ! Un ministre de l'instruction publique s'amusant à désorganiser les études pour l'unique plaisir de taquiner son personnel ; la haute administration convaincue de l'impertinence des mesures prises, et courbant la tête en silence, par peur ou par sottise ; les professeurs enragés de ces perpétuels coups d'épingle, inquiets du désordre jeté dans les classes, en lutte avec leurs supérieurs, qu'ils n'estimaient plus guère, et avec leurs élèves, qui leur échappaient de la main ; les enfants tiraillés en tous sens par des programmes toujours en mouvement et ne sachant plus ni où ils allaient ni ce qu'on voulait d'eux ; et, avec tout cela, dans l'apparence et même, ce qui sans doute est plus extraordinaire que tout· le reste, dans la réalité, des études régulièrement et fructueusement poursuivies, des classes faites avec soin et qui profitaient aux écoliers, tant cette institution première de l'Université avait en elle de vitalité et de force, tant le corps du professorat était, par un vieil esprit de tradition, animé du zèle de l'enseignement, tant il en avait le talent à la fois et le goût !

Nous tirions parti même des bêtises de nos ministres pour l'instruction de nos élèves ou pour la nôtre. Ainsi, pour les répétitions que je devais aux écoliers de sixième, je m'aperçus vite que la mesure du ministre, à l'exécuter à la lettre, n'avait pas le sens commun ; que revenir sur des devoirs déjà corrigés ou sur des explications déjà faites, c'était m'exposer, en cas de dissentiment, à diminuer dans l'esprit des enfants l'estime qu'ils faisaient de leur maître ordinaire. Ajoutez que ces redites ne les intéressaient point, et qu'il m'était impossible de fixer leur attention. Je fis autre chose. Je choisis parmi nos classiques des lectures appropriées à leur âge ; je les leur lus moi-même, et, à la répétition suivante, l'un d'eux, pris au hasard, devait en rendre compte à haute voix. Cet exercice les amusa beaucoup ; mais il n'était pas réglementaire. Que dis-je ? Il était tout ce qu'il y a de plus antiréglementaire. Et je vois encore la figure bonasse et inquiète de M. Moufflet quand je lui contais, avec une liberté gouailleuse, les preuves de ma proverbiale indocilité. Il m'approuvait au fond ; mais si on l'avait appris en haut lieu !

Voilà bien des détails et de bien menus détails. Peut être trouverez-vous que je m'y attarde trop complaisamment. C'est que tous les romanciers qui jusqu'à présent ont essayé de peindre le professeur en ont tracé des portraits de fantaisie, qui joignaient au défaut d'être peu ressemblants celui d'être peu agréables et parfois même fort vilains. Il y a quelque intérêt, je crois, à le montrer au public dans le train ordinaire de sa vie, frondeur et chagrin contre les puissants, mais d'esprit ou-

vert, libre et gai ; point pédant, quoi qu'on dise :
maître aimé dans sa classe ; et dans le monde... Eh
bien ! parlons du professeur dans le monde, si
vous voulez.

Personne n'y fut plus étranger que moi durant
la première moitié de ma vie, et vous verrez, si je
conte jamais la seconde, que je ne l'ai guère pratiqué davantage sur la fin de ma carrière. Au sortir
de l'institution Massin, où j'avais passé huit ans clos
et muré, ne sortant presque jamais dimanches ni
fêtes, et, pendant les vacances, seul ou à peu près
avec mes livres dans la pauvre thébaïde de la maison paternelle, j'étais entré à l'École normale, où
je n'avais pu me frotter qu'à de jeunes camarades.
Vous venez de lire le récit de mes caravanes à travers quatre villes de province ; vous avez toujours
pu m'y voir vivant dans ma classe et pour ma
classe, sans autres relations que celles dont ma
profession me faisait une nécessité, sans autre plaisir que de m'enfermer derrière le verrou de ma
chambre, en tête à tête avec mes copies à corriger
ou mes auteurs à lire. Je passais pour un ours, et
j'étais de fait un ours assez mal léché, quoique
toujours en belle humeur.

Mes collègues n'étaient pas tous, bien entendu,
bâtis sur ce modèle, quoiqu'en général ils fussent
moins mondains que ne le sont aujourd'hui nos
universitaires des nouvelles couches. Ce n'était pas

seulement le défaut de mon éducation première, éducation toute scolaire, qui m'avait détourné du monde ; c'était plus encore mon caractère, dont je ne saurais dire trop de mal, car il m'a fait horriblement souffrir, et, comme je n'ai pu en venir à bout, je me suis résigné à composer avec lui, lui cédant sur tous les points où j'ai jugé la lutte impossible et inefficace.

J'étais né avec un absurde amour-propre et une timidité excessive. Cette timidité a, dans mes premières années de jeunesse et même longtemps après, dans mon âge mûr, passé tout ce qu'on saurait imaginer. Je me sentais lourd, gauche, embarrassé de ma personne, incapable de trouver du premier coup le mot à répondre. Le sentiment que j'avais de mon extrême myopie accroissait encore ma gêne. Ah ! la myopie ! la myopie ! personne ne saura jamais ce qu'elle m'a coûté de désespoir et de larmes! Entrer dans un salon et ne pas savoir où se diriger pour saluer la maîtresse de la maison ; ne reconnaître aucune des personnes qui sont là et, quand il y en a une qui vous aborde, se demander avec une indicible angoisse qui elle peut bien être ; risquer à chaque pas de se heurter contre une table ou de se prendre les jambes dans un pouf ; deviner dans la voix de la femme avec qui l'on cause une intention bienveillante ou railleuse et ne la pouvoir lire dans ses yeux ou sur ses lèvres ; ne pouvoir prendre du café sans en laisser tomber sur le devant de sa chemise une goutte que l'on ne voit que le soir, en rentrant chez soi ; être prié, au bal, d'inviter à danser une jeune fille qui fait tapisserie là bas, dans ce coin ; marcher vers le coin qu'indique le doigt de la personne qui vous a donné l'ordre et engager gracieusement pour la première contredanse une grand'mère qui vous rit au nez ; pousser à l'étourdie vers un groupe d'hommes qui causent, s'apercevoir au bout d'un instant qu'on n'y connait personne, qu'on s'est trompé ; y demeurer, en proie à un malaise qui torture, parce qu'on ne sait plus comment en sortir, et jeter dans la conversation, pour se donner une contenance, quelque énorme sottise que l'on est tout honteux d'avoir lâchée ; tirer avec un affreux battement de cœur un cordon de sonnette et dire : « Bonjour, mon cher cœur », à un carabinier qui vous répond d'un ton de politesse goguenarde: « Je crains, monsieur, que vous ne fassiez erreur ». J'ai connu ces misères et bien d'autres ; j'en ai senti tout le long de ma vie les affres douloureuses. Je n'ai plus fait un pas ni dit un mot sans penser avec terreur que j'allais commettre ce que les Parisiens appellent une *gaffe*. Je vivais donc toujours sur le qui-vive et ne me trouvais à l'aise que loin de ce monde où les gaffes de ce genre étaient inévitables : c'était une sorte de répugnance mêlée de peur que j'éprouvais pour lui. Ma vanité y avait été trop souvent et trop cruellement froissée.

Je ne m'étais point réformé sur le costume, que je continuais de porter débraillé ou négligé, avec un étalage d'insouciance orgueilleuse, mais avec un sentiment secret de honte qui me poignait au fond de l'âme et qui était pour moi, dans un salon, une insupportable gêne. Ce mépris de la toilette, mépris tout plein de ridicule affectation, s'aggravait d'une certaine raideur âpre, tranchons le mot, d'une certaine brutalité de langage. C'est un défaut que je tenais de famille. Ma grand'mère, du côté de ma mère, était renommée pour la franchise brusque de son style et pour sa facilité, qui était vraiment incroyable chez une très honnête femme, marquise, de plus, et marquise authentique, s'il vous plaît, aux propos salés et aux mots crus. J'ai conservé d'elle, bien que je l'aie peu connue en mon enfance, un souvenir assez précis et très distinct. Quelques-unes de ses locutions les plus pittoresquement familières me sont restées dans la mémoire. Il y en avait de bien plaisantes et qui ne sauraient s'écrire. Elle était avec cela d'une dévotion outrée et d'un implacable légitimisme, mais le sang vif, le verbe haut, la parole prompte et verte, et elle avait plus tôt fait, dans ses mauvaises humeurs, de vous allonger une bonne gifle qu'un évêque sa bénédiction. Je crois bien que c'est d'elle que quelques-uns d'entre nous, dans la famille, qui a été nombreuse, ont hérité une langue impétueuse, fertile en saillies brusques, en vérités nettement et désobligeamment exprimées, en gaillardises épaisses, assaisonnées d'un gros rire.

Ces façons d'esprit, que l'âge ni l'expérience de la vie n'avaient encore atténuées, n'étaient pas très propres à me faire bien venir de la bonne compagnie provinciale, qui est, comme on le sait, d'une réserve qui va jusqu'à la pruderie. Je le sentais d'instinct, et m'en tenais éloigné. Les pointes que j'y avais faites par ci par là n'avaient pas été heureuses ; il m'en était resté de la méfiance.

Je trouvai par bonheur, à Grenoble, une société toute formée de jeunes femmes qui avaient organisé contre l'ennui de la vie de province une sorte d'aimable ligue. Elles étaient toutes mariées, et les maris, presque tous gens de loi, autorisaient de leur présence ces ébats qui, d'ailleurs, n'avaient rien que de très honnête. Une sauterie de temps à autre au piano ; le plus souvent une table de whist. Toutes ces dames l'avaient appris et le jouaient ; elles avaient remarqué que lorsqu'on s'assemblait uniquement pour causer ensemble, la conversation, qui tournait au plaisir forcé, languissait faute d'aliments ou d'entrain. La table de whist, toujours en pression, était un dérivatif, un prétexte à se lever, à changer de partenaire, et, pour les assistants, à regarder le jeu sans rien dire, s'ils étaient en humeur de se taire. Quelquefois, quand une pièce de théâtre faisait grand bruit à Paris, la table de whist était abandonnée pour la lecture en cercle. C'était Soupé et moi qui nous relayions d'acte en acte pour lire à haute voix la comédie de Dumas, d'Augier et de Labiche. C'étaient ensuite des discussions interminables sur le mérite de l'œuvre, sur le plus ou moins de vérité des caractères et des sentiments qui en faisaient le fond.

Ces dames se réunissaient les unes chez les autres à tour de rôle, mais le plus souvent chez une vieille douairière qui portait un beau nom : elle s'appelait Mme Million. Elle passait pour veuve et peut-être l'était-elle. J'ai quelquefois entendu parler de M. Million comme d'un homme qui existait encore ; mais je ne l'ai jamais vu. Elle aimait la jeunesse et la joie ; et, comme elle possédait quelque fortune, c'était chez elle que s'était établi le quartier général des plaisirs.

Je ne sais, mais il me semble qu'il y avait dans ce petit cercle, qui eût pu aisément tourner à la coterie, bien de l'esprit et de la gaieté. La plupart de ces dames, sans avoir reçu d'autre instruction que celle qui était donnée en ce temps-là à toutes nos jeunes Françaises, petite et médiocre instruc-

tion, comme on sait, s'étaient formé par la lecture
et la conversation un assez bon fonds de connaissances. Elles lisaient plus et mieux que nos Pari-
siennes, qui ont à peine le temps, dans le tourbil-
lon où elles vivent, de parcourir le journal ou de
feuilleter le roman en vogue. Elles ne causaient
point chiffons, et les commérages de petite ville
avaient été, d'un commun accord, bannis de la
conversation. On s'entretenait plutôt de théâtre,
de musique, de littérature et d'art. Un peu de
philosophie par intervalles ; jamais de politique.
Peut-être un étranger aurait-il senti là un léger
parfum de préciosité ; mais on était sauvé de la
pédanterie par l'enjouement naturel à de jeunes
femmes qui ne posaient point pour la galerie et
qui n'avaient d'autre idée au monde que de
s'amuser.

Il n'y avait dans cette petite société que deux
célibataires. Le premier était un jeune homme de
la ville, Leborgne, gentil garçon, très agréable de
sa personne, très gai de caractère, et bon musicien. C'était lui qui organisait les parties de plaisir : promenades dans la montagne, déjeuners sur
l'herbe, et parfois même représentations de salon.
Car nous avons joué la comédie et improvisé des
pantomimes. J'ai reçu, sous l'habit de Cassandre,
les coups de batte d'Arlequin.

L'autre, c'était moi. Ce n'est pas sans peine que

je m'étais acclimaté dans ce milieu, où l'on
m'avait introduit presque à mon corps défendant.
Ma maudite timidité m'avait d'abord joué quelques tours dont je m'étais remis malaisément.
Vous savez qu'il n'y a rien de tels que les soldats
qui ont peur pour frapper d'estoc et de taille,
comme des sourds, une fois qu'ils sont lancés.
C'est l'histoire des timides. Lorsqu'un timide s'est
jeté à l'eau, il a l'air dix fois plus assuré et plus
hardi que l'homme qui est le mieux en possession
de lui-même ; il pousse devant lui avec une sorte
de hâte tumultueuse, parlant à tort et à travers,
comme dans une courte fièvre, s'étourdissant lui-
même du bruit de ses paroles. C'est le plus sûr
moyen de dire beaucoup de sottises, et des sottises
que l'on ne pardonne guère, car elles ont l'air de
partir, non de la timidité, qui en est pourtant la
vraie cause et qui paraîtrait toute simple chez un
jeune homme, mais d'une effronterie qui est sans
excuse.

Il m'était arrivé d'en dire quelques-unes, et de
très fortes. Mais on ne m'en garda point rancune.
Le bon accueil que l'on me fit me rejeta dans
mon naturel et me mit à l'aise. Il passa pour ainsi
dire en convention qu'on n'aurait point à s'effaroucher de mes équipées de conversation, qu'on
me laisserait aller, quitte à m'arrêter d'un mot,
comme jadis la comtesse de Rochefort quand elle

disait à Duclos : « Ah ! prenez garde, Duclos !
Vous nous croyez trop honnêtes femmes. » Je
m'abandonnai sans crainte à cette verve rabelai-
sienne, dont quelques rares filets courent encore
à présent dans tout ce que j'écris. Nous avons
passé ainsi, en charmante compagnie, de bonnes
heures de causeries, de lectures et de rires. Le peu
que je sais du monde de la province me vient de
là. J'ai toujours conservé pour lui un grand faible,
et, quand je fais mes articles de morale ou de critique littéraire, c'est à lui encore maintenant que
je m'adresse en pensée, bien plus qu'aux Parisiens, dont je ne me suis assimilé que difficilement les mœurs, le tour d'esprit et le langage. Et
encore n'y ai-je pas réussi aussi complètement
que j'aurais voulu. Quand je vais, appelé par une
conférence, dans un trou départemental quelconque, il me semble, en y entrant, que je reviens
chez moi. Je retrouve, dans la conversation de
ceux qui m'entourent et me font fête, mes façons
de voir, de sentir, et j'ajouterais même mes façons
de parler. Il y a des provinciaux qui sont nés Parisiens ; j'étais né provincial et le suis toujours resté.

J'ai toujours eu regret de ne pas avoir le talent
d'un Balzac pour peindre ce petit coin du monde
comme je l'avais vu, dans le naturel de sa bonne
humeur et de sa grâce. Mais je suis plus moraliste
qu'observateur.

Un menu fait qui me remonte à la mémoire en sera une preuve curieuse.

Nous fîmes tous ensemble une excursion à la Grande-Chartreuse. Savez-vous, de toute cette expédition, qui fut favorisée d'un soleil admirable et extrêmement gaie, ce qui m'est demeuré ? Un souvenir général et très vague que l'on y vit de très belles choses et que l'on s'y amusa beaucoup ; mais rien de précis ni de distinct, si ce n'est un détail qui n'avait sans doute frappé personne autre.

Tandis que nous suivions une route bordée d'une haie en fleurs, une de ces dames, qui marchait en avant, fit signe aux personnes qui suivaient de faire silence. Elle tenait les yeux fixés curieusement sur un point de la haie. Nous approchâmes tous sur la pointe du pied. C'était une bête des champs, un rat, je crois, ou un mulot, qui montrait à travers les branches un petit museau fin où étincelaient deux yeux d'une vivacité extraordinaire. L'un de nous se coula sans bruit près de l'animal, leva sa canne et lui en frappa si juste un coup sur la tête qu'il l'abattit mort sur le chemin. Il se retourna triomphant. Les dames avaient toutes poussé un léger cri d'horreur. Il vit l'indignation peinte sur les visages.

— Mais, dit-il étonné de l'accueil fait à cette preuve d'adresse, c'est un animal très nuisible ; il fait le désespoir des agriculteurs, qui le poursuivent et le détruisent tant qu'ils peuvent. C'est un service que je leur ai rendu en tuant un de ces affreux rongeurs.

Ces dames ne purent lui pardonner cet acte de férocité inouïe. Une si jolie petite bête ! qui avait des yeux si intelligents ! Il fallait pour l'assommer être pis qu'un assassin ! Ce qu'il y avait de plus plaisant, c'est qu'il était grand faiseur de madrigaux et que tout le long du voyage on le traita comme un homme qui manquait de cœur.

Et moi je ne pus m'empêcher de raisonner à perte de vue sur ce très petit fait et sur les conséquences qu'il avait eues. Au fond, me disais-je, ce garçon, c'est lui qui est dans le vrai ! Ce qu'il a allégué pour sa défense est juste : le rat est un grand dévoreur de grains ; c'est l'ennemi du fermier ; on fait œuvre pie en l'exterminant partout où on le trouve.

Pourquoi donc ce meurtre avait-il si fort ému la sensibilité de ces dames ? Pourquoi s'étaient-elles récriées d'horreur et de pitié ? Pourquoi avaient-elles tenu si longtemps rigueur au meurtrier ? Les femmes étaient-elles donc incapables d'écouter une raison raisonnable ? Ne se conduisaient-elles que par imagination ?

Voilà une belle matière à philosopher. Ce rat m'a longtemps trotté dans la cervelle, et vous voyez qu'il y fait encore des siennes. C'était le tour particulier de mon esprit. Tandis que mes compagnons de promenade s'extasiaient sur les beautés de la Grande-Chartreuse, je songeais à mon rat. Je m'y étais si profondément absorbé qu'il me serait absolument impossible aujourd'hui de décrire un seul des accidents de la route que nous avons parcourue. Je ne les ai pas vus ; je regardais en moi-même ; c'est là que gisait mon rat, les quatre pattes en l'air.

Le hasard, qui m'avait ouvert l'entrée de cette aimable société féminine où mon caractère s'était détendu, mes mœurs adoucies et mon langage affiné, me donna vers le même temps accès dans une maison où je vécus deux ans en famille et goûtai la douceur de cette vie que je n'avais pas connue depuis l'heure, déjà très lointaine, où j'avais quitté le foyer maternel.

Mais ceci demande un chapitre à part.

V

JE DEVIENS PRÉCEPTEUR

Tous ceux qui ont, durant ces vingt dernières
années, tracassé dans la politique, se souviennent
de M. de Ventavon, qui fut, à l'Assemblée nationale de 1871, un des porte-paroles les plus écou-
tés du parti légitimiste. Il y avait été envoyé par
le département des Hautes-Alpes, d'où sa famille
était originaire : une famille de bonne et antique
noblesse provinciale. Mais c'est à Grenoble qu'il
exerçait la profession d'avocat, et c'est là que je
l'ai connu, à l'époque où j'en suis arrivé de ces mémoires. C'était déjà le de Ventavon que nous avons
connu plus tard à Paris : esprit fin, délié, subtil,
mais peu juste ; causeur charmant et orateur ha-
bile, éloquent même, encore qu'alambiqué et pa-
radoxal. Il avait gardé dans la conversation, surtout quand il parlait aux femmes, ces formules de
politesse élégante et de courtoisie précieuse qui

sentent leur vieux régime ; il abondait en compliments flatteurs qui avaient bon air sur ses lèvres : c'est peut-être le dernier Français qui ait pu, sans ridicule, comparer les femmes à des roses. Il était tout à fait xviiie siècle. La nature l'avait affligé d'une infirmité fâcheuse : il boitait ; mais il semblait que ce défaut donnât plus de prix et de saveur aux grâces sémillantes de son esprit.

On l'appelait, à Grenoble, Ventavon le boiteux, pour le distinguer de M. Mathieu de Ventavon, qu'on désignait sous le nom de Ventavon l'aîné. L'aîné était, comme le boiteux, avocat à la Cour de Grenoble ; mais c'était le seul point de ressemblance entre les deux frères.

M. Mathieu de Ventavon était le bon sens fait homme. Je n'ai connu personne qui fût de jugement plus sain, de parole plus sobre et plus nette. C'était, quand j'ai eu l'honneur d'être admis chez lui, un grand vieillard très droit et très vert, d'un aspect très imposant, mais dont le visage respirait la bonté. Tandis que son frère passait pour aimer à prendre en main les mauvaises causes, par dilettantisme, comme Jules Favre, pour déployer, en les plaidant, toutes les ressources d'un esprit fertile en ingéniosités juridiques, on tenait pour assuré que tout procès dont se chargeait l'aîné était gagné d'avance, tant on était convaincu de sa probité et de sa judiciaire. Il était universellement respecté ; la considération dont il jouissait dans le public n'était pas moins bien établie que l'autorité qu'il possédait à la Cour et dans le conseil de son Ordre.

Très simple avec cela, et gai, bien que causant peu et sans esprit. Il me rappelait, quand je le voyais sortir de son cabinet, grave et cependant bonhomme, pour s'asseoir à la salle à manger, où il ne se mêlait à la conversation que par quelques mots rares, mais aimables, il me rappelait ces parlementaires d'autrefois qu'on nous dépeint si dignes et portant jusque dans la familiarité de la vie ordinaire un goût de sérieux sans affectation ni morgue.

Tandis que de Ventavon le boiteux était resté célibataire et vivait seul, en garçon, avec une vieille mère chez qui s'étaient figés et durcis tous les préjugés nobiliaires de l'aristocratie de province, M. Mathieu de Ventavon s'était marié deux fois ; sa famille était nombreuse, et il en était adoré.

Il avait eu de sa deuxième femme deux fils qui entraient en seconde au moment même où je prenais la direction de cette classe. C'étaient deux jeunes gens d'esprit ouvert, de manières distinguées, affinés par l'éducation domestique, car ils n'avaient jamais quitté le foyer paternel et ils venaient au lycée en qualités d'externes, mais d'un goût plus que modéré pour le travail, et qui faisaient leurs études en amateurs. Ils savaient l'un et l'autre qu'à leur entrée dans la vie ils n'auraient qu'à tendre la main pour recueillir une position toute faite ; ils n'étaient point, comme le sont les déshérités de la fortune, poussés et pressés par le terrible aiguillon de la nécessité.

On me demanda de leur donner des répétitions particulières. J'y consentis. Je ne tardai pas à devenir pour tous deux une manière de camarade plus âgé, dont ils écoutèrent les leçons avec plaisir. Ils prirent à leur besogne un intérêt qu'ils n'avaient pas encore connu ; et, comme ils parlaient sans cesse à la table paternelle de leur professeur, M. de Ventavon désira me voir et m'invita.

Je me sentis tout de suite pris de sympathie et de respect pour cet excellent père de famille, d'aspect si austère et de manières si affables. Il faut croire que je ne lui déplus pas ; car je devins un des familiers de la maison, où mon couvert était mis toutes les fois que je montais au cabinet de travail de ses fils pour jeter un coup d'œil sur leurs devoirs.

L'année se passa ainsi ; les deux jeunes gens durent entrer en réthorique. On me pria de leur continuer mes leçons ; le règlement, où plutôt la coutume du lycée s'y opposait, les élèves d'un professeur ne devant prendre de répétitions que de lui. Je refusai donc ; les enfants marquèrent un chagrin si vif que la mère s'avisa d'un stratagème.

— Vous n'avez pas le droit, me dit-elle, de donner des répétitions à des élèves qui n'appartiennent pas à votre classe : vous n'en donnerez point ; mais je suppose que vous quittiez votre table d'hôte, où vous mangez fort mal ; vous déjeunerez et dînerez tous les jours avec nous. Personne n'aura rien à voir ni à dire si, avant dîner, vous causez avec mes fils de leur besogne du jour.

C'était une petite escobarderie, mais qui ne tirait pas à conséquence, car j'étais lié d'une amitié vive avec Philibert Soupé, le professeur de rhétorique, et il avait trop d'esprit et trop de bonne grâce dans l'esprit pour se formaliser de cet arrangement.

J'y voyais des inconvénients plus graves. C'était au fond, sous une forme plus adoucie, une espèce de préceptorat que l'on m'offrait. J'avais souvent dîné chez M. de Ventavon en qualité d'homme du monde et d'invité ; il me paraissait terriblement délicat de m'imposer à sa table, à titre d'hôte et d'hôte quotidien. Je jouissais déjà (et le mot ici est tout à fait de mise), je jouissais dans la ville d'une détestable réputation de libéral et de voltairien : mes opinions, dont M. de Ventavon pouvait aisément faire abstraction quand je n'étais que le professeur de ses fils, ne lui porteraient-elles pas ombrage quand je vivrais sans cesse près d'eux, quand je pourrais les en imprégner, quand il serait lui-même, par courtoisie, obligé, à table, chez lui, d'en subir l'expression ? Et moi-même, avec l'impétuosité de ma nature et l'intempérance de ma langue, serais-je assez discret pour ne pas effaroucher par quelques propos malsonnants ou intempestifs la foi politique et religieuse des personnes avec qui j'allais me trouver en rapports de tous les jours ? Ces rapports, s'ils n'étaient affectueux, deviendraient vite insupportables.

— Est-ce que M. de Ventavon, demandai-je en réponse à cette ouverture, connaît ce projet, et est-ce qu'il y a donné son approbation ?

— Je m'en charge, me fut-il répliqué. Consentez seulement.

J'ai su depuis, longtemps après, que le consentement de M. de Ventavon n'avait pas été si facile à obtenir. J'ai su (et, si je rapporte ce détail, c'est qu'il m'a paru très touchant tout ensemble et fort caractéristique,) qu'il avait réuni un conseil de famille où la question avait été débattue avec une certaine solennité toute patriarcale. On avait fait dire des messes et des neuvaines pour se concilier, en cette importante affaire, la protection du ciel. Je ne me doutais guère, lorsque j'entrai dans la maison, que les saints les plus puissants du Paradis avaient été intéressés à veiller sur mon enseignement et à le désarmer de tout venin.

Me voilà donc installé précepteur et, ce qu'il y a de plus curieux, précepteur dans une famille résolument légitimiste et catholique.

M. de Ventavon, le premier jour où je fus investi de ces fonctions officielles, me remit les enfants avec une grandeur mêlée d'attendrissement ; il me témoigna, sans entrer dans une explication précise, qu'il avait en mon esprit de mesure pleine et entière confiance, et qu'il comptait sur ma discrétion pour émousser les angles de nos opinions contraires.

Ma situation n'était pas aisée. J'ai la parole prompte et âpre ; et, si réservée que fût la gravité naturelle à M. de Ventavon, il ne lui en arrivait pas moins de froisser d'un mot mes convictions les plus chères. Je sentais en moi comme une violente poussée de sang qui m'emportait à risposter ; la réplique s'élançait impétueusement sur mes lèvres ; mais je n'avais qu'à considérer l'air de bonhomie parfaite, le sérieux imperturbable avec lequel cet aimable vieillard disait ces choses, qui me paraissaient à moi monstrueuses, pour réprimer le frémissement de tout mon être et sceller mes lèvres. Je me mettais, comme disaient les Grecs, un bœuf sur la langue.

Je crois que cette gymnastique, qui a duré deux ans, m'a été d'un grand profit pour me former le caractère et m'apprendre la pratique journalière de la tolérance. Je comprenais si bien, en écoutant le langage, plein de raideur et d'aménité tout ensemble, de ce vieux gentilhomme, l'inutilité de toute discussion, que l'envie me passa bientôt de lui faire de la peine en le contredisant. J'appris à cette école le grand art, que j'ai depuis pratiqué dans le journalisme avec un désintéressement qui est allé croissant tous les jours, de ne jamais m'offusquer de l'opinion d'un adversaire, de la tenir toujours pour sérieuse, quitte à me taire et à baisser les yeux, s'il ne me semblait pas utile de la réfuter.

Au reste M. de Ventavon semblait éviter avec soin toute occasion de débat. Il mettait une sourdine à l'expression de ses idées favorites ; et nous causions le plus souvent ou des choses de la classe ou de celles du Palais. Il me mettait ainsi à l'aise. Mme de Ventavon était de moins bonne composition avec moi. C'était une femme très dévote, d'une rare vivacité d'imagination et d'esprit, d'une singulière exubérance de parole. Elle ne vivait que pour ses enfants et pour son mari, qu'elle aimait passionnément ; mais, après eux, elle gardait encore dans son cœur une large place pour le bon Dieu, et elle enrageait que je n'eusse pas l'air d'y songer davantage. Sa manie était de me convertir, et elle livrait sans cesse de nouveaux assauts à mon incrédulité. Je ne lui répondais qu'en badinant, et cet air de négligence ou ce ton de persiflage avait le privilège de l'exaspérer. Elle ne pouvait assez s'étonner qu'un homme qui n'était pas un imbécile, puisqu'elle lui confiait l'éducation de ce qu'elle avait de plus cher au monde, ne pensât point comme elle. Il fallait que j'eusse des trous dans la cervelle.

Ce qui m'amusait chez elle, c'est, qu'avec une foi très docile et très vive, il y avait des points sur lesquels son bon sens (car elle en avait tout de même) se cabrait et se révoltait. Ainsi elle admettait parfaitement tous les miracles ; mais il ne fallait pas lui parler de celui de la Salette. Elle riait de pitié ou tressaillait d'horreur. On recevait beaucoup dans la maison l'abbé Deléon, celui-là même qui, dans une série d'articles dont le retentissement fut immense, avait prouvé que, dans la fameuse apparition de la sainte Vierge aux bergers, c'était une vieille folle, Mlle de la Merlière, qui avait joué, vêtue d'une robe bleue, le rôle de la sainte Vierge. Son évêque l'avait, je crois, interdit à la suite de cette démonstration. On ne l'en choyait que plus tendrement chez M. de Ventavon. C'était une victime de la persécution épiscopale, un martyr de la vérité. J'avais un plaisir infini à mettre Mme de Ventavon sur ce chapitre : elle partait, bride abattue, avec la fougue d'un cheval échappé. Elle montrait les impossibilités matérielles de ce soi-disant miracle ; elle raillait d'un rire sardonique les prodigieuses inepties prêtées par l'idiot berger Maximin à la Reine des anges.

— Est-ce qu'on peut croire à cela ? me demandait-elle.

J'avouais ingénument qu'on ne pouvait croire à cela.

— Mais, ajoutais-je, les autres miracles...
Elle me fermait la bouche en criant.

— Je vous vois venir. Vous êtes un impie. Les autres miracles sont prouvés : ils sont de foi. Celui de la Salette est absurde.

Le jour où M. Jules Favre, qui était venu à Grenoble plaider pour Mlle de la Merlière, perdit son procès devant la Cour, fut pour Mme de Ventavon un jour de triomphe : elle exultait ; elle donna, pour célébrer ce grand événement, une manière de fête domestique.

— Nous en avons fini, s'écriait-elle, avec cet absurde miracle de la Salette !

On l'aurait sans doute bien étonnée si on lui eût dit que, vingt-six ans plus tard, contant cette histoire, je serais obligé de constater que l'eau de la Salette se vend toujours le même prix, que le commerce s'en est augmenté, loin de décroître, et que si la prospérité en a été enrayée, elle le doit moins au jugement de la cour de Grenoble, qui n'a point mordu sur la superstition populaire, qu'à l'établissement d'une fâcheuse concurrence, qui s'est dressée à Londres. La maison qui n'est pas au coin du quai lui a fait du tort.

Outre l'abbé Deléon, qui n'apparaissait que de loin en loin, quand il avait besoin pour sa polémique d'un conseil ou d'un renseignement, il venait assez souvent d'autres prêtres à la maison. L'un d'eux, qui, plus tard, je crois, est devenu vicaire général et peut-être évêque, m'avait beaucoup plu par la variété et la finesse de sa conversation. Il affectait une modération de sentiments et de langage qui est fort rare dans le clergé français ; il se disait libéral, et je l'avais pris au mot sur l'étiquette.

Je me souviens. à ce propos, d'un petit fait qui m'a éclairé sur la prétendue tolérance de nos prêtres.

Nous étions en ce temps-là, puisque nous faisions la guerre à la Russie, les alliés des Turcs. On fêtait je ne sais plus quelle victoire. Les journaux nous avaient conté qu'une cérémonie religieuse devant se célébrer dans une mosquée de Byzance, les autorités turques s'étaient opposées à ce que les drapeaux chrétiens figurassent dans les faisceaux formés sur l'autel par les drapeaux ottomans. Quelques-uns n'avaient pas manqué de crier au fanatisme.

Le soir, on parla de l'incident au dîner, et notre prêtre, qui se trouvait là, s'échauffa grandement sur l'inexplicable intolérance de nos alliés.

Je fis doucement remarquer que chez les Turcs le drapeau était considéré comme un emblème à la fois national et religieux, et, qu'en cette dernière qualité, ils avaient pu juger que la place d'un drapeau chrétien n'était pas sur l'autel d'une mosquée musulmane.

— Et quand il serait vrai que le drapeau fût un emblème religieux, les Turcs sont-ils autorisés à chasser de leurs temples le drapeau d'une nation alliée ?

Je ne sais vraiment où j'avais la tête ; je me piquai au jeu et, poussant la discussion à bout :

— Pardon ! lui dis-je, si vous célébriez une cérémonie religieuse dans votre église en l'honneur des Russes vaincus, souffririez-vous que les Turcs, nos alliés, prétendissent placer sur le maître autel l'image de Mahomet ?

— Ce n'est pas la même chose, me dit le prêtre d'un ton sec.

— Il me semble, au contraire, que c'est absolument la même chose, sauf que la chose se passe en France au lieu d'avoir lieu en Turquie.

— Vous ne comparez pas, j'imagine, la religion de Mahomet avec la vraie, la seule religion ?

— Mais c'est qu'eux aussi ils croient posséder la seule, la vraie religion !

Je le vois encore: il ferma d'un geste péremptoire sa tabatière d'argent et, d'une voix brève, cassante, autoritaire :

— Ce n'est pas la même chose, répéta-t-il. Brisons là !

Mme de Ventavon me faisait de gros yeux ; le chef de la famille tenait les siens fichés sur son assiette, dont il avait l'air de contempler les fleurs avec attention ; personne ne soufflait mot. Je me tus ; mais je sus que penser du libéralisme des oints.

Une ou deux fois par an, l'évêque de Gap venait nous rendre visite. Ces jours-là on mettait les petits plats dans les grands. Jamais je ne me fusse fait, si je n'avais assisté à ces repas, une idée juste du respect dévot qu'inspire dans les familles pieuses ce grand nom d'évêque. On eût dit vraiment que, l'évêque de Gap, ce fût le bon Dieu en personne descendu sur la terre, et daignant s'abaisser jusqu'à prendre sa nourriture en compagnie de simples mortels. On lui passait les plats avec cette onction que revêt le servant de la messe quand il offre le calice à l'officiant ; on attendrissait sa voix pour lui offrir des radis ou du beurre ; on le choyait de tendresses respectueuses et câlines ; on se récriait avec béatitude sur le moindre mot qu'il condescendait à laisser tomber de sa bouche. Il avait, en prenant du pain dans la corbeille, le geste allongé d'un prélat qui donne sa bénédiction. Je me sentais transporté dans un autre monde et gardais un silence étonné. Un seul détail me réconciliait avec toute cette mise en scène : c'est qu'il mangeait comme quatre et buvait d'autant. Il lui arriva une fois de dîner chez nous un vendredi : tout était au maigre ; mais quel maigre! Il badina avec une bonne humeur tout ecclésiastique sur un certain pâté de poisson dont la croûte, dit-il en souriant, ne lui paraissait pas trop catholique, et s'en laissa servir une énorme tranche dont il dut avoir la conscience bourrelée toute la nuit.

M. de Ventavon rappela à ce propos une anecdote qu'il aimait à conter. Un de ses aïeux avait rendu au saint-père un service important : le pape lui avait baillé, pour récompense, une cédule en vertu de laquelle il était autorisé, lui et ses descendants, à faire gras tous les vendredis, sauf le vendredi saint, eux et les personnes qu'ils auraient à leur table.

— Vous voyez, monseigneur, que vous pouvez manger sans crainte.

Ma foi, moi aussi, sur cette assurance, je prélevai sans remords sur le pâté de poisson une tranche épiscopale et la dévorai d'un bel appétit. Il est doux de faire son salut à la suite de son évêque en mangeant du pâté.

A mesure que M. de Ventavon me voyait davantage, il paraissait prendre plus de goût à ma conversation. Nous nous étions d'abord tenus vis-à-vis l'un de l'autre sur un pied de réserve. Outre qu'il était, de son naturel, peu bavard, il m'observait et cherchait à me pénétrer. Il s'était peu à peu détendu, et nous causions de bonne amitié *de omni re scibili et quibusdam aliis.*

Il me demanda un jour ce que je gagnais au métier de professeur. Il parut surpris de la modicité du chiffre que je lui fixai.

— Et quelles sont vos espérances ? poursuivit-il.

Mes espérances, elles n'étaient pas brillantes. C'était d'obtenir une rhétorique à Grenoble ou dans quelque autre ville de province, et de finir par avoir de quatre à cinq mille francs d'appointement.

— Tant que cela ! me dit-il en souriant. Eh bien, vous sentez-vous le courage d'entreprendre une autre carrière ?

Je l'écoutais curieusement, cherchant où il en voulait venir. Je lui assurai que je ne manquais point de résolution ni de vaillance.

— Je le crois, reprit-il. Eh bien, la nature vous a doué de toutes les qualités qui font l'avocat. Vous avez beaucoup de bon sens ; vous voyez du premier coup d'œil où est le point précis d'un

débat ; vous possédez une facilité et une justesse
de paroles qui sont des plus rares. C'est plus qu'il
n'en faut pour être un excellent avocat. Vous pouvez, tout en faisant vos classes, préparer vos examens. Dans trois ans vous serez reçu ; je vous
apprendrai le métier, et il vous suffira de quelques
années, si vous vous établissez à Grenoble, pour
vous faire une réputation et fonder un beau cabinet.

Cette proposition me toucha extrêmement. J'y
fus d'autant plus sensible que je savais la haute
estime que M. de Ventavon faisait de sa profession
d'avocat. Il la regardait comme la plus honorable
de toutes, la plus libre tout à la fois et la plus fière.
Il entretenait toujours ses fils de la gloire qu'il
y avait à sauver un innocent, à faire triompher le
bon droit ; il leur énumérait les prérogatives de
l'avocat, et ces prérogatives, il en était très jaloux.
Il n'eût pas fallu que la Cour ou le gouvernement y touchât : il eût été, lui, l'homme doux par
excellence, intraitable sur ce point. Quand il avait
dit : *l'Ordre des avocats*, il avait tout dit. Il n'ad
mettait pas qu'un avocat pût commettre l'ombre
d'une indélicatesse ; car c'eût été souiller l'Ordre tout entier. C'était l'esprit de corps dans ce
qu'il a de plus exclusif et aussi de plus noble. On
me dit que les nouvelles générations d'avocats s'en
corrigent ; peut-être est-ce dommage. J'ai eu le

plaisir d'observer un des derniers et des plus par-
faits spécimens de l'avocat antique : il avait ses
grands et ses beaux côtés.

M. de Ventavon, en me lâchant à brûle-pour-
point, à travers le visage, son *Dignus es intrare*,
me donnait un témoignage tout à fait inattendu,
mais certain, de sa haute estime. L'idée, une fois
jetée dans ma cervelle, y germa et y poussa de
promptes et vivaces racines. Au temps où j'étais à
l'École, j'avais pris, avec About, mes quatre premières inscriptions de droit, qui ne m'avaient
jamais servi. Je m'informai si ces quatre inscriptions étaient encore bonnes; on me répondit qu'elles
n'étaient point prescrites. Je résolus donc aussitôt
de passer à la fin de l'année mon premier examen, et me mis à la besogne avec la furie habi-
tuelle de mon caractère.

J'avais déjà de l'ouvrage par-dessus les yeux;
mais ce travail nouveau ne m'effrayait guère. Je
tenais de la nature une faculté très précieuse :
je n'avais besoin que d'un court sommeil. Il
m'était indifférent de me lever matin. L'hiver,
avant le jour, et l'été, aussitôt le soleil paru, je
m'installais à mon bureau jusqu'à l'heure réglementaire de la première classe, qui était fixée à
huit heures. Le soir, dans les villes de province,
on n'a guère, soit après dîner, soit après une partie de whist, qu'à rentrer chez soi, car les plai-

sirs ne sont ni très variés ni très absorbants. Je poussais le travail jusqu'à une heure du matin, dans une chambre solitaire, sous la blanche lueur de ma lampe.

J'achetai les livres de droit que l'on m'indiqua et m'enfonçai dans cette étude nouvelle avec une ardeur extraordinaire. Je croyais trouver un plaisir extrême à m'initier au Code civil, et je rechignais par avance à mettre le nez dans le droit romain : ce fut, à ma vive surprise, le contraire qui m'arriva. Je me pris de belle passion pour l'ouvrage, qui était classique en ce temps-là, et qui l'est peut-être encore aujourd'hui, de M. Ortolan sur la législation de Justinien. Tout ce que je savais de l'antiquité latine s'éclairait pour moi d'une lumière nouvelle. Une foule de passages que je n'avais pas compris du tout ou que j'avais compris de travers se levaient dans ma mémoire à mesure que je pénétrais plus avant dans cette étude, et la signification s'en découvrait à mes yeux. Il est fort difficile d'entendre les grands écrivains de Rome, même les poètes, si l'on n'a des notions très précises sur l'organisation juridique de la famille, de la puissance paternelle, de la propriété, et on les trouve dans le vieux droit codifié par Justinien.

J'avoue qu'en revanche les commentateurs du Code civil m'accablèrent d'un ennui qui alla jusqu'au dégoût. Mon gros bon sens se révoltait à voir un texte de loi, qui me paraissait le plus clair et le plus simple du monde, pressé, tordu par un exégète qui, à force de raisonnements subtils, finissait par en exprimer juste le contraire de ce qu'il semblait dire.

Cette sensation d'horreur pour ce byzantinisme d'interprétations a été si forte chez moi, que je l'y retrouve encore toute chaude quand le hasard des articles quotidiens que j'écris m'amène à discuter quelqu'un des jugements rendus en vertu de telle ou telle de nos lois. Je suis toujours étonné et inquiet de voir avec quelle aisance juges et avocats torturent un mot du texte de la loi pour le mettre en contradiction avec l'esprit même de cette loi. Et ce qu'il y a de curieux et d'abominable tout ensemble, c'est qu'ils y arrivent, c'est qu'ils sont très contents d'eux, et très fiers, quand ils y sont arrivés.

Je passai mon examen à la fin de l'année, et je fus reçu. Il faut dire que ces messieurs, surpris et flattés de voir sur les bancs de l'École de droit un professeur de lettres, y mirent de la complaisance. Ce fut plutôt une causerie qu'un examen. La vérité est que je ne savais rien ou presque rien de ce que j'aurais dû apprendre pour répondre aux questions ordinairement posées, car j'avais travaillé un peu à l'aventure, sans maître, et ne consultant que mon goût personnel. Mais je fus très brillant sur le droit romain, où mon examinateur engagea avec moi une conversation à bâtons rompus sur divers points de théorie philosophique.

On me combla de louanges, et M. de Ventavon m'engagea vivement à persévérer. C'était bien mon intention formelle. Mais le hasard, qui avait déjà si souvent ballotté ma vie, allait encore une fois me jeter dans une voie nouvelle.

Nous avions alors pour recteur à Grenoble M. Auguste Nisard, le frère de l'académien, M. Désiré Nisard, l'illustre auteur de l'*Histoire de la littérature française*. M. Auguste Nisard, qui vit encore et que j'ai de loin en loin le plaisir de rencontrer à certaines premières représentations, était un universitaire de la vieille roche, très amoureux des lettres latines et grecques, et qui n'avait accepté de fonctions administratives que lorsque la fatigue physique l'avait obligé de renoncer à sa chère rhétorique de Bonaparte. Il voulait bien me témoigner quelque estime, et c'est à son libéralisme éclairé que je dus de n'être pas trop tracassé durant cette période de mon enseignement. Il souriait de mes frasques, sachant que j'étais un dévot de Virgile et d'Horace. Il réprimait, quand il s'agissait de moi, le zèle fougueux d'un petit bonhomme d'inspecteur qui était bien le plus méchant homme et le plus plat jésuite que j'aie connu de ma vie.

Il avait un fils, grand garçon déjà, très intelligent, d'esprit vif et de physionomie animée, mais paresseux et léger comme ils le sont tous, comme nous l'avons tous été peu ou prou. Le père se désolait de ne pas lui voir une passion plus fervente pour les études classiques. Il me pria de le prendre deux ou trois fois par semaine :

— Ce ne sont pas précisément des répétitions que je demande pour lui, me dit-il ; mais causez avec lui de belles-lettres et tâchez de lui inspirer l'amour du grec. Il n'en sait pas assez ; il n'en veut pas lire ; lisez-en avec lui.

— Voilà qui se trouve bien ! lui dis-je. J'ai toujours eu l'idée de lire d'un bout à l'autre Démosthène, dont je ne connais que des fragments. L'occasion est bonne. Si vous voulez, nous lirons Démosthène.

— Va pour Démosthène !

Tous ceux qui ont été pédagogues (et je prends ce mot, qui devrait être un des plus honorés de notre langue, dans son beau et grand sens), tous ceux qui ont été pédagogues savent qu'il n'y a rien de tel pour inspirer à un écolier la passion d'un exercice que de la sentir soi-même. L'ardeur du maître passe naturellement à l'élève et l'enflamme.

Les premiers jours furent assez durs : chaque écrivain, surtout en grec, a son vocabulaire particulier qu'il faut pleinement connaître pour le lire avec facilité. C'est une particularité qui rend plus malaisé d'abord de tout auteur qu'on essaye. Mais au bout de très peu de temps on est familiarisé avec ses mots, ses locutions, ses tours de phrase et ses accidents de style. Il ne reste plus que les vraies difficultés de texte: c'est au professeur, quand il sait son métier, à les aplanir sans en avoir l'air, pour ne pas rebuter l'élève et surtout pour ne pas le refroidir.

Il y a alors, dans les à peu près de cette traduction rapide, enlevée au pas de course, une jouissance extrême : les beautés du vieux texte prennent un relief extraordinaire et un éclat singulier. On a à tout coup des soubresauts d'admiration, qui sont d'autant plus vifs que, par derrière le tour français que l'on a instantanément trouvé, on aperçoit, dans la phrase grecque, des arrière-sens mystérieux qui s'agitent et qui luisent.

Nous ne pouvions ni l'un ni l'autre nous rassasier de cette lecture. Ce fut une vraie toquade ; et elle fut si loin poussée que M. Nisard, charmé tout ensemble, et inquiet, de constater chez son fils un amour si fougueux et si absorbant pour un écrivain grec, crut devoir me rappeler en souriant que les Latins comptaient aussi de grands poètes et d'admirables prosateurs.

J'étais donc au mieux avec mon recteur ; mais je ne songeais point à profiter de cette faveur, n'ayant rien à lui demander. Ce fut lui qui pensa à moi. Il me manda dans son cabinet ; il avait un air plus composé, plus officiel, que de coutume :

— Voulez-vous, me dit-il sans préliminaires, faire la classe de philosophie ? Elle est à vous si vous acceptez.

— Vous voulez dire : de rhétorique, monsieur le recteur.

— Non, j'ai bien dit : de philosophie.

Au premier instant, je demeurai stupide, comme dit notre vieux Corneille. Puis, me remettant un peu, je fis observer à M. Nisard que j'étais agrégé de lettres, et non de philosophie ; que je ne savais de philosophie que le peu qu'on en apprenait à l'École normale, quand on ne faisait pas de cette science une étude spéciale ; que depuis l'École je ne m'étais jamais beaucoup préoccupé de ces problèmes ; que j'arriverais donc tout neuf dans la classe qu'il venait me confier, et que l'Université risquait de troquer un bon professeur de seconde contre un professeur de philosophie insuffisant. Elle ne pouvait que perdre au change.

— Eh mais ! me répondit M. Nisard, c'est précisément parce que vous avez la passion des lettres que nous avons songé à vous nommer professeur de philosophie. Nous ne tenons pas à ce que les jeunes gens aient l'esprit barbouillé des vaines spéculations de la métaphysique. Il suffit qu'ils soient en état de répondre aux questions dont se compose le programme du baccalauréat. C'est peu de chose, et vous le leur apprendrez tout aussi bien qu'un philosophe de profession. Vous aurez en revanche, sur lui, l'avantage de leur faire mieux goûter les chefs-d'œuvre qui doivent être lus, en cette dernière année d'études, par vos jeunes élèves. Ce qui vous touche le plus, n'est-ce pas, dans le *Discours sur la méthode* de Descartes, dans la *Connaissance de Dieu et de soi-même* de Bossuet, dans le *Traité de l'existence de Dieu* de Fénelon. dans les *Entretiens* de Malebranche, c'est la grandeur et la grâce du style ?...

Je fis un geste d'acquiescement.

— Eh bien ! c'est précisément à ce point de vue que nous souhaitons qu'on présente ces ouvrages à nos élèves et qu'on leur en inspire le goût. Nous désirons que la classe de philosophie ne soit qu'une autre face de la classe de rhétorique.

Je me grattais le front, très en peine de ce que je devais répondre. J'étais un peu effrayé de la responsabilité nouvelle que j'assumais sur moi. Et puis, cette idée d'enseigner la philosophie sans parler de philosophie choquait ma justesse d'esprit et mes instincts de logique.

Je demandai quelques jours pour réfléchir

M. Nisard insista, m'enguirlandant de louanges si aimables, que je n'osai plus refuser.

— Si c'est, en effet, lui dis-je, un service que l'Université réclame de moi, je me rends. Mais je crains bien de ne pas vous satisfaire.

Le recteur me combla d'assurances flatteuses et me dit que je ne tarderais pas à recevoir ma nomination. Je m'en allai tout pensif.

— Quelle drôle de boutique que notre Université ! me disais-je. J'adore les lettres, je les sais, et j'ai prouvé que je pouvais être utile en les enseignant. Que fait-on ? Il y a deux ans, on me déporte dans une classe de grammaire, pour me punir d'une incartade ; aujourd'hui on m'envoie dans une classe de philosophie pour me récompenser d'avoir inspiré à un jeune collégien le goût de Démosthène. Et si l'on me choisit, c'est précisément parce que je déclare ne pas savoir le premier mot des choses que je dois enseigner, parce qu'on suppose que le goût me m'en viendra jamais !

Et, repassant les diverses étapes de ma carrière :

— J'aurai fait toutes les classes : la quatrième à Rodez, la troisième à Chaumont, la seconde à Grenoble, la rhétorique à Lesneven ; je m'en vais faire la philosophie. J'aurai épuisé la coupe des félicités universitaires. Et après?

Après ! après ! J'entendais bruire à mes oreilles le mot de mon pauvre père, qne je venais de perdre :

— Tu auras une belle retraite!

Le sort en était jeté ! J'allais professer la philosophie. Il fallait l'apprendre d'abord. C'étaient d'autres études à commencer. Je remisai dans un fond d'armoire tous mes livres de droit ; et je montai d'ouvrages de philosophie ma petite bibliothèque nomade.

J'entrais dans ma dernière année de professorat.

VI

JE DEVIENS PROFESSEUR DE PHILOSOPHIE.

Je ne saurais peindre le découragement mêlé
d'effroi dont je me sentis saisi quand je mis pour
la première fois le nez dans les livres officiels qui
devaient être le fond de mon nouvel enseignement.
Il y en avait un qui, jadis, quand j'étais moi-même
écolier de philosophie, avait été, pour moi comme
pour tous mes camarades, la loi et les prophètes :
c'était le *Manuel de philosophie*, un gros bouquin
de six à sept cents pages, grand in-octavo, que trois
des plus illustres disciples de l'illustre éclecti-
que M. Cousin avaient écrit à frais communs pour
former aux bonnes doctrines les âmes des jeunes
générations. C'étaient MM. Jules Simon, Jacques,
et Saisset, trois hommes de talent d'ailleurs, dont
les noms brillaient sur la couverture.

Je ne voudrais pas trop dire de mal de cet ouvrage de classe, qui m'avait rendu service après

tout, puisqu'il n'avait initié aux questions philosophiques et m'avait, le premier, sur ces matières encore inconnues pour moi, ouvert l'entendement et éveillé la réflexion. Mais mon esprit s'était depuis lors mûri avec l'âge et l'étude ; j'avais lu et relu *les philosophes au dix-neuvième siècle*, de mon. ami Hippolyte Taine, et, çà et là, quelques articles de Revue où se faisaient jour les idées positivistes. Je reculai épouvanté quand, prenant à nouveau, après dix années d'oubli, le *Manuel* officiel de la philosophie universitaire, je commençai de le relire avec des yeux tout frais. Toute cette phraséologie, qui me semblait à la fois gonflée et vide, m'inspira un insurmontable dégotû.

— Eh quoi ! m'écriai-je ; c'est ça que je vais enseigner ! c'est ça, la philosophie des classes ! Mais il n'y a rien de plus puéril et de plus niais !

Le malheur, c'est que, comprenant avec une si vive amertume le néant des leçons qu'on m'imposait, je n'avais rien à mettre à la place. Je n'étais pas au courant des questions ; je nageais au hasard dans une mer de théories et d'idées qui se heurtaient autour de moi, et plus je battais l'eau de mes bras désespérés, plus je me sentais aveuglé, perdu, englouti.

Le plus sage assurément eût été de suivre paisiblement l'ornière, puisque j'étais incapable de me frayer une voie personnelle ; de prendre tout simplement l'un après l'autre les divers points du programme, de les expliquer à mes élèves sans chercher midi à quatorze heures, me servant des livres revêtus de l'estampille, et de porter, comme l'avait espéré M. Nisard, tout l'effort de mon enseignement sur la partie littéraire du cours.

Mais M. Nisard avait compté sans mon caractère, qui est à la foi impétueux et tenace. Je m'étais pris de belle et soudaine passion pour les études philosophiques ; j'y portai une ardeur enflammée, bien qu'un peu brouillonne, une énergie têtue et violente ; et je fis, il faut bien que je l'avoue (mais ce n'était pas trop ma faute), la plus mauvaise classe qui se puisse imaginer : une classe incohérente et bizarre, toute pleine d'à-coups et de soubresauts. Un jour, j'arrivais tout bouillant d'un ouvrage lu la veille, et, avec la ferveur d'admiration d'un néophyte, j'en exposais les idées à mes élèves sans me soucier du chaos que je versais dans leur jeune cervelle. Une autre fois, je leur disais:

— Dam ! sur cette question du programme, voilà ce que vous devrez répondre au baccalauréat.

Mais, à mesure que je développais ce point de vérité officielle, une impatience me prenait des pieds à la tête, le sang me montait au visage, me battait aux tempes, et je m'écriais :

— Mais ça n'a pas le sens commun, tout ce que je vous dis là !

Et avec une verve débridée, avec cette verve de la vingt-cinquième année dont je n'ai plus, hélas ! que de misérables restes, je piétinais furieusement, je déchirais en morceaux la leçon que j'étais chargé de faire, je ne ressemblais pas mal à cette ânesse de Balaam dont parle l'Écriture : son maître devait maudire, et elle prononça les formules de bénédictions. C'était la même chose pour moi, bien que ce fût tout le contraire.

J'étais d'un ridicule achevé, dont je me rends parfaitement compte aujourd'hui. Il eût fallu ne pas accepter cette besogne, ou il fallait l'exécuter dans les termes où elle m'avait été offerte. Je ne me retrouvais le professeur clair, lumineux, ardent d'autrefois, que lorsque je lisais tout haut une page de Descartes, de Bossuet, ou de Pascal, et que j'en commentais les beautés avec une éloquence spontanée et vibrante.

Deux ou trois élèves s'étaient intéressés à ce cours et le suivaient, tout dégingandé qu'il fût, avec une émotion visible. Les autres s'en étaient détachés et ne s'occupaient plus que de leur examen de baccalauréat, qui est, par malheur, à présent, l'unique souci de nos apprentis philosophes.

Mon pauvre proviseur, qui m'aimait un peu en me redoutant fort, ne disait trop rien, mais il était désolé. Je n'avais plus, au rectorat, le protecteur

qui avait été, durant deux ans, mon unique bou-
clier : M. Nisard avait été appelé à d'autres fonctions. Il avait e, pour successeur M. Quet, un savant distingué qui n'avait qu'un goût médiocre
pour les études littéraires et qui, peut-être, s'y entendait assez mal. Il ignorait les pourparlers à la
suite desquels j'avais été bombardé professeur de
philosophie ; il ne voyait qu'une chose : c'est que
mon enseignement provoquait de toutes parts des
plaintes légitimes.

L'inspection générale arriva par là-dessus.
C'était M. Artaud qui en était chargé dans notre
ressort. Tous mes contemporains se souviennent
de ce porc-épic hérissé et grognon, qui assom-
brissait une classe, quand il y entrait, de sa mauvaise humeur renfrognée et bougonnante. Il arrivait
cruellement prévenu contre moi, le portefeuille
bourré de rapports venus soit de l'inspection
académique, soit de l'évêché, soit même de la
ville, qui me représentaient comme une manière
de Satan soufflant à de jeunes cœurs le feu infer-
nal du scepticisme, du matérialisme et de toutes
sortes d'horreurs en *isme*. Un inspecteur général
est toujours sûr d'avoir, dans une classe, l'inspection qu'il veut. Il peut à son gré rassurer ou
désarçonner les élèves : rien n'est plus facile.
M. Artaud me ménagea une inspection déplorable.
Je fis une leçon en sa présence ; elle n'était pas

plus mauvaise que beaucoup d'autres, et j'ose
même dire que, grâce à une certaine facilité d'élocution qui m'est naturelle, elle avait de quoi plaire
à un esprit ami des bonnes études. Il la trouva
exécrable, me rabroua durement devant mes
élèves, ce qui est un procédé très vilain, mais
familier, même encore aujourd'hui, à la plupart
de nos inspecteurs généraux, et j'eus toutes les
peines du monde à contenir ma colère.

J'en sais de moins patients que moi qui, en
pareille occurrence, ont pris M. l'inspecteur général par les épaules et l'ont jeté dehors sans cérémonie. Je rongeai mon frein en silence. Le soir,
je reçus une lettre qui me convoquait à l'hôtel où
M. Artaud avait établi sa résidence. Il le prit de
très haut avec moi ; il était volontiers brutal de
manières et de langage. Je ne le fus pas moins que
lui. J'étais acculé. Je lui dis, ce qui était vrai, que
je n'avais accepté la classe de philosophie que
par complaisance, avec cette clause formelle que
je n'enseignerais point de philosophie en philosophie ; que cette clause m'avait paru absurde,
mais que je trouvais plus absurde encore qu'on la
retournât contre moi.

La discussion, qui avait débuté sur un ton très
vif, ne tarda pas à s'élever jusqu'à l'invective, et
M. Artaud me déclara qu'il lui serait impossible
de me maintenir à Grenoble, où j'avais donné

l'exemple de l'indiscipline, où j'étais devenu une effroyable pierre de scandale.

Je lui répondis que je me moquais (vous m'entendez bien) et de lui, et de Grenoble, et de la classe de philosophie, et de l'Université ; que j'avais assez de tout cela, et que, si l'on continuait à m'ennuyer de la sorte, j'étais prêt à donner ma démission.

M. Artaud me montra la porte du doigt :

— C'est bien, monsieur, me dit-il ; vous aurez de mes nouvelles aux vacances.

Ces menaces me laissèrent froid. J'avais depuis quelques mois lentement caressé le projet de jeter aux orties ma robe de professeur et de m'en aller à Paris retrouver les camarades qui commençaient à faire un terrible bruit dans la république des lettres. C'était plutôt encore un rêve qu'un dessein bien arrêté ; mais un désir secret m'inclinait de ce côté, et tout incident qui me poussait au sens où je penchais déjà ne pouvait être que le bienvenu.

Comment l'idée m'était-elle venue ? Comment s'était-elle peu à peu emparée de mon esprit ? Ceux de mes jeunes camarades qui liront ces mémoires se demanderont comment je n'y avais pas songé plus tôt ; car l'Université n'est plus guère pour eux qu'un pis-aller, à moins que les plus hauts postes qu'elle puisse conférer ne leur soient dévolus tout d'abord et ne leur tombent, pour me servir d'une locution proverbiale, tout rôtis dans la bouche. Mais, je vous l'ai déjà dit, nous appartenions tous à une génération qui aimait l'enseignement.

Ceux mêmes d'entre nous que nous avions vus en sortir en avaient été dévissés, douloureusement plutôt qu'ils ne l'avaient quitté. Ainsi J.-J. Weiss, ainsi Paradol, qui, à cette époque, menaient dans les *Débats* une campagne si vive et si brillante contre le régime impérial. C'est à leur corps défendant qu'ils étaient devenus journalistes.

Weiss, avant d'accepter le poste qu'on lui offrait aux *Débats*, était allé voir le ministre de l'instruction publique :

— Monsieur le ministre, avait-il dit à M. Fortoul ou à M. Rouland, je suis professeur d'histoire à la Faculté de Dijon et l'on me propose de faire aux *Débats* le premier-Paris. Cette offre est bien tentante ; mais je suis prêt à la décliner si vous prenez l'engagement de me donner, l'an prochain ou dans deux ans, l'avancement légitime auquel me donnent droit mes succès dans l'Université. Pouvez-vous me répondre d'une chaire en Sorbonne d'ici à deux ans ?

Le ministre fit un haut-le-corps :

— Pensez-vous, monsieur, répondit-il d'un air de majesté scandalisée, que le gouvernement de

S. M. l'Empereur se laisse imposer des conditions par ses fonctionnaires ?

— Voilà qui va bien, répliqua Weiss ; j'ai l'honneur de vous saluer ; vous recevrez demain ma démission.

La scène avait été moins nette et moins vive avec Prévost-Paradol, qui professait la littérature française à la Faculté d'Aix quand on l'appela aux *Débats* ; mais je tiens de sa propre bouche qu'il hésita longtemps à rompre avec l'Université et que la seule considération qui l'y détermina, c'est qu'on ne lui ouvrit aucun espoir d'avancement. Il semblait que l'empire, au rebours de tous les gouvernements intelligents, prît un malin plaisir à éloigner, à décourager, à jeter dans les rangs de ses ennemis tous les jeunes gens d'un grand avenir.

Il va sans dire qu'on ne m'avait fait aucune proposition de ce genre. J'avais toujours passé, même parmi mes camarades et surtout parmi eux, pour un piocheur très estimable ; aucun d'eux ne se doutait que je pusse écrire jamais, et moi peut-être moins que personne. J'étais toujours en correspondance avec About qui, à travers la vie dévorante que l'on mène à Paris, trouvait le temps de m'écrire de longues lettres ; il était venu même me voir à Grenoble ; il s'y était installé, pour quelques semaines, dans une petite maison de

campagne qu'il avait louée aux environs, et c'est
là qu'il a écrit une de ses meilleures œuvres :
Maître Pierre. Je jouissais de ses triomphes et de
sa renommée, non seulement sans jalousie, mais
même sans arrière-pensée personnelle. On m'eût
fait hausser les épaules de pitié si l'on m'eût dit
qu'un jour je deviendrais son second et me tail-
lerais une petite célébrité à côté de sa gloire.

Il m'engageait à faire mes thèses, car c'est le
grade de docteur qui ouvre l'accès aux Facultés.
Mon père, de son vivant, m'y poussait également,
et je lui avais promis, à son lit de mort, de conquérir la chauce à triple bordure d'hermine.

J'avais promis ; mais je ne me sentais que mé-
diocrement attiré de ce côté. Il faut dire que
j'avais sous les yeux, à Grenoble, un assez triste
exemplaire de ces lamentables Facultés de province qui traînaient à cette époque, dans la soli-
tude et l'oisiveté, une vie parfaitement inutile. Je
puis tout à mon aise parler de ces temps éloignés
et de leurs misères, puisque la république, en ré-
formant l'enseignement supérieur, a infusé un
sang nouveau et plus riche aux Facultés provinciales.

Cette Faculté de Grenoble était la plus étonnante collection d'antiquailles que l'on pût se
figurer. Il s'y trouvait quelques bons et sérieux
professeurs, celui d'histoire, par exemple,

M. Macé, et celui d'histoire naturelle, M. Lorry,
qui tous deux se sont fait un nom dans leurs parties respectives par des travaux utiles. Mais que
dire du professeur de littérature latine ? C'était
un bien brave homme ; mais quelle drôle de manière d'expliquer et de commenter Virgile ! Le
professeur de philosophie était une manière de
vieil aliéné, célèbre dans tout Grenoble par les
excentricités de sa métaphysique. Celui de littérature française était un vieillard aimable, mais
dont le cours eût peut-être été jugé un peu naïf
dans un pensionnat de jeunes demoiselles. Leurs
cours ne comptaient pas un seul étudiant ; et, ce
qui est plus extraordinaire, c'est que la ville, qui
est pourtant un lieu de retraite pour les vieux
écloppés de la guerre, ne leur fournissait pas un
auditeur désireux de chauffer ses rhumatismes au
feu ronflant du poêle et de la phrase. C'était le
désert dans toute son horreur, et ces messieurs en
étaient réduits à semer le bon grain de leur parole sur les bancs stériles de l'amphithéâtre.

Au reste, ils auraient eu le savoir d'un Boisso-
nade doublé de l'éloquence d'un Michelet, que je
ne sais s'ils auraient réuni un auditoire plus nombreux. Au temps où j'étais à Grenoble, on envoya
Gandar pour y professer la littérature grecque.
Gandar était un des premiers hellénistes de France ;
il sortait de l'École normale ; si je n'y avais pas

été son camarade, au moins le connaissais-je de nom, et nous ne tardâmes pas, nos goûts étant les mêmes, à nous lier d'amitié. Il avait pris pour sujet de son cours Aristophane et la comédie grecque. Je résolus de le suivre.

Les cours de Faculté comportaient alors deux leçons par semaine : l'une où le professeur exposait, en beau style, les considérations générales, c'était la *grande leçon ;* l'autre (on l'appelait par opposition la *petite leçon*) où il expliquait le texte choisi par lui comme objet d'études : c'étaient *les Chevaliers*, cette fois.

A la leçon d'ouverture, Gandar eut une trentaine d'auditeurs, qui s'égrénèrent assez vite. A la petite leçon il n'y eut dès le premier jour qu'un monsieur, qui me fit l'effet d'être un appariteur quelconque, et moi. Gandar, qui était l'homme du devoir par excellence, n'en apportait pas moins son texte préparé avec un soin admirable. Tant que la leçon durait, tant qu'il était en chaire, je ne me serais pas permis l'ombre d'une observation. Quand il avait fini, nous nous en allions ensemble, bras dessus, bras dessous, causant tous deux du texte lu et commenté ; moi, lui soumettant mes doutes, et lui m'ouvrant avec bonne grâce les trésors de son érudition. Et tous deux, par manière de badinage, nous nous répandions en éloges sur la munificence du gouvernement, qui me faisait à moi, simple petit fonctionnaire, l'amitié de donner à un helléniste huit mille francs par an pour qu'il me lût *les Chevaliers* d'Aristophane.

Un jour, après la leçon, Gandar me dit, sans paraître attacher d'importance à ce détail :

— La distribution de mes conférences est changée ; la première se fera tel jour, à telle heure.

— Diantre ! lui dis-je, c'est que j'ai classe, moi, à cette heure-là !

— Il n'y a pas moyen de transporter l'heure de cette classe ?

— Ah bien ! je serais joliment reçu si j'en faisais la proposition !

— Je vais parler de cette petite affaire au doyen.

Si Gandar s'était contenté de dire au doyen : « L'heure que vous m'avez choisir me gêne ; soyez donc assez bon pour m'en assigner une autre », la chose eût été faite du premier coup. Mais il n'était pas diplomate. Il eut l'imprudence de donner le véritable motif de son désir : il n'avait qu'un élève, et il allait le perdre à ce nouvel arrangement.

Le doyen répliqua avec hauteur que la Faculté ne pouvait ainsi consulter les convenances du lycée et subordonner le programme de ses cours aux exigences d'un professeur de l'enseignement secondaire. Gandar baissa la tête, et le gouvernement n'en continua pas moins de lui donner ses huit mille francs pour expliquer Aristophane au concierge.

L'histoire de ce Gandar est bien singulière, et elle est une nouvelle preuve du despotisme saugrenu qui pesait sur notre pauvre Université.

Un beau matin, Gandar vint me voir. Il avait l'air désolé.

— Je vous fais mes adieux, me dit-il ; je m'en vais à Caen.

Et, comme je m'étonnais qu'il regrettât si vivement une Faculté où il n'avait qu'un élève, et encore était-ce un élève platonique :

— Ce n'est pas, naturellement, l'auditoire que je regrette à Grenoble, puisque je n'en avais pas , c'est le travail que m'imposait le cours. Je suis nommé, à Caen, professeur de littératures étrangères, et je ne sais pas un mot d'anglais ni d'allemand.

— Il fallait réclamer près du ministre.

— Je l'ai fait ; voici ce qu'il m'a répondu, notre ministre.

Et il me tira de sa poche une lettre dont je regrette bien de n'avoir pas pris copie, car c'eût été un document curieux de sottise administrative.

Le ministre répondait en substance à Gandar que, pour parler des écrivains étrangers, il n'y avait pas besoin de savoir la langue dans laquelle ils avaient écrit ; que, pour apprécier et faire goûter les poètes anglais ou allemands, il suffisait de connaître le latin et le grec.

J'affirme sur l'honneur que j'ai lu, de mes yeux lu, cette lettre d'une si monstrueuse ineptie. J'en aurais ri de bon cœur si je n'avais vu Gandar si triste. Gandar était un mélancolique, qui prenait tout au sérieux. Sa probité littéraire se révoltait à l'idée d'enseigner ce dont il n'avait aucune notion. J'ai appris depuis qu'il s'était livré à un travail prodigieux pour s'assimiler l'anglais et que, las de cette besogne ingrate, il avait demandé de revenir à Paris comme maître de conférences à l'École normale. Il fut, l'année d'après, promu à une chaire en Sorbonne. Mais il était miné par une maladie qui ne pardonne point : il avait un cancer à l'estomac. L'Université a fait en lui une perte sensible : c'était mieux qu'une grande intelligence et un rare savoir : c'était une belle âme.

De tous les professeurs de la faculté de Grenoble, le plus jeune et le plus brillant était Hatzfeld, que j'avais eu pour camarade de classe, puis pour répétiteur à l'institution Massin. Il était chargé du cours de littérature étrangère. Comme il était agréable de sa personne, de manières correctes et élégantes, et qu'il parlait avec une bonne grâce étudiée, qui n'était point exempte d'affectation, il eut d'abord un auditoire assez considérable à son cours, quelques femmes entre autres, qui venaient en mondaines écouter ce professeur mondain. Mais, n'en déplaise aux jolies Grenobloises, ce cours était un peu trop fort pour elles et passait par-dessus leurs chapeaux roses.

Hatzfeld, sous des dehors de mondanité légèrement précieuse, était un esprit très réfléchi, creusant les sujets et les examinant en philosophe. Il était fertile en vues originales et personnelles, qu'il exposait avec un bon goût discret, comme s'il eût eu peur d'effaroucher son auditoire. La nouveauté de ces aperçus ne frappait peut-être pas autant qu'il l'eût souhaité les belles personnes qui se dérangeaient, par caprice ou par mode, pour le voir autant que pour l'entendre. Peut-être n'y a-t-il que moi qui en aie jamais tiré profit. J'ai assisté à quelques-unes de ces leçons, qui étaient plus substantielles encore qu'élégantes, et j'en ai tiré sur le théâtre des observations que j'ai plus tard transportées dans mes feuilletons dramatiques, les faisant miennes sans scrupule.

C'est ainsi qu'Hatzfeld n'a pas été inutile non plus à Taine, à qui il avait donné aussi des répétitions quand Taine était encore, comme moi, sur les bancs. J'ai retrouvé dans le *La Fontaine* d'Hippolyte Taine nombre d'idées et d'aperçus qu'Hatzfeld nous avait également exposés et qui m'avaient déjà frappé par leur justesse et par leur originalité.

Hatzfeld a fini, lui aussi, par s'ennuyer de parler à des bancs, car on s'use vite en province ; et il a demandé à revenir à Paris, dans un lycée, où il a plus de besogne, il est vrai, mais où il est soutenu par le plaisir d'être, comme Socrate, un accoucheur d'âmes.

Il est probable qu'en traçant ce tableau de la Faculté de Grenoble, j'ai peint le portrait véritable d'un certain nombre de Facultés provinciales. On comprend que nous ne fussions pas très friands d'entrer dans ces nécropoles et d'y dormir notre sommeil à côté de ces momies hiératiques. J'y serais mort de tristesse — à moins que je ne m'y fusse marié.

VII

UM PROJET DE MARIAGE

On s'étonnera peut-être que je n'eusse pas, moi qui avais déjà fait tant de sottises, commis cette dernière et définitive imprudence.

Il s'en est fallu de peu ; j'ai été sur le bord. Mais l'étoile qui brillait sur ma tête — eh ! pourquoi n'aurais-je pas une étoile tout comme Napoléon et Galimard ? — l'étoile qui me conduisait par des chemins obscurs vers les régions tumultueuses et amusantes du journalisme me garda de tomber dans l'abîme et m'en tira par un heureux à-gauche.

Il y avait à Grenoble un salon que je ne prendrai pas la peine de décrire parce que je l'ai peint avec complaisance dans l'une des Nouvelles qui composent le volume paru sous ce titre : *le Piano de Jeanne.* On y jouait le whist, et il n'était guère fréquenté à l'ordinaire que par des professeurs en retraite, par de vieux magistrats ou d'antiques débris de nos armées. Mais les mères y amenaient parfois des jeunes filles qui n'avaient pas l'air de s'y amuser beaucoup. La maîtresse du logis avait la passion de marier les gens ; c'était son bonheur à cette brave dame, de faire des heureux. Elle fit sur moi des tentatives discrètes, qui échouèrent complètement.

Ma timidité, qui m'a joué dans ma vie tant de mauvais tours, me servit en cette affaire et m'épargna quelque irrémédiable sottise où je me fusse inévitablement laissé aller par complaisance ou faiblesse d'esprit. J'avais comme un vague et obscur soupçon que mes qualités, si j'en possédais de réelles, n'étaient pas de celles qui pouvaient flatter le cœur ou captiver l'imagination d'une jeune fille. Je me sentais mal dégrossi, maladroit et lourd, et je frémissais à l'idée du supplice que ce serait pour moi de faire la cour à une jeune fille ignorante et chaste, de lui apporter des bouquets, de lui débiter des niaiseries sentimentales, de jouer, moi qui ressemblais à un ours, le rôle du petit chien de la fable, caressant bonne petite maîtresse à lui, et lui donnant la patte d'un air amoureux. Je ne me voyais pas dans ce rôle de soupirant : « J'y serai, me disais-je, cela est évident, absurdement ridicule. »

Je me trouvais, au fond, moins bête que nombre de jeunes gens qui réussissaient gaillardement ces exercices, et peut-être n'avais-je pas tort, car j'ai connu de grands sots que poursuivaient à l'envi les regards en coulisse des jeunes filles. Mais ils avaient dans les manières, et même dans ce qui leur servait d'esprit un agrément dont je me savais dépourvu. Cet agrément, j'affectais de le mépriser, comme indigne d'un homme, et j'étais enragé de ne le point posséder, de me voir incapable de jamais l'acquérir. Il me prenait une sueur froide quand j'étais, par le hasard des circonstances, obligé d'adresser la parole à une jeune fille. Dans notre petit cercle même, où j'étais pourtant fort à l'aise, je me tenais à l'écart des jeunes personnes que leurs mères y amenaient de temps à autre. Je n'osais pas, je ne savais pas; les fadaises dont on les entretenait d'un air de galanterie empressée me révoltaient par leur horrible platitude, et je ne pouvais m'empêcher de reconnaître que j'eusse été incapable de les trouver. Ma langue se séchait dans ma bouche lorsque l'une d'elles m'offrait une tasse de thé.

Une veuve eût mieux fait mon affaire, car avec les femmes, pourvu que la glace eût été préalablement rompue par elles, je n'étais pas trop embarrassé; au contraire. J'étais de conversation exubérante et folle; la parole s'allumait aisément chez moi du désir de plaire, à moins qu'elle ne s'égayât d'une joie capiteuse qui jaillissait à gros bouillons. J'ouvris donc plus volontiers l'oreille quand on me parla un peu en l'air d'une dame veuve qui était fort considérée en ville et à qui l'on attribuait quelque fortune.

— Du moment que mon intention, me disais-je, est de m'établir à Grenoble, autant vaut m'y marier et mettre le point final à ma vie d'aventures.

On me ménagea une entrevue avec la personne en question. On m'invita à une partie de montagne qu'on avait organisée en son honneur. Je me constituai son cavalier servant. Je ne puis sans rire me souvenir de cette journée. La dame, qui ne manquait ni d'esprit ni de grâce, était de sa nature un peu précieuse et raffinait sur les idées comme sur les mots. Il y a dans l'argot du peuple parisien une locution bien pittoresque pour désigner ces façonnières : on dit qu'elles se font de leurs doigts de pieds des ailes de pigeon. J'eus beau me mettre à ses pieds et caresser le bout de ses ailes, je n'eus pas l'heur de lui plaire. Je m'aperçus très vite que je faisais *four*, comme nous disions en notre langue, et j'en pris tout aussitôt mon parti le plus allégrement du monde. Je fus d'une gaieté étourdissante ; jamais promenade ne fut plus joyeuse, et, en dépit de son penchant à la minauderie, il fallut qu'elle s'amusât elle-même et desserrât l'écrin de ses lèvres pour se mêler à nos éclats de rire. J'ignore encore aujourd'hui si elle avait été prévenue et mise au courant. Je l'ai revue quelquefois depuis, et elle s'était réconciliée avec mon genre d'esprit. Mais le goût du mariage m'avait passé, et, si l'estimable marieuse dont le salon était une succursale de la maison Foy et Cie avait insisté, je lui eusse à coup sûr répondu, comme j'avais fait à M. Artaud :

— Vous savez ! le mariage, moi, je m'en moque !

J'avais d'autres idées en tête. Je m'étais mis à rêver de journalisme et il est temps de dire comment ces rêves s'étaient formés chez moi, comment ils avaient pris corps.

Je touche à l'instant décisif qui devait changer toute ma vie et lui donner une nouvelle et dernière forme.

VIII

MON PREMIER ARTICLE

C'était au jour de l'an. J'avais profité des congés
que cet anniversaire donne aux élèves et aux maîtres pour faire un tour à Paris, où m'appelaient
impérieusement des devoirs de famille. J'allai
voir About, qui était alors dans le plein éclat de
sa grande renommée. Tout Paris affluait dans sa
maison, l'une des plus hospitalières, l'une des plus
largement ouvertes qu'il y ait jamais eu dans le
monde des lettres. J'y voyais avec un mélange
d'admiration et d'envie passer une foule de noms
célèbres ; j'y entendais pétiller ce bruit capiteux
de la conversation parisienne. Il me montait à ce
spectacle des bouffées de gloire au cerveau ; je me
sentais comme grisé de ce parfum subtil et pénétrant qui se dégage de la vie du boulevard et qui
tourne la tête des provinciaux comme la fumée

d'un premier cigare enivre le collégien qui l'aspire délicieusement entre deux études.

Était-il donc si difficile de m'asseoir, moi aussi, à ce banquet, et de prendre ma part de ses joies? La table était-elle donc si pleine que je ne pusse, en jouant des coudes, m'y tailler une petite place et voir mon nom figurer parmi les convives ? Pourquoi ne dirait-on pas : Francisque Sarcey, comme on disait Jean-Jacques Weiss, Alfred Assollant, Prévost-Paradol, Hippolyte Taine, sans parler de celui qui était alors le plus éclatant de tous, Edmond About? Francisque Sarcey, ces deux mots sonnaient-ils si mal aux oreilles ? Et que fallait-il pour les apprendre au public, pour voltiger, comme disait le vieux poète latin, sur les lèvres des hommes? Écrire quelques articles de journal. En étais-je donc incapable ?

Je rentrai un soir chez moi tout chaud du désir de m'illustrer par un grand coup et d'étonner le monde à mon tour. Je me jetai sur une plume et je passai ma nuit, une nuit de fièvre, à écrire quatre ou cinq cents lignes où je parlais aux Parisiens de la seule chose que je connusse un peu, de la province, de la vie qu'on y mène, et des plaisirs qu'on y goûte.

Mon élucubration une fois terminée, je me la lus sur brouillon à haute voix et n'en fus pas mécontent. Je la mis au net et me la lus une seconde fois. Il me sembla que j'avais décidément pondu un chef-d'œuvre.

— Si *le Figaro* ne me prend pas ça !... m'écriai-je en balançant la tête d'un air de confiance.

J'avais en effet tout d'abord songé au *Figaro*. *Le Figaro* ne paraissait alors que deux fois par semaine ; mais il paraissait sur huit énormes pages où s'engloutissait à chaque numéro une effroyable quantité de prose. Je le savais très accueillant pour les inconnus, car il renouvelait incessamment son personnel, et il est véritable que toute la littérature militante de notre temps a fait ses premières armes dans l'ancien *Figaro*.

Je me couchai sur cette pensée et dormis d'un profond somme. Le lendemain au matin, je courus à mon chef-d'œuvre : il faut croire que la nuit ne lui avait pas été aussi bonne qu'à moi. Je m'étais levé frais, dispos, gaillard, l'œil brillant, le teint coloré. Mon pauvre article me fit peine : il était pâle et morne. Tous les traits d'esprit dont e m'imaginais l'avoir semé me faisaient l'effet de tomber comme ce dard dont parle Virgile : *telum imbelle sine ictu.*

— Jamais *le Figaro* ne me prendra ça ! m'écriai-je, dépité.

Je résolus de m'en rapporter à About et de lui demander conseil. Mais, au moment de tirer mon manuscrit de ma poche, une invincible pudeur me retenait. Ce n'était pas que je craignisse un mot de raillerie : About était pour moi un trop bon camarade et un trop vieil ami pour me contrister d'un trait piquant. Mais j'avais peur d'une de ces banales formules de compliment dans lesquelles je savais si bien qu'il enveloppait le plus parfait mépris.

Les visites succédaient aux visites ; je déjeunais chez lui le matin ; j'y dînais encore le soir ; jamais nous n'étions seuls, et je remerciais presque le hasard de fournir ainsi à chaque fois une excuse à ma timidité.

Le jour vint enfin où il fallait prendre un parti. J'étais sur mon départ. J'allai lui faire mes adieux et, comme je lui serrais une dernière fois la main :

— As-tu encore cinq minutes à me donner ? lui dis-je ; je voudrais te lire quelque chose que j'ai écrit.

J'étais si embarrassé, si rouge, et je déployai mon manuscrit d'un air si piteux, qu'il ne put s'empêcher de rire : il vit bien que je ne viendrais pas à bout de ma lecture ; j'avais la gorge serrée comme dans un étau.

— Donne-moi ton papier, me dit-il ; je connais ton écriture : nous irons plus vite.

Je m'étais réfugié dans un coin de la chambre, et j'attendais immobile, muet, avec l'angoisse du condamné à mort à qui l'on a fait espérer sa grâce.

— Eh bien ! mais, me dit About quand il eut fini, c'est très enlevé ! Mais tu n'as pas signé ?

— Je ne peux pas signer de mon nom. Je mettrai un X tout simplement.

— Non, il faut un nom. Quel nom ?... quel nom ?... il faudrait un nom qui sentît la province.. Binet ? Oui, Binet... Mais Binet tout seul sera trop court ; il faudrait un prénom...

Et, prenant la dernière feuille de ma copie, il écrivit de sa main, au bas de l'article : *Satané Binet.*

— Est-ce que tu voudras, lui demandai-je, présenter cela à Villemessant et le lui recommander ?

— Ce n'est pas la peine. Villemessant lit tout.

Il mit au haut : *Prière de lire*, signa *Edmond About*, et, me rendant le manuscrit :

— Jette cela dans la boîte du *Figaro*, me dit-il. C'est comme si c'était imprimé.

Je partis, soulagé d'un poids énorme : j'étais léger, joyeux et fredonnant. Mes pieds ne touchaient pas terre ; j'y avais des ailes.

Vous vous imaginez peut-être qu'une fois de retour à Grenoble, je ne rêvai plus que de journalisme, et que je pris ma classe en dégoût. Pas le moins du monde : l'air de Paris m'avait grisé un instant : mais ces fumées d'ambitions s'étaient vite dissipées dans la paisible atmosphère de la vie de province; je repris le train de mes occupations quotidiennes, et c'est sans ombre d'émotion que, deux fois par semaine, je dépliais le journal où j'avais un instant espéré lire ma prose.

Un jour pourtant, c'était une après-midi de dimanche, au cabinet de lecture, ouvrant *le Figaro*, j'eus un éblouissement. Mon article s'y étalait sur trois colonnes et, au bas, flamboyait le pseudonyme dont About m'avait affublé : « Satané Binet. » Je ne pus d'abord le lire, tant j'étais ému ; le cœur me battait à rompre et les lignes me dansaient devant les yeux. Je me remis peu à peu ; je savourai chaque phrase, l'une après l'autre, avec une joie intense et profonde. Il s'était glissé dans la composition deux *coquilles*, de peu d'importance, il est vrai, mais qui n'en déshonoraient pas moins ce morceau de littérature. Il me sembla que deux pointes de feu s'enfonçaient dans ma poitrine et la perçaient. Ces deux malheureuses coquilles me gâtaient tout mon plaisir.

— Comment le correcteur les avait-il laissé échapper ? Comment Villemessant ne s'était-il pas récrié d'indignation ?...

Je passai le journal à un voisin qui me l'avait demandé. Je le vis qui entamait l'article ; j'épiais son visage, tâchant de deviner ses impressions au jeu de sa physionomie ; et je sentis au fond de moi une envie folle, irrésistible, de lui dire, quand il en vint aux passages suspects :

— C'est une coquille ! Vous voyez bien que c'est une coquille !

Mais il n'eut pas l'air d'y prendre garde, l'imbécile ! Que fallait-il donc pour l'émouvoir ? Je crois même qu'il n'acheva pas la troisième colonne, et ce me fut un coup terrible : car il y avait vers la fin une phrase excessivement piquante sur laquelle je comptais pour enlever le lecteur. Il ne s'était pas plus mis en peine de la phrase excessivement piquante qu'il ne s'était aperçu des deux coquilles. C'était un idiot ! Je ne devais savoir que plus tard, et après une longue expérience du journalisme, que le public tout entier est composé de ces idiots-là !

Je demeurai longtemps au cabinet de lecture pour m'y remettre de mon émotion. J'étais, de par ma profession, obligé à l'incognito, et je me sentais incapable de comprimer la joie qui débordait de tout mon être. Il me semblait qu'au premier pas que je hasarderais dans la rue, tous les yeux allaient se fixer sur moi. J'entendais déjà murmurer tout bas sur mon passage : « C'est lui ! l'auteur de cet article ! » Comment ferais-je pour éteindre mon regard ? Je composai mon visage du mieux qu'il me fut possible ; je rentrai chez moi, rasant les murs, serrant les épaules, m'enveloppant de silence ; l'air mystérieux d'un homme qui porte un grand secret qu'il serait ravi que l'on devinât. Une fois sous clef, à l'abri de toute curiosité indiscrète, je donnai libre cours à cette joie qui m'étouffait, je chantai, je dansai, je fis mille extravagances ; peu s'en fallut que je n'oubliasse, moi l'homme exact par excellence, l'heure réglementaire de ma leçon quotidienne.

Le lendemain, je fis ma tournée chez les amis et, après les premiers propos échangés, je ne manquai pas de demander négligemment :

— Est-ce que vous avez lu le dernier numéro du *Figaro* ?... Il y a un article sur la province... Il est d'un homme qui la connaît...

Hélas, j'étais déjà journaliste ! car je faisais l'article pour mon article.

Je n'eus rien de plus pressé que d'en écrire un second, qui passa comme le premier ; puis un troisième et un quatrième ; et le troisième et le quatrième me revinrent également imprimés en belle place. Le cinquième ne parut pas.

Il ne parut pas, le cinquième, ni le sixième, ni le septième, et j'en conçus un vif chagrin ou plutôt une mortelle inquiétude. Était-ce donc fini ? Pourquoi m'avait-on rayé du nombre des rédacteurs ? Monselet avait conté, dans une de ses plus jolies fantaisies, que Villemessant, quand il avait pressé, tordu jusqu'à la dernière goutte, les écri-

vains qu'il employait, leur faisait, en guise de remerciement, cadeau d'une canne avec laquelle il
les invitait à tracer, dans la petite Provence du
jardin des Tuileries, de grands ronds sur le sable.
Avais-je donc reçu ma canne ? Ce qui contribuait
à m'effrayer davantage, c'est qu'About m'avait
écrit, à la suite des trois ou quatre premiers articles, d'entreprendre plutôt une autre série, l'intérêt de la première lui paraissant épuisé.

J'ai su plus tard, quand j'ai fait partie de la rédaction du *Figaro*, comment j'en avais été évincé,
et l'histoire est assez plaisante.

Je m'imaginais très naïvement que lorsqu'une
lettre de moi arrivait au *Figaro*, Villemessant ne
manquait pas de la déguster lui-même, dévotement, d'un bout à l'autre, et l'on ne m'eût pas
autrement étonné si l'on m'avait dit qu'il assemblait la rédaction pour lui lire l'article à haute
voix. Je lui envoyais donc, à lui personnellement,
en dehors du manuscrit à imprimer, mes réflexions sur les numéros qui avaient paru dans
l'intervalle, et je le faisais avec cette terrible brutalité de langage qui m'a valu, à mes débuts, tant
de bonnes et solides inimitiés dans le monde des
lettres. Je m'avisai de lui écrire un jour : « Vous
avez au journal une espèce de crétin qui ne sait
pas un mot de français, etc. » C'était le crétin en
question qui faisait les fonctions de secrétaire de

la rédaction. Il lut le bel éloge que je faisais de sa prose, prit délicatement la mienne entre l'index et le pouce, et la jeta au panier, sans en sonner mot au patron, qui avait d'autres chiens à fouetter. J'étais dès lors recommandé au prône : toute lettre signée du nom de Satané Binet passa, sans même avoir été lue, des mains du facteur au redoutable panier ; et c'est ainsi que la postérité fut privée de trois chefs-d'œuvre qui ne virent jamais le jour.

Après ces trois essais infructueux, je crus la partie définitivement perdue. Je renonçai au *Figaro*, me réservant d'aller chercher moi-même une explication lors des congés de Pâques. Mais le hasard, qui me conduisait par la main, m'offrit juste à la même époque une occasion de faire mes premières armes ou, si vous aimez mieux, de m'exercer en tirant au mur.

Il y avait à Grenoble un brave homme né dans la classe ouvrière, car il avait longtemps été typographe, mais qui ne manquait pas d'une certaine instruction, qui avait de l'entregent et même, dans une certaine mesure, de l'esprit ; rond d'allures, mais cachant sa finesse aiguisée du dauphinois sous un air de bonhomie patriarcale ; dévoré du désir d'arriver, de compter pour quelque chose et d'être quelqu'un. Il s'appelait Maisonville.

Il passait pour franchement libéral et même un peu républicain.

Il avait obtenu en 1848 un privilège d'impri-meur ; Il possédait un modeste capital, amassé à grand'peine à force de travail et d'économie ; il le mit tout entier dans l'achat d'un humble ma-tériel.

Sa première idée fut naturellement de fonder un journal. Un journal ne coûte presque rien, en province, à un imprimeur. Comme il est obligé d'avoir une machine et des ouvriers, et que l'ou-vrage ne donne pas toujours, le journal occupe les intervalles que laisse l'expédition des commandes. Il est fait pour ainsi dire par-dessus le marché. Et c'est ce qui explique comment peuvent vivre tant de feuilles locales qui n'ont qu'un très petit nombre d'abonnés : les frais généraux sont insi-gnifiants.

Comment et pourquoi Maisonville s'adressa-t-il à moi pour écrire les articles de tête dans son nou-veau journal, je n'en ai jamais rien su au juste. Était-ce ma réputation d'esprit frondeur qui l'avait séduit ? Avait-il entendu parler par ses fils du bruit que je faisais au lycée ? Était-ce simplement chez lui le flair de l'impresario, ce flair inexplicable qui les jette du premier coup sur les bonnes pistes ? Je serais vraiment fort embarrassé de le dire et ne me suis jamais inquiété de l'apprendre. Ce qu'il y a de certain, c'est que je le vis un jour entrer dans ma petite chambre avec l'air affairé et exalté d'un homme qui allait découvrir le nouveau monde.

Il m'exposa les grands projets qu il roulait nui-
tamment dans sa cervelle matoise. Il se proposait
de lancer dans le monde *le Courrier des Alpes*,
journal qui serait d'abord hebdomadaire, les fonds
manquant, mais qui ne tarderait pas à devenir
quotidien, et qui ferait une concurrence sérieuse
au journal officiel de la préfecture.

Que fallait-il pour atteindre ce but ? Un homme
qui... un homme que..., un homme enfin ! C'est
moi qui serais cet homme-là ! C'est moi dont les
articles révolutionneraient Grenoble. Et que de
bien il y avait à faire ! que d'abus à signaler ! que
de réformes à indiquer au pouvoir !

Maisonville parlait avec une bonne grosse éloquence où se mêlaient la hâblerie méridionale et
l'astuce dauphinoise et, brochant sur le tout, un
ton de conviction profonde que fouettait encore
l'ardeur de parvenir.

Je prévoyais beaucoup d'inconvénients, d'ennuis
et de tracas. Mais sa proposition flattait trop
agréablement mes secrètes espérances pour que je
ne me rendisse pas. Je n'opposai de résistance que
ce qu'il en fallait tout juste pour donner plus de
prix à mon acquiescement. Je lui fis jurer, à diverses reprises, que cette collaboration demeure-
rait secrète, que ses ouvriers eux-mêmes ne sauraient pas mon nom. Il fut convenu que je signe-

rais *Jean*, tout court, et que, pour dépister plus sûrement les indiscrets, je changerais tous les mois de pseudonyme.

J'entrai dès le lendemain en fonctions. Je ne saurais me rappeler sans un vif sentiment de plaisir cette courte période de ma vie de province. Tandis que je peinais et suais à fabriquer pour les Parisiens un article du *Figaro*, j'écrivais pour cette feuille de chou, au courant de la plume, avec une facilité, avec une aisance, avec une verve que je n'ai retrouvées que quinze ans plus tard, quand j'ai été maître de mon public et de ma phrase, des chroniques dont quelques-unes étaient vraiment bien drôles.

J'allais de l'avant, bride abattue, ne me sentant aucune responsabilité. Mon secret avait été assez vite pénétré par deux ou trois amis intimes qui savaient mon tour d'esprit et mes façons de parler ; mais on ne l'avait point ébruité, et la chose n'avait pas fait scandale. J'avais donc tous les privilèges et aussi tous les bénéfices de l'incognito.

C'est là que j'ai fait mes premiers articles de critique dramatique ; car vous pensez bien que, touchant à tout, je n'avais garde d'oublier le théâtre. J'étais un des abonnés de l'orchestre, et je sentais des voluptés ineffables à entendre parfois, à côté de moi, de vieux habitués s'indigner, devant moi, contre mon feuilleton ou le louer à grand renfort d'épithètes. J'avais des envies folles de me jeter dans l'entretien et de crier tout à coup, comme le héros de Virgile : *Me, me, adsum qui feci* ! Mais l'incognito est un plaisir de roi et de journaliste.

Je viens de relire la collection de ces articles ; car, longtemps après, quand mon nom eut acquis quelque notoriété, Maisonville me fit la gracieuseté de m'envoyer, en cadeau de jour de l'an, la série des numéros où j'avais écrit ; et elle était demeurée ficelée dans un coin de ma bibliothèque. Je me suis amusé, en relisant ces premiers essais, à revivre par le souvenir cette première année de journalisme, et j'y ai retrouvé, toutes vives et toutes fraîches, mes impressions d'autrefois.

Que de gamineries dont je riais à pouffer dans ma chambre solitaire ! On avait à grands frais bâti un nouveau théâtre sur le quai, entre deux grands établissements publics où il était resserré, la Banque et la prison, et ce théâtre avait fermé l'accès à la rivière. Il était horriblement incommode ; on parlait de le démolir et je faisais campagne pour en obtenir la reconstruction sur un autre point où commençait de s'élever une nouvelle ville.

Que d'encre j'ai versée sur cette question locale ! que de prose ! que de vers ! Car en ce temps-là j'improvisais en vers plus aisément qu'en prose, et je remets la main sur des triolets qui m'ont joliment diverti à cette époque :

J'ai fait le serment d'Annibal ;
A bas ce théâtre stupide !
Vers ou prose, tout m'est égal ;
J'ai fait le serment d'Annibal.
Plume au poing, j'enfourche un journal.
Que ce journal soit votre guide !
J'ai fait le serment d'Annibal :
A bas ce théâtre stupide !

S'il a coûté cent mille écus,
Est-ce ma faute ou mon affaire ?
C'est cent mille écus de perdus
S'il a coûté cent mille écus.
En eût-il coûté dix fois plus,
Il faudrait encor le refaire.
S'il a coûté cent mille écus,
Est-ce ma faute ou mon affaire ?

Entre la Banque et la prison
Percez au fleuve qui les borde.
Quoi ! la muse aurait sa maison
Entre la Banque et la prison ?
Laissez-la fuir, elle a raison,
Les gens de sac, les gens de corde.
Entre la Banque et la prison
Percez au fleuve qui les borde.

Un peu d'espace et de grand air
Pour la muse aux ailes divines !
Nos poumons ne sont pas de fer :
Un peu d'espace et de grand air !
Vous nous fourrez tout un hiver
Au fond d'une boîte à sardines.
Un peu d'espace et de grand air
Pour la muse aux ailes divines !

Élargissez vos trous à rats
Où l'on s'empile quatre à quatre.
Nous avons tous jambes et bras.
Élargissez vos trous à rats,
Jetez-moi ces cloisons à bas,
Si vous n'aimez mieux tout abattre ;

Élargissez vos trous à rats
Où l'on s'empile quatre à quatre.

Maître des maîtres, Boïeldieu,
Joins à la nôtre ta prière ;
C'est toi qui règnes dans ce lieu,
Maître des maîtres, Boïeldieu !
Il faut un temple pour un dieu ;
Ton temple est une tabatière.
Maître des maîtres, Boïeldieu,
Joins à la nôtre ta prière.

Quand j'ai les pieds dans un étau,
Qu'ai-je à faire de tes merveilles ?
Je ne sais pas goûter le beau
Quand j'ai les pieds dans un étau.
Je me lève et prends mon chapeau ;
Dos mal assis n'a pas d'oreilles.
Quand j'ai les pieds dans un étau,
Qu'ai-je à faire de tes merveilles ?

Si nous crions tous à la fois,
Il faudra bien qu'on nous entende ;
C'est nous qui dicterons les lois
Si nous crions tous à la fois.
Quand les sourds, par malheur, sont rois,
Il faut crier ce qu'on demande.
Si nous crions tous à la fois,
Il faudra bien qu'on nous entende.

Je veux le crier sur les toits,
Matin et soir, sans fin ni cesse.
J'ai bons poumons et bonne voix ;
Je veux le crier sur les toits.
Guerre au théâtre, et qu'en six mois
Ce nain tout bossu disparaisse !
Je veux le crier sur les toits
Matin et soir, sans fin ni cesse...

Je pourrais continuer cette citation, car, une fois que j'étais parti, ce n'était pas pour un peu

Mais elle est déjà trop longue, et, si j'ai recopié ces bagatelles qui sentent leur petit journal, c'est que j'ai cru... Ah ! par ma foi, je n'ai rien cru du tout ; la vraie raison, c'est qu'en les relisant, tous mes souvenirs de vingt-cinquième année m'ont remonté ensemble à la mémoire. Ah ! que j'étais bon enfant et gai ! Comme j'aimais à rire, et que je riais de bon cœur !

Toute la famille Maisonville faisait cercle autour de moi quand j'apportais l'article de la semaine, bâclé le plus souvent dans la nuit. Et c'étaient des fusées de rire ! On se représentait la tête du maire quand, le lendemain, il lirait le morceau à son réveil. Hélas ! le maire était plus malin que nous, car il ne lisait pas nos malices, ou, s'il les lisait par aventure, oncques n'en témoigna-t-il rien.

J'envoyais les numéros du *Courrier des Alpes* à About. Il trouvait, à travers les mille tracas de la vie parisienne, le temps de les lire et de me réconforter de quelques compliments. Et je me disais tout bas, en recevant ses éloges : Quel dommage que les Parisiens ne lisent pas ça ! Il me semble bien que c'est tout aussi bon que les trois quarts des choses qui ont du succès là-bas. Mon malheur, c'est d'écrire dans une cave. Mais que voulez-vous ? on écrit où l'on peut.

Aux congés de Pâques, je résolus de faire un voyage à Paris. Je voulais m'informer pourquoi le *Figaro* avait supprimé, sans explication aucune, la publication des articles de Satané Binet.

Je me rendis aux bureaux du journal, et vous imaginez aisément de qu'elle émotion j'étais étranglé tandis que, remontant le boulevard, je ruminais mon petit discours dans ma tête. Je sentais bien qu'au moment décisif toutes les phrases que j'aurais préparées s'échapperaient de ma mémoire ; mais ce travail intérieur de la pensée avait cela de bon qu'il m'aidait à me distraire de ma peur et m'entretenait le moral. Je prévoyais les réponses de Villemessant ; j'y trouvais des répliques prodigieusement spirituelles, dont je m'applaudissais tout bas. Qui de nous n'a joué au moins une fois en sa vie et pour son propre compte cette admirable scène de Sosie dialoguant avec sa lanterne ?

J'arrivai à la porte, et le cœur me défaillit quand je mis la main sur le bouton. Je demeurai plus d'une minute pâle, immobile, et n'osant le tourner. La situation était ridicule. J'entrai d'un mouvement brusque, fermant les yeux.

Il y avait derrière un grillage un petit vieux dont je voyais la tête plongée dans de grands registres et qui semblait très affairé ; car j'étais entré dans le bureau d'abonnements, qui était alors situé sur le boulevard, et c'était, je l'ai su depuis, le caissier, celui que tout Paris a connu sous le nom du *petit père Legendre*, qui occupait cette niche. Je m'adressai à lui et, d'une voix tremblante :

— M. de Villemessant ? demandai-je.

Deux hommes, que je n'avais pas aperçus, causaient ensemble avec animation au fond de la chambre. L'un d'eux se retourna et, d'une grosse voix qui me fit tressaillir :

— C'est moi, dit-il ; que me voulez-vous ?

C'était lui ! le fondateur du *Figaro*, l'homme qui emplissait tout Paris du bruit de son nom, le grand, l'unique, l'incomparable Villemessant ! Vous ne pouvez que difficilement vous figurer aujourd'hui le prestige qu'exerçaient alors sur les imaginations et le nom du *Figaro* et celui de son chef. *Le Figaro* n'est plus à cette heure qu'une feuille comme toutes les autres, plus répandue sans doute et plus lue. mais qui suit, après tout, le train ordinaire du journalisme contemporain. C'était en ce temps-là un journal d'une physionomie toute spéciale, qui, dans le grand silence de la politique, avait su éveiller chez le public des curiosités nouvelles et les satisfaire. On se l'arrachait à Paris ; on le dévorait en province. Ce goût de commérages, qui n'a fait que croître depuis, avait alors la grâce piquante de la nouveauté. *Le Figaro* excellait à donner aux siens un tour littéraire qui faisait illusion sur leur peu de valeur réelle. Les écrivains les plus retentissants y avaient écrit ; un grand nombre d'inconnus s'y étaient, en un tour de main, taillé un nom. Car il suffisait de deux ou trois articles à l'emporte-pièce pour se faire une réputation. Et qui les allait chercher ? Qui les découvrait ? C'était Villemessant, le plus prodigieux des impresarios, le plus bruyant des Barnum, dont la figure avait, en province, grâce à l'éloignement, pris des proportions extraordinaires. On se contait ses mots, ses duels, ses aventures ; c'était un personnage énorme et déjà légendaire. Ajoutez qu'il tenait pour le moment ma destinée en sa main : vous concevrez le tremblement dont je fus saisi, quand, se tournant vers moi, il m'apparut tout à coup avec sa grande stature, et que je sentis son regard peser sur moi.

Je tournais avec embarras mon chapeau dans ma main et je balbutiai d'une voix si basse que je ne sais comment il put l'entendre :

— C'est moi qui ai déjà envoyé des articles au *Figaro* sous le nom de Satané Binet.

Ce fut un changement à vue, et je vivrais mille ans que je me rappellerais cette scène :

— Comment ! c'est vous, s'écria-t-il, Satané Binet ! Ah bien, il y assez longtemps que je vous cherche ! J'ai demandé à About qui vous étiez : il n'a pas voulu me le dire. Ah ! vous voilà ! Eh bien ! vous êtes né journaliste, vous avez du talent ;

venez chez nous. Au *Figaro*, il y a de la place pour tout le monde.

Tout cela, et bien d'autres choses qu'il y ajouta, dit d'un ton de bonhomie joyeuse et bourrue à la fois. Je restais confondu de cet accueil; je m'y attendais si peu que j'étais démonté et ne trouvais pas un mot à répondre.

— Que faites-vous ? me demanda-t-il.

Je lui dis que j'étais professeur à Grenoble.

— Et vous gagnez ?...

Au chiffre que je lui donnai, il partit d'un gros rire bruyant et, se tournant vers son interlocuteur :

— Voilà comme on les paye ! s'écria-t-il. Allons! c'est entendu ! Vous venez demain au bureau de rédaction; vous êtes des nôtres.

Je lui objectai timidement que je ne pouvais pas, comme cela, au milieu de l'année scolaire, abandonner ma classe; que ce serait une désertion, que mes élèves comptaient sur moi. Mais je lui offris de lui envoyer des articles de Grenoble.

— Allons donc ! s'écria-t-il. Est-ce qu'on peut faire du journalisme en province ? Il n'y a de journalistes qu'à Paris. Je n'ai pas besoin de vos articles ! On ne les insérera pas, vos articles ! Flanquez-leur moi d'abord votre démission au nez. Nous verrons après.

— Il faut que j'achève l'année, lui dis-je.

— Quand vous voudrez ? répliqua-t-il brusquement.

Et, s'adressant au petit vieux, dont le crâne luisait à travers le grillage :

— Legendre, cria-t-il, avez-vous réglé le compte de Satané Binet ?

Je lui fis observer que jamais je ne m'étais imaginé que mes articles dussent être payés, que j'étais déjà trop content qu'on eût bien voulu les insérer.

— Pas de ça, reprit-il. Vous saurez qu'au *Figaro* la copie est toujours payée.

Et il me congédia d'un geste.

Le petit père Legendre établit mon compte ; il m'étala sur le rebord du guichet dix-sept beaux louis tout reluisants ; je les fis tomber dans le creux de ma main droite, et je m'enfuis, palpitant de surprise et de joie.

Ainsi donc, cela était vrai ! Je pouvais, en mettant du noir sur du blanc, gagner ma vie ! Ce n'était point là une ridicule chimère ; la preuve en sonnait dans ma main. Ces pièces d'or que je faisais sauter et tinter avec un petit bruit joyeux me disaient en leur langage : Chacune de tes lignes vaut quatre sous ; et il suffit d'en écrire un millier pour toucher deux cents francs. Est-il si malaisé d'en fournir quatre mille dans un mois ? Te voilà libre à cette heure. Donne ta démission.

Je revins à Grenoble à peu près décidé à sauter le pas. Et cependant telle est l'irrésolution de mon caractère, qu'au moment où je méditais une rupture définitive avec l'Université et mon retour à Paris, je me commandai un mobilier qui ne pouvait guère me servir que pour une installation à Grenoble. Grenoble était en ce temps-là, et peut-être est-il encore, célèbre pour le fini avec lequel les ouvriers y travaillaient le bois. On me mena par hasard chez un maître menuisier qui me séduisit par la façon dont il parla, en véritable artiste, de son métier. Je fis la commande, et je ne puis songer à la fin de l'aventure sans faire un triste retour sur ma vie tout entière.

On m'apporta les meubles la veille même du jour où je devais quitter Grenoble pour jamais. Il y avait là un bureau d'une forme particulière et qui avait été exécuté sur dessin.

— Je n'ai plus besoin de tout cela, dis-je au patron. Pour combien le reprenez-vous ? Je vais à Paris pour m'y établir.

— Vous allez à Paris ? me dit l'industriel. Mais vous avez besoin d'un bureau de travail. Jamais vous n'en trouverez un pareil.

Et il m'en fit jouer les ressorts, il m'en ouvrit les tiroirs avec des gestes d'enthousiasme qu'il ponctuait d'interjections admiratives.

Au fait, me dis-je, j'aurai besoin d'un bureau là-bas ! Et, séance tenante, je louai pour trois mois la chambre où ces meubles devaient rester, en attendant que je les fisse venir à Paris. Je payai la facture, enchanté de ma nouvelle acquisition.

Je n'ai, plus tard, tiré du tout que deux cents francs. Il est vrai qu'ils me sont arrivés dans une de ces heures de détresse où l'on vendrait pour cent sous son âme au diable. Et voilà comme j'ai fait des affaires toute ma vie. Je n'ai jamais su dire *non*. C'est pourtant une grande force dans le monde de savoir dire *non* à propos. Mais il faut pour cela du caractère, et je n'en ai pas. On fait de moi tout ce que l'on veut.

C'est le hasard qui s'est occupé de ma vie et qui l'a dirigée tout seul. Je n'y suis pour rien ou pour bien peu de chose.

Un incident me confirma dans la résolution que j'avais prise de troquer le professorat contre le journalisme. Je reçus un jour, au *Courrier des Alpes*, à l'adresse de mon pseudonyme, une lettre du directeur du *Salut public* de Lyon qui m'invitait à me faire connaître et à passer au bureau du journal *le Salut public. Le Salut public*, est encore aujourd'hui une des feuilles les plus répandues de la province, mais en ce temps-là il jouissait d'un crédit énorme. Je pétillais de savoir ce que l'on avait à m'y dire. Au premier congé, je pris le chemin de fer et courus au bureau du journal.

Le directeur, qui était, si j'ai bonne mémoire, M. Normant ou Lenormant, m'accueillit avec de grands compliments sur mes articles, qu'il avait lus, me disait-il, avec beaucoup de plaisir, et me proposa d'entrer au *Salut public* avec des appointements qui m'éblouirent, car ils dépassaient de beaucoup ce que je gagnais alors dans l'Université. Je le remerciai chaudement ; mais, à tant faire que de jeter la robe aux orties et de tâter du journalisme, mieux valait tenter l'épreuve à Paris qu'en province.

Mon parti était pris.

J'écrivis à About, moins pour lui demander conseil que pour le prévenir de ma résolution définitive. J'avais grand'peur de le trouver hostile à mes projets ; un peu d'indifférence même de sa part eût peut-être suffi, à cette époque, pour me replonger dans une mer de doutes et d'incertitudes.

J'ai perdu sa lettre ; mais j'en ai conservé le souvenir très précis. Elle était courte et nette :

« Mon cher Francisque, me disait-il en substance, ne donne pas ta démission ; car nul ne sait ce que l'avenir lui réserve. Mais demande un congé d'un an ; je me charge de te l'obtenir. Viens à la maison ; tu y trouveras la pâtée et la niche. Pendant cette année d'essai, tu te débrouilleras dans la vie parisienne. J'espère que tu réussiras ;

mais, si tu te dégoûtais, tu en serais quitte pour reprendre le métier de professeur. »

Cette lettre, si sensée et si affectueuse tout ensemble, me combla de joie. About me tirait du pied une douloureuse épine en m'assurant pour une année le vivre et le couvert. J'étais convaincu que, près de lui et sous sa direction, je viendrais à bout d'apprendre le métier de journaliste, pour lequel je me sentais un goût si vif, mêlé d'appréhensions et d'angoisses. Je lui répondis que c'était chose faite : j'avais, prétextant mon état de fatigue, sollicité un congé d'un an sans traitement.

Le recteur, M. Quet, me manda chez lui. Il fut très poli, mais extrêmement raide. Il me prévint qu'il n'apostillerait pas ma demande. Il me déclara en outre que, pour rien au monde, il ne consentirait à ce que je revinsse à Grenoble. La rhétorique de Mâcon allait être vacante : il m'avertit que j'y serais nommé et que je pouvais faire mes paquets sans esprit de retour.

— Voilà qui va bien, monsieur le recteur, lui dis-je ; je vous fais mes adieux en même temps qu'à l'Université.

Il sourit d'un air de compassion et de doute. Il me dit que je réfléchirais avant de renoncer au bel avenir qui s'ouvrait à moi.

Un bel avenir ! je connaissais cette plaisanterie ! M. Dombidau de Crouseilhes, le ministre, me l'avait déjà faite, et j'y avais cru ; mais j'étais plus âgé de sept ou huit années, et sur le chemin j'avais perdu pas mal d'illusions. L'illusion du *bel avenir* universitaire était la dernière dont je dusse joncher ma route ; l'avant-dernière plutôt ; car l'idée de la retraite me monta soudain au cerveau et je pouffai de rire en me répétant :

— Cela est vrai pourtant ! Plus de retraite !

Le lendemain, je m'embarquais pour Paris. Tous frais payés, il me restait trois cents francs en poche. C'est avec ce léger viatique que j'allais m'engager dans une vie nouvelle et tenter le hasard de ce grand peut-être.

Mais j'étais jeune, ardent, décidé ; j'avais pour moi une rare vaillance d'esprit, la sécurité que donnent de longues études, une santé imperturbable, une robuste et intarissable gaieté, et l'appui d'About.

Un bel avenir s'ouvrait devant moi, comme m'avait dit l'autre. J'étais définitivement journaliste.

J'arrête ici ces mémoires. Peut-être les reprendrai-je plus tard, si le public témoigne y prendre quelque plaisir, et tenterai-je de raconter mes premières années de journalisme à Paris. J'ai tâché de montrer avec le plus de sincérité que j'ai pu, comment s'est, jour à jour et lentement, formé mon esprit. Après tout, il y a des gens pour écrire en trois volumes la monographie du homard ou du hanneton : il s'en trouve d'autres pour la lire. La monographie d'un homme, si elle est faite par un moraliste habitué aux analyses psychologiques, peut avoir son utilité et son intérêt.

C'est mon excuse pour avoir si longtemps parlé de moi.

TABLE DES MATIÈRES

SAINT-QUENTIN, IMPRIMERIE J. MOUREAU ET FILS.

www.ingramcontent.com/pod-product-compliance
Lightning Source LLC
Chambersburg PA
CBHW061429060726
47597CB00002B/273

* 9 7 8 2 0 1 3 0 9 7 6 6 6 *